»Berlin bewegt sich schneller, als ich schreibe«

Das Neue Berlin aus französischer Sicht

Eine Anthologie

Herausgegeben und mit einem Vorwort von
Dorothee Risse und Margarete Zimmermann

Kulturverlag Kadmos Berlin

Heinrich Heine-Zitat im U-Bahnhof Westhafen
Foto: Wolfram Burckhardt

Inhalt

ZUFLUCHTSORT BERLIN

DOROTHEE RISSE & MARGARETE ZIMMERMANN
Warum Berlin?

Magnet Berlin

Die Begeisterung für Berlin hielt sich bei französischen Besuchern des 19. Jahrhunderts durchaus in Grenzen. So stellt Honoré de Balzac in seinem Bericht über eine Reise nach Russland (1847) schlecht gelaunt fest, die Stadt sei fast so langweilig wie Genf und sogar einer Provinzstadt wie Nantes weit unterlegen. Ähnlich äußerte sich bereits Germaine de Staël, die sich im Frühjahr 1804 in der Stadt aufhielt: die Straßen zu breit und zu geradlinig, die Gebäude zu neu, und es fehlten »gothische Denkmäler«. Der junge Dichter Jules Laforgue dagegen, von 1881 bis 1886 als Vorleser am Hof der Kaiserin Auguste in Berlin tätig, litt zwar unter der geistigen Enge und der Monotonie des Berliner Umlands, hatte jedoch schon ein Gespür für die neue Dynamik und das Entwicklungspotenzial dieser Großstadt.

Erst mit den 20er Jahren setzt ein starker Attraktivitätsschub ein: Berlin, die »Weltstadt im Licht« (Fred Richter) und ein Ort neuer Lebens- und Kunstformen, wirkt von etwa 1925 bis 1932 wie ein Magnet auf französische Literaten, Intellektuelle und Künstler wie André Gide, Antonin Artaud, Amédée Ozenfant oder Philippe Soupault. Sie erleben die Stadt als modern und fortschrittlich, als Ort der Befreiung, als das ›Andere‹ schlechthin. Der Romancier Roger Martin Du Gard, ein unermüdlicher Besucher von Magnus Hirschfelds Institut für Sexualkunde in Tiergarten, kann in Berlin seine homosexuellen Neigungen ausleben und teilt dem Freund André Gide seine Begeisterung im März 1932 in einem etwas unbeholfenen Deutsch mit: »Ach, wie gût schmeckt mir Berlin! Ich lebe in der Straße. Ich finde immer jemanden mit mir zû sprechen. ... Ich bin sehr frohlich! Alles ist für mich so neu und so amusant!«

Doch der Stern des Berlins der 20er und frühen 30er Jahre sinkt schnell. Konnte sich der Schauspieler und Dramatiker Antonin Artaud 1930 noch durchaus vorstellen, in Berlin, »einer Stadt von stupendem

Luxus und bestürzender Freizügigkeit«, zu leben, so kippt seine Begeisterung schon im Frühjahr 1932. Er konstatiert einen radikalen Wandel des äußeren Erscheinungsbilds – das Gesicht der Stadt sei geprägt von der allgegenwärtigen Armut – und der Atmosphäre: Die vorherrschende geistige und kulturelle Leere empfindet Artaud als deprimierend.

Ab 1933 reisen Journalisten, Künstler und Schriftsteller aus politischer Besorgnis oder mit unverhohlener Sympathie für das nationalsozialistische Deutschland in das »III. Reich« und berichten in Frankreich von ihren Eindrücken. Nach 1945 und vor allem nach dem Bau der Mauer kommt dieses Interesse an Berlin zwar nicht vollständig zum Erliegen, aber erst seit dem Mauerfall zieht Berlin erneut Reisende aus (fast) allen Teilen der Welt an, unter ihnen viele französischsprachige Autor*innen, die besonders häufig und eloquent über Berlin schreiben. Sie kommen mit den unterschiedlichsten Erwartungen, Sprachkenntnissen, Vernetzungen und ›Zeitfenstern‹: Einige von ihnen leben in Berlin, andere halten sich dort für begrenzte Zeit auf; wieder andere pendeln zwischen Paris und Berlin. Sie alle sind Beobachter*innen der Stadt und ihres ständigen Wandels, machen Momentaufnahmen oder beobachten während eines längeren Zeitraums und »lesen im Raume die Zeit« (Karl Schlögel).

Dabei bildet ihre »Ankunft in der großen Stadt [...] eine Schlüsselszene, nicht nur in der biographischen Erinnerung«, sondern auch als ein immer wiederkehrendes Narrativ, wobei für die französischen Besucher in den meisten Fällen noch immer »der Bahnhof das Einfallstor in die große Stadt« (Rolf Lindner) ist. Ihre Reaktionen fallen sehr unterschiedlich aus: »Berlin ist ein Nest toter Seelen«, befindet Christian Prigent 1999 bei seiner Rückkehr – per Auto – in eine Stadt, in der er bereits vor 1989 gelebt hatte. Ihre Ausmaße erschrecken seinen jüngeren Schriftstellerkollegen Julien Santoni: »Die Stadt ist riesig, leer, mit Alleen so breit wie gestrandete Wale«. Andere wiederum fasziniert besonders das Fremde, Unkalkulierbare: »Berlin ist die unerwartetste Stadt, die ich kenne« und: »Die Stadt hört nicht auf, mich zu verblüffen«, so Michèle Métail. Die Metropole erscheint wie ein Ort in ständiger Bewegung, die jeden Versuch der Beschreibung und Definition schon kurz darauf obsolet erscheinen lässt: »Berlin bewegt sich schneller, als ich schreibe«, stellt Cécile Wajsbrot resigniert fest. Zudem kann Berlin Kulisse, aber auch Hauptperson, Protagonistin sein, sie ist ein Ort der Gegenwart oder der Erinnerung und kann als fiktionaler Raum vom Rand ins Zentrum rücken – und umgekehrt.

Blicke

Der ›fremde Blick‹ konzentriert sich auf das zeitgenössische Berlin nach 1989, bei dessen Wahrnehmung oft auch die historischen Tiefenschichten präsent sind. Die Besucher*innen nehmen die moderne Architektur, die Allgegenwart der Geschichte, die Gewalt wahr – die der Straßen, der sozialen Spannungen, der Sprache oder des Schweigens – und zugleich die *douceur de Berlin*, das liebens- und lebenswerte Berlin (Christian Prigent), seine urbanen Freiräume, aber auch Friedhöfe wie den Heerstraßen-Waldfriedhof mit dem Sausuhlensee, »so schön, dass man Lust kriegt zu sterben« (Jean-Yves Cendrey).

Unausgesprochener Bestandteil dieser Blicke auf den immer noch etwas rau und ungeschliffen wirkenden ›Emporkömmling‹ Berlin bleibt zwar die historisch gewachsene Weltstadt Paris, aber nicht länger als Maß, an dem Berlin gemessen und meist als unterlegen eingestuft wird, wie dies in der älteren Berlinliteratur der Fall war. Vielmehr erscheint Berlin jetzt im Vergleich zu einem vielfach als statisch-museal erfahrenen Paris als dynamische Stadt im Wandel und – wie schon in den 20ern – als Laboratorium zur Erprobung neuer Identitäten und Lebensformen, und sie wird erfahren als ein ›junger‹ Ort der Freiheit. Mit den Worten der jugendlichen Heldin von Kits Hilaires Roman *Berlin letzte Vorstellung. Abschied von Kreuzberg* (1990): »Die Berliner waren Vorbild für alles. Das Modell, die Struktur. Frankreich schien mir die Vorstadt von Berlin zu sein. Die Kusine aus der Provinz, ein bisschen ranzig.«

Von der Faszination durch das Unfertige, Brüchige und Fragmentarische sprechen die häufigen Evozierungen von Stadtbrachen und Baustellen, z.B. in den Texten von Serge Mouraret und Hélène Bezençon. In den Zeiten der aktuellen Krise, der Erschütterung von humanitären Werten und vermeintlichen Gewissheiten, kann sie als Ausnahmestadt erscheinen, die möglicherweise durch ihre Geschichte sensibler für Gefährdungen und deshalb widerstandsfähiger ist: So in Cécile Wajsbrots dystopischem Roman *Zerstörung* (2020). Die anonyme Ich-Erzählerin, die fast verzweifelt an der neuen französischen Gegenwart und der Verwandlung von Paris in eine kultur- und geschichtslose Stadt, setzt sich für einige Tage nach Berlin ab. Dort mischt sie sich unter die »réfugiés«, »weil auch ich mich als Geflüchtete fühle, wenngleich in anderer Hinsicht«. Angesichts »derer, die ihnen entgegen kommen«, kann sie »ein wenig mehr an die Zukunft« glauben.

In Frankreich ist diese Literatur über das neue Berlin – diese *littérature contemporaine emberlinisée* (»verberlinerte Gegenwartsliteratur«), wie Pierre Assouline sie einmal nannte – mittlerweile zu einem markanten Bestandteil der zeitgenössischen Literatur geworden. In dem Magazin *Le Nouvel Observateur* wurde 2012, unter dem Titel »Saint-Berlin-des-Prés«, dieses Phänomen der Öffentlichkeit ausführlich vorgestellt und suggeriert, das ›neue‹ Berlin könne zu einem internationalen Zentrum von Gegenwartsliteratur werden, ähnlich wie nach 1945 Saint-Germain-des-Prés.

In den oft fragmentarischen, zuweilen auch experimentellen Texten, deren Verfasser*innen eine Vorliebe für kurze, offene Formen wie Essays, Tagebucheintragungen, Erzählungen haben, spiegeln sich Prozesse der Stadtentwicklung und die Entwicklung der eigenen Beziehung zu Berlin. Sie sprechen von höchst unterschiedlichen Wahrnehmungen der Stadt, auch von den Schwierigkeiten mit ihr, von enttäuschten Erwartungen und zerschellten Hoffnungen, von Anziehung und Abstoßung. In unserer Anthologie geht es nicht um ›Lobgesänge‹ auf das ›neue‹ Berlin, sondern um die sich permanent verändernde Stadt im Medium des ›fremden Blicks‹ – und um die Frage, inwiefern ein deutschsprachiges Lesepublikum im ›Umweg‹ über diesen ›anderen‹ Blick die eigene Stadt neu oder doch zumindest anders wahrnimmt.

Der Mehrzahl unserer Texte liegt ein dichtes Netz kultureller und historischer Bezüge zugrunde, mit literarischen und filmischen Reminiszenzen an das Berlin der Weimarer Republik, an Brecht und Döblin, Walter Benjamin und Franz Hessel, Marlene Dietrich und den *Blauen Engel* oder an Walter Ruttmanns *Sinfonie der Großstadt*. Aber auch persönliche Erfahrungen mit dem Berlin der Zeit vor 1989 werden eingeblendet, etwa bei Christian Prigent oder François Bon.

Der Aufbruch nach Berlin als Antwort auf eine Lebens- und Identitätskrise, ausgelöst durch den Verlust eines geliebten Menschen, ist ein oft variierter Topos: So verlässt Jérôme Salviati, der Held von Santonis Roman *Berlin trafic*, Paris nach dem Tod seines aidskranken Freundes. Er geht nach Berlin, auf der Suche nach einer Stadt, »in der das Blut pulsiert«, und mit dem Wunsch, an Franck Biberpelz' (alias Frank Castorfs) Volksbühne zu arbeiten. In Cécile Wajsbrots *Fugue* flüchtet die Protagonistin aus Paris nach Berlin, um die Stagnation ihres Lebens aufzubrechen und sich der Erinnerung an die Vergangenheit, die sie gefangen hält, zu entledigen. Berlin in seiner Unfertigkeit wird zur Projektionsfläche für die Psyche der Protagonistin, gibt ihr Raum für eine Neuorientierung ihres Lebens: »Ich hatte gut daran getan, diese Stadt zu wählen [...], das Neue zog mich an, die Bewegung, die ich verspürte, den Schwung, alles war neu, im Entstehen begriffen, in Bewegung, und in diese Bewegung konnte ich mich einfügen, es gab Raum, Platz – ich kam an.« Und der sich im Paris der Gegenwart und in seinen Erinnerungen bewegende Jean Bosmans in Patrick Modianos Roman *Der Horizont* (2010) verlässt diese Stadt, um nach 40 Jahren in Kreuzberg seine Jugendliebe Margaret Le Coz wiederzufinden – und vielleicht in Berlin ein neues Leben zu beginnen.

Auch in *Demain Berlin* (deutsch: *Bonjour Berlin*) von Oscar Coop-Phane fliehen junge Männer aus Paris in die Berliner Techno- und Drogenszene. In Marie NDiayes Roman *Ladivine* wiederum wird Berlin, genauer gesagt: Charlottenburg, zu einem Zufluchtsort für Ladivine, eine junge Frau aus der südwestfranzösischen Provinz, wo ihre Mutter Clarisse Rivière unter mysteriösen Umständen ermordet wurde. Wenn Ladivine durch das unspektakuläre, leicht trashige alte Westberlin im Umkreis der Wilmersdorfer Straße geht, vielleicht sogar flaniert, dann legen sich die Eindrücke dieser disparaten Stadtlandschaft über die quälende Erinnerung an die Tote im fernen Frankreich und machen einen Neubeginn möglich.

»Heiße« und »kalte« Stadträume

In welchen Räumen bewegen sich diese Stadtnomaden und -nomadinnen, welche Orte faszinieren sie? Unübersehbar ist ihre Vorliebe für den Osten der Stadt und damit für »vibrierende Räume«, »heiße Orte«, an denen »Tag für Tag die Stadt neu erfunden wird, aus dem Stand heraus« (Karl Schlögel). Vor allem Prenzlauer Berg und Mitte und immer noch der Alexanderplatz sind bevorzugte Stadträume, die höchst unterschiedliche Emotionen freisetzen. In dieser Vorliebe liegt zum Teil – so etwa bei Régine Robin, die nach Lebensspuren ihrer jüdischen Familie sucht – eine historisch-biographische Notwendigkeit, zum Teil aber auch ein gewisser modischer Konformismus. Autoren wie Santoni setzen dem allerdings die luzid-sarkastische Beobachtung einer unaufhaltsamen Gentrifizierung entgegen: »In Prenzlauer Berg sind alle mit einem Leinenbeutel unterwegs zur Maloche oder zum Einkaufen, ich tue es ihnen gleich, das sieht einheimisch aus. In Ostberlin fährt man Rad, man ist Künstler, ›Künstler‹ auf jeder Etage, man ist frei, frisch, gesund, intellektuell ... Prenzlberg, F-Hain, das ist die Avantgarde, man ist links, aber das wird nicht lang

dauern ... aus Prinzip ... es überträgt sich nach dem Osten, [...] es
verändert sich stündlich. [...] Bald kann man keinen Unterschied mehr
zwischen dem Kollwitz- und dem Savignyplatz, dem piekfein-bürgerlichen
Schickimicki des Westens, erkennen.« (*Berlin trafic*)

Der junge Protagonist von Coop-Phanes Roman *Bonjour Berlin*,
der sich ebenfalls vor allem in den Ostberliner Szenebezirken abspielt,
schätzt Berlin als Ort, an dem eine internationale junge Bohème ihren
Lebensstil und eine sorgsam kultivierte Prekarität pflegen kann, ohne
von irgendwelchen notwendigen Lebensentscheidungen bedrängt zu
werden: »Auf den breiten Gehwegen geht man viel spazieren. Als könne
einem nichts und niemand etwas anhaben, als nehme man sich hier
mehr Zeit als anderswo. Man ist ein bisschen knapp bei Kasse, aber
man kommt über die Runden.«

Andere Autor*innen beschränken sich dagegen bewusst auf die
›erstarrten‹, »kalten« Orte des ›alten‹ Westberlin – auf Kreuzberg, Charlottenburg, Wilmersdorf. Lustvoll bis trotzig akzentuieren sie gerade das
Aus-der-Zeitgefallensein dieser Stadtviertel und von Orten wie etwa des
FKK-Badestrands von Halensee, an dem Jean-Philippe Toussaints sich
nur widerwillig entblätternder Antiheld aus seinem Roman *Fernsehen*
eine peinliche Begegnung mit zwei Größen des Berliner Kulturbetriebs
hat. Matthias Honecker, der postmoderne Antiheld aus Cendreys *Honecker 21* (2009), bewegt sich irrlichternd durch die Stadt. Über seinen
Blick nehmen wir den hybriden Krimskrams der kleinen Läden in der
Kantstraße als emblematische Miniatur einer zunehmend globalisierten
Welt wahr. Kits Hilaire wiederum, in ihrem Coming of Age-Roman *Berlin dernière* (*Letzte Vorstellung. Abschied von Kreuzberg*), entstanden
1990, erzählt die Geschichte einer blutjungen Französin, die in dem
alternativen Kreuzberg vor dem Fall der Mauer eine Freiheitsutopie
en miniature lebt, die 1989 ein als schmerzhaft erlebtes Ende findet.

Michèle Métail dagegen legt eine angesichts der Banalität der von
ihr aufgesuchten und ›befragten‹ Orte geradezu extravagante Vorliebe
an den Tag, denn es zieht sie zu allen Straßen und Alleen mit dem Zu-
satz »Berliner ...«. Auf diese Weise erkundet sie sowohl vermeintliche
Zentren wie auch unspektakuläre Peripherien. Andere wiederum – so
Alban Lefranc in Begleitung der Photographin Anaëlle Vanel – beobachten das Treiben auf der Kurfürstenstraße im Schatten eines Möbel-
Giganten oder sie entziffern am Olof Palme-Platz in Berlin Tiergarten
die verwischten, jedoch unauslöschlichen Spuren der Ermordung von
Rosa Luxemburg.

Doch so vielfältig diese Bewegungen und die durch sie generierten urbanen Linien und Topographien auch sein mögen, eine Frage bleibt vorerst unbeantwortet und wäre am Ende erneut zu stellen: Unterscheiden sich diese Stadtnomad*innen, diese Stadtwander*innen oder diese Flaneure, zuweilen auch Flaneusen, von Besucher*innen aus anderen Kulturen und Herkunftsländern, lesen sie die Stadt anders als etwa die Besucher*innen aus dem angelsächsischen Raum und wenn ja, wie? Grenzen sie sich ab vom Mythos Berlin, geschaffen von Autoren wie Christopher Isherwood, W.H. Auden und Stephen Spender, oder von der negativen, gleichwohl aber literarisch prägenden Erfahrung Virginia Woolfs und Vita Sackville-Wests, die Berlin geradezu als Krisenort erlebten? Ist es ihr an der Metropole Paris, möglicherweise an Walter Benjamins Passagen-Werk geschulter Blick, ist es die enge Vertrautheit mit der Paris-Literatur von Rétif de la Bretonne und Victor Hugo bis hin zu Patrick Modiano, die sie besonders dazu befähigt, »im Raume die Zeit« und vieles andere zu lesen?

Kontroversen

»Berlin is over. What's next?«, fragte sich schon im Februar 2014 der New Yorker Blogger Max Read. Ähnliche Töne schlugen *The New York Times* und das Musikmagazin *Rolling Stone* an und bezweifelten die Sonderstellung dieser Stadt. Nach einem dieser Autoren ist sowohl Berlin als »Europe's party capital« als auch das Berghain, »the city's most famously hardcore and important club for electronic dance music«, »the Mecca of clubbing« (Rogers 2014), ernsthaft bedroht von Massentourismus und Gentrifizierung.

Lohnt es sich also überhaupt noch, heute über Berlin nachzudenken und zu schreiben? Ist nicht bereits alles gesagt, so Cécile Wajsbrot 2013 in einem Radio-Feature von Clarisse Cossais. Diese Meinung teilen etwa zur gleichen Zeit Marie NDiaye und Jean-Yves Cendrey: »Mir scheint, es wurde schon zu viel über Berlin gesagt. Was soll man noch sagen, ohne das bereits Gesagte zu wiederholen?« Einspruch erheben allerdings andere, zuletzt der Philosoph Edgar Morin mit seinem schmalen Buch *Mes Berlin. 1945-2013*, zugleich eine Liebeserklärung an diese Stadt.

Doch die Zeichen einer Desillusionierung mehren sich, abzulesen an den Kämpfen von Berliner Mietergruppen gegen die Übermacht der Investoren, die alternative Orte wie das Tacheles oder die East Side Gallery, vor allem aber den eigenen Verbleib im Zentrum dieser Stadt bedrohen. Eine der stärksten Stimmen ist hier die des italienischen Philosophen Francesco Masci mit seinem manifestartigen kleinen Buch *Die Ordnung herrscht in Berlin* (2014). Aus seiner Sicht ist die Stadt bereits verkommen zu einer »Welthauptstadt der kulturellen Folklore, gespeist von einem Tourismus der Revolte und der Kreativität«, und zu einer »Endstation der Moderne«.

Zweifellos erleben wir eine Zeit der Wandlungen, der urbanen Verluste und der Bewegung hin zu vielleicht düsteren Szenarien. Um so wichtiger ist es, gerade im Medium des ›fremden Blicks‹ das Faszinationspotential dieser Stadt zu ergründen, ihre Fähigkeit, Emotionen verschiedenster Art freizusetzen, aufeinanderprallen zu lassen – und Texte und Bilder einer Stadt in ständiger Bewegung zu generieren. Diese Vielzahl der Bewegungen seit 1989 hat noch eine andere Wirkung: Die Texte, mit denen wir es hier zu tun haben, vor allem die älteren aus den 90ern oder den sog. Nullerjahren, sind ihrerseits bereits ›historisch‹ geworden und haben eine zarte Patina angesetzt. Diese Schichtungen und Verwerfungen, die erst aus heutiger Perspektive erkennbar werden, tragen ebenfalls zum Reiz der vorliegenden Textauswahl bei.

Zu diesem Buch

Unsere Anthologie versteht sich als ein vielstimmiges Berlin-Lesebuch von französischsprachigen Stadtnomad*innen und Beobachter*innen und präsentiert die Impressionen von zweiundzwanzig Gegenwartsautor*innen, meist französischer, aber auch kanadischer, schweizer und belgischer Herkunft. Es sind Stimmen sehr unterschiedlicher Generationen: die Jüngste, Anaëlle Vanel, ist Jahrgang 1991, Edgar Morin, der Älteste, wurde 1921 geboren. Nicht alle sind Schriftsteller*innen; über Berlin schreiben auch die Philosophen Edgar Morin und Michaël Fœssel, ein Anthropologe (Emmanuel Terray) und eine Soziologin (Régine Robin) sowie die Photographen Serge Mouraret und Anaëlle Vanel.

Die Romane von Oscar Coop-Phane, Kits Hilaire, Patrick Modiano, Marie NDiaye und Jean-Philippe Toussaint sowie die Autobiographie von Claude Lanzmann liegen bereits in deutscher Übersetzung vor. Alle anderen Textauszüge wurden eigens für dieses Buch übersetzt.

Für alle, die mehr über ihre Verfasser*innen wissen wollen, gibt es im Anhang bio-bibliographische Kurzporträts.

Berlin und seine Schattenflughäfen ...
Foto: James Evans

Der Himmel über Berlin, hier im Hauptbahnhof eingefangen
Foto: mini malist

ANKOMMEN – BLEIBEN

Nachts am Zoologischen Garten
Foto: Matthias Ripp

CHRISTIAN PRIGENT

Berlin im Handumdrehn (1999)

Man kann auf der Schiene in Berlin ankommen. Ausstieg am Hauptbahnhof oder Bahnhof Zoo. Bahnhöfe, nichts weiter. Wieder aufgebaut.
Nicht mehr und nicht weniger trostlos als alle anderen.

Mit dem Flugzeug – schon besser: Wo sonst könnte man im Herzen einer Hauptstadt landen? In Berlin landen die Flugzeuge noch für
einige Zeit (ein neuer Flughafen entsteht in Schönefeld) in Tegel oder
Tempelhof, mitten im Zentrum. Tegel sah einst die ersten Luftschiffe
des Grafen Zeppelin sich in die Lüfte erheben. Tempelhof, da denkt
man an die Luftbrücke von 1948 und einen groben architektonischen
Rundbogen, Zeugnisse von Hitlers städtebaulichem Größenwahn.

Aber eigentlich sollte man über die Straße ankommen. Früher (vor
89) brauchte man ein mit dem Sichtvermerk *Gouvernement Militaire
Français de Berlin* abgestempeltes Papierbündel (dazugehören, denn
Lehrer in Berlin zu sein, hatte seine Vorteile: Zugang zu den Écono-
mats, den armeeeigenen Verkaufsstellen, eine Wohnung in der Avenue
de Gaulle – wie zu Hause und nicht wie im Land der »Boches« –, Be-
freiung von der Hundesteuer). Helmstedt, Grenze zwischen den beiden
Deutschlands. Kontrolle durch die französische Polizei. Niemandsland
Wachtürme Stacheldrähte Wachhunde. Kontrolle durch die Hammer-
und-Sichel-Schapkas. Junge russische Soldaten, rote Nase im kalten
Nordostwind. Trotzdem besser hier als in Afghanistan. Stiefel knallten.
Steifer Gruß. Entzifferten Papiere mit gefrorenen Fingerspitzen. Boten,
in verstohlener Porno-Manier, Abzeichen der Roten Armee an. Reinfall.
Rache: »Autoplaketten dreckig! Reinigen, mein Herr!« Wir polierten.
Papiere verschwanden, wir folgten, in eine von der roten Fahne überrag-
te Bude. Unendliche Warterei dadrin. Offizieller Gorbatschow (= ohne
Weinflecken) mit Reißzwecken auf Sperrholz gepinnt. Militärische
Zeitschriften (verblichene Fotos, strahlende Panzerfahrer und Geruch
von sibirischem Fischleim). Gang zum Klo (vermieft), um die Zeit zu
vertreiben. Dann schoben Finger unter einem blickdichten Schalter die

korrekt gestempelten Papiere hindurch. Null Austausch. Kein Gesicht. Abgang. Wieder ein erstarrter Wachposten. Wieder eine Kontrolle der Papiere. Erneutes Stiefelknallen. 200 km »Korridor«. Das Auto war ein geschlossenes Tiefseetauchgerät im sozialistischen Tiefseegraben. Ein legal begrenztes Zeitfenster. Ausgeschlossen, auf Abkürzungen in der Picardie-ähnlichen, kargen Landschaft herumzuschwirren. Nicht erlaubt, an den Rastplätzen anzuhalten. Nicht erlaubt, die Autobahnraststätten des Volkes, so fröhlich wie Hitchcock-Motels, aufzusuchen. Heftiges Gerumpel auf den Zementteilen des recycelten Straßenbelags aus dem Dritten Reich.

In weiter Ferne: Rehe. Nebenan: qualmende Trabis. Bald: der Berliner Ring. Dann der Kontrollpunkt Dreilinden zwischen der DDR und Berlin-West. Wieder Kontrollkarneval, dieses Mal in entgegengesetzter Richtung. Russen. Franzosen. Fragebogen für Spione: »Was auf der Fahrt gesehen? Soldaten? Truppen? Kanonen? Panzer? Wie viele? Schmutzig? Sauber?« (etc.). Im Stress aus Versehen alles mit Ja angekreuzt. Der verdutzte Polizist: »Na, Sie haben ja einiges gesehen!« Dann ausgelassen lachend: »Der dritte Weltkrieg, ja klar!« Streichungen. Stempel. Erneuter Start. Schikanen. Und dann endlich Berlin. [...]

Wir verschlingen die Avus, wow! Zehn Autoschneisen in den Wald geschlagen. Drumherum schäumendes Grün. Wir sind in der Stadt. Nicht offensichtlich. Die Avus, Deutschlands erste Autobahn (1921). Hier fanden Autorennen statt. Geblieben sind die Tribünen. Dahinter: ein nachgeahmter Mini-Eiffelturm, der Funkturm. Sieht nach nichts aus. Markiert aber den Eingang: Endlich etwas, das an Stadt erinnert. Sofort übrigens eine klobige Anhäufung: die große metallische Masse des Internationalen Kongresszentrums, Autobahnknotenpunkte, gesichtslose Häuserblöcke. Verkehrskreuz, Kurve: Berlin!

Rathenauplatz. Kreuzung. Wolf Vostell hat hier einen Betonanzug für Cadillacs geschneidert. Die karrenbegeisterten Hasser moderner Kunst schrien auf. Erreichen die hiesigen »Champs-Elysées«, so der Stadtführer. Kurfürstendamm nennt sich das. Im Wesentlichen: Banken und Fressbuden. Je weiter man gen Osten fährt, desto mehr Cafés mit Terrassen. Sieh mal (wir überqueren den Lehniner Platz), die Schaubühne! Wir denken an Bob Wilson, Klaus Grüber, Benno Besson usw. Die Fassaden quellen über vor Stuck, Pilastern, kupfernen Glockentürmchen, blasenförmigen Kuppeln, eiergelbem, tagescremefarbenem oder lauchgrünem Putz. Rechts die Uhlandstraße, schmutzig-rosafarbene Peep-Shows. Dann die Fasanenstraße, das Literaturhaus, Kolloquien,

Lesungen, ein Restaurant mit schickem Design. Nicht weit davon der Savignyplatz, schöne Nutten, Kunstbuchhandlungen. Dann hochgestochene Hotels, Kinoplakate im Stil des *Grand Rex*, Glitzer-Luxus hinter den Linden. Nichts, was das Herz schneller schlagen ließe.

Es schlägt auch nicht wirklich schneller (zu klischeehaft, zu symbolisch erstarrt), wenn die Kaiser-Wilhelm-Gedächtniskirche, angeschlagen wie erwartet, vor uns auftaucht (»gute Ausspracheübung«, lautet der Kommentar von Valère Novarina, Tourist). Die Kaiser Wilhelm I. gewidmete Gedächtniskirche ist heute ein im Feuer geschwärzter Zahnstumpf mit seinen modernen Leibwächtern (»Lippenstift« und »Puderdose«, nennt man die, so heißt es). Das alles funkelt nur so vor Kirchenfenstern im Chartres-Blau. Auf der Spitze eines banalen Gebäudes dahinter dreht sich der Mercedesstern. Weiter. Wir verbringen etwas Zeit in einer Art modernen Standard-Hauptstadt. Trotzdem: der Super-Zoo mit der chinesischen Pagode als Eingangsportal. Obligatorische Inschrift für die Folklore: Das Nilpferd Knautschke, das sich im Schlamm verkrochen hatte, um dem Appetit des Berlin von 1945 zu entkommen, der genauso gierig auf Exoten-Fleisch war wie Paris 1871, ist später in abgemagert Form wiederaufgetaucht und zum Maskottchen der Kinder geworden. Kulturelle Randbemerkung: 1988 interviewte Olivier Cadiot die Elefanten. Dann, hopp: der Wittenbergplatz! Noch eine große graue beflaggte architektonische Anhäufung. Das riecht nach betuchtem BHV. Das trifft auch zu. Gegrüßet seist Du, *KaDeWe*!

Kurzer Halt. Drinnen Gewimmel, die D-Mark fließt in Strömen, die Wurstwaren stürzen wasserfallartig herab, das Luxusparfum hängt schwer in der Luft, die Klamotten protzen, die Möbel funkeln, und die Verkäuferin schwitzt unter dem dick aufgespachtelten Make-up. Mir wird klar, wie sehr man sich mager, ärmlich und schmuddelig lieben kann, als stinkender Saint Benoît Labre oder als ein Asket mit sauber rasierten Koteletten, angesichts dieser Überdosis an Dingen, dieser Sarabande von fettem Essen, dieser Rokoko-Choreographie von Haushaltsdekor und orthopädischer Kosmetik. Aber sehen muss man das. Einatmen, angewidert sein. Auch das ist Berlin. Berlin, das »Schaufenster des Westens«, hieß es früher. Das kauflustige, sahnige und wurstige Berlin. Das großbürgerliche Berlin, das vor dem Feinschmeckerregal im Stehen und auf der Hand die kleinen Bocuse-Gerichte verkostet. Aber auch das bodenständige Berlin der Schweinshaxe mit Sauerkraut, der Leberwurst und der Spätzle (das sind gelbliche, wabbelig-weiche Nudeln – Hölderlin, das stimmt nachdenklich, stopfte sich voll damit, während er in seinem ungehobelten schwäbischen Dialekt mit Hegel oder Schelling plapperte, und seine Béatrice, Fräulein Gontard, trug den Vornamen einer Crêpe-Sorte. [...]

Berlin ist ein Nest toter Seelen. Mehr als jede andere Stadt ist Berlin wegen seiner Geschichte, die gewaltsamer als anderswo verlaufen ist, ein Blätterteig aus endgültig verlorenen Zeiten. Schlimmstenfalls gibt es in Berlin nichts zu sehen. Nichts als die Reste von Dingen. Rom und Wien sind zweifelsohne Städte in der Vergangenheitsform, sogar in einer durch ihre denkmalgeschützte Langeweile zerfallenen Vergangenheitsform. Auch Paris bereits, und zwar in mehrfacher Hinsicht. New York hingegen ist noch eine Stadt in der beschleunigten Gegenwartsform. Berlin wiederum ist vielleicht eine Stadt in der Zukunftsform. So sagt man. Man tut auf politischer und architektonischer Ebene alles, damit diese Stadt, die ihre politische Hoheit wiedererlangt hat, zu einem Experimentierfeld zukunftsweisenden Städtebaus wird. Dennoch ist Berlin tatsächlich eher eine Stadt im Konditional der Vergangenheit: In Berlin sieht man vor allem, was man hätte sehen können, sehen wollen, gern gesehen hätte und was man nicht mehr sieht. Die Denkmäler, die man »in echt« betrachtet, sind größtenteils totemistische Überbleibsel (die zerstörte Kirche am Ku'damm, die theatralischen Reste der Fassade des Anhalter Bahnhofs, die graffitibesprühten Mauerteile der Mühlenstraße, die ehemaligen Botschaften des Dritten Reichs, die sich in einem Zustand fortschreitenden Verfalls zwischen zahlreichen dreckigen Sträuchern und verstreutem Schutt befinden ...). Oder es sind entleerte, umgesetzte und wieder befüllte Gehäuse (so wurde das Hotel Esplanade, in dem Jacques Derrida vor Jugendstilfresken einst einen Vortrag über Paul Celan hielt, auf Rollen gehoben und hat den Rand des ehemaligen Botschafts-Viertels verlassen, um sich in einem Neubau am Potsdamer Platz einzunisten). Oder es sind sogar, wie es auf einen Großteil des Charlottenburger Schlosses zutrifft, Wiederaufbauten à la Viollet-le-Duc, im Stil dieser archäologischen Stätten, die man im Pergamonmuseum auf der Museumsinsel betrachten kann: der Pergamonaltar aufs Schönste vollständig restauriert, der Markt von Milet ohne Hemmungen neu gemacht, das Ischtar-Tor von Babylon besser als in einer Hollywood-Großaufnahme. Damit wird dieses Museum, das zugleich faszinierend und römersandalen-kitschig ist, zu einer Spiegelung des gesamten Berlin. [...]

Nichts zu sehen. Doch alles auszudenken, vorzustellen, zu phantasieren, zu bedauern, zu begehren. Man kann die oft endlosen Straßen und zuweilen mürrischen Plätze Berlins durchstreifen wie eine Aneinanderreihung bloßer Signifikanten (Namen, Überschriften, Schilder) – weil sich jeglicher Inhalt auf verheerende Weise verflüchtigt hat. Das mag enttäuschen. Diejenigen, die für einige Tage kommen, so wie man nach Florenz oder Venedig fährt, sind oft bitter enttäuscht. Die Stadt öffnet sich nicht, schreckt ab. Sie ist riesig. Das Stadtgefüge ist oft lose. Die Straßen, breit, geradlinig, grob zusammengezimmert für die Belange des Autoverkehrs, entmutigen den Fußgänger. Das U-Bahn-Netz ist viel weitmaschiger als in Paris, London oder Manhattan. Man braucht ein Auto. Aber mit dem Auto genießt man, fühlt man nichts. Eher braucht man ein Fahrrad, das ist das richtige Maß. Wege dafür gibt es überall.

Und man braucht Zeit. Sättigung. Hingabe, Langsamkeit, ein bisschen Passivität. Vor allem keine allzu große touristische Gefräßigkeit. Keine allzu dokumentarische Hast. Keinen japanischen Stakhanovismus. Damit die Enttäuschung umschlägt. Und die Instanz des Verschwundenen in einer Geste der kleinen selbstironischen ad hoc-Distanz das erzeugt, was sie zwangsläufig erzeugen muss: nostalgische Verflüchtigung und schnelle Erhöhung zum Mythos (eine Platte mit Berlin-Liedern von Marlene Dietrich trägt den Titel »Mythos Berlin«). [...]

Zu sagen »Nichts zu sehen« ist natürlich übertrieben. Es bedeutet lediglich, dass man sich Berlin nicht anschaut wie Siena oder Lissabon und das, was man in Berlin als Berlin-Spezifisches zu sehen hofft, nur so zu sehen ist, wie ich es bereits benannt habe: in Anerkennung eines Konditionals der Vergangenheit. Diese Unentschiedenheit, diese Auslöschung, diese wesensmäßige Abwesenheit bilden unwiderruflich die paradoxerweise sichtbare Besonderheit von Berlin und die Fähigkeit dieser Stadt, die Vorstellungskraft zu aktivieren und das Denken in Schwung zu bringen (ein Nachsinnen über die Geschichte, zum Beispiel).

Weil es an »Sehenswertem« in dieser riesigen Stadt natürlich auch nicht fehlt. Jeder Reiseführer vermittelt einem das Notwendige, um dieses Offensichtliche zu finden. In Berlin gibt es, wie überall, Kirchen und Schlösser. Es gibt die Dome und die Säulen des Gendarmenmarktes (und die Erinnerung an die nach Berlin ausgewanderten Hugenotten nach der Widerrufung des Edikts von Nantes). Es gibt den Berliner Dom und das Alte Museum am Schlossplatz, das Charlottenburger Schloss, dasjenige von Sanssouci in der Nähe von Potsdam. Es gibt schöne moderne Architekturensembles, wie die Philharmonie von Hans Scharoun, die Nationalgalerie von Mies van der Rohe, die Bauten der internationalen Architekturausstellung von 1987 (Schloßstraße, Fraenkelufer oder

Rönnestraße) oder jene des neuen Friedrichstraßen-Quartiers. Es gibt die erschütternden Friedhöfe, wie den Jüdischen Friedhof in Weißensee, mit seinen Tausenden von Efeu überwucherten Grabsteinen, umgestoßen von den Wurzeln und Baumstämmen, gespalten von der wuchernden Vegetation, die von keiner Familienfrömmigkeit mehr in Schach gehalten wird (weil die Familien vernichtet wurden oder ausgewandert sind – und die Gefühle überwältigen einen, wenn man die Abfolge der Namen liest, von denen jeder einzelne für Märtyrer der Shoah steht). [...]

Neustart. Vom Halleschen Tor über die Prinzen- und die Oranien- straße, hier ist das Herz des Kreuzbergs der Hausbesetzungen, der alternativen Wohngemeinschaften, der Hard Rock-Diskos, der Galerien und der Szene-Bars, aber auch der türkischen Lebensmittelläden, Ban- ken, Märkte und Imbisse. Viel los hier, hört man immer wieder. Das Outlaw-Kreuzberg, bunt und zerlumpt vor der Wende, widersteht der schicken Normierung à la Pariser Bastille-Viertel. Aber der Kampf ist sicherlich schon verloren. Tote Seelen auch dort, viele. Tod der Seele eines bei all seiner Ärmlichkeit an Seele so überreichen Viertels.

Hier der auf jeden Fall noch von dieser Seele getränkte Mariannen- platz. Ein riesiger begrünter Platz, Bäume und Sträucher. Etwas weiter weg: kaputte Häuser, Graffiti, Fresken. Dahinter: die sichtbare Schneise des ehemaligen Niemandslands. Entlang des Platzes: das ehemalige Krankenhaus Bethanien (heute Kulturzentrum). Im Hintergrund: die roten Backsteinziegel der St. Thomas-Kirche. Zwischen den beiden eine Wiese, wo im Sommer im Freien Filme vorgeführt werden. In den verborgenen Winkeln des Krankenhauses, zwischen dem Gestrüpp, ein schönes Sammelsurium an Sperrmüll oder Trödelkram, für türkische Palaver mit Minztee zusammengezimmerte Freiluftsalons, alternative Lager (Wohnwagen, Totems, eine kleine umherziehende Viehherde, Punkerinnen mit geschickt zerrissenen Strumpfhosen und städtische Hirten mit langen Haaren). An der anderen Ecke: das Denkmal der Feuerwehrmänner, die schlangenartige Feuerwehrspritzen bedienen, zwischen denen sich Kinder offensichtlich verschiedenster Nationali- täten kabbeln. Gar nicht martialisch, diese vier oder fünf versteinerten Feuerwehrmänner. Eher kauzig. Genre angeheiterte Modenarren mit großen *Commedia dell'Arte*-Zinken und riesigen Clownslatschen. Das ist mal was anderes als nachdenkliche Dichter, schwermütige Denker, große Kurfürsten mit Steckenpferden oder alte backenbärtige Mar- schälle (wie die des Großen Sterns). Man kann sich dort ein wenig niederlassen. Und ein Bier zischen, ein großes, ein Weizen mit Zitrone.

Wir brechen wieder auf. Richtung Hauptbahnhof, über die Spree. In der Mühlenstraße fahren wir an einigen hundert Metern der bunt bepinselten ehemaligen Mauer entlang. Wir machen uns auf nach Treptow. Überqueren erneut die Spree. Schornsteine, Fabriken, Kopfsteinpflaster, quietschende Straßenbahnen. Ein großer Park entlang einer von früheren Patrizierhäusern gesäumten Allee, Besatz von kaputtem Stuck, aber cremige Neuverzierung. Stop. Ein triumphaler Bogen zeigt Kyrillisches. Ein Balken lateinischer Buchstaben übersetzt für uns in die Teutonen-Sprache. *Ruhm den Helden der Roten Armee*, so ungefähr heißt es da. Dies ist das sowjetische Ehrenmal. Alleen, so weitläufig wie Landebahnen auf dem Flughafen. Ein größerer Vorplatz als vor Ceaucescus Palast in Rumänien. Fahnen aus zwangsläufig rotem Marmor, als offener Vorhang angeordnet auf einer Treppe im Stile von Cecil B. DeMille. Blick auf einen himalayischen Grabhügel im Hintergrund, auf den eine bis zu den Sternen ragende Statue aufgepflanzt wurde. Das könnte King Kong auf dem Empire State Building sein oder auch die Freiheitsstatue, die hosentragend in den Schoß Europas zurückkehrt. Aber es ist nur ein Rotarmist aus Bronze vom Typ: sehr groß, sehr muskulöse Wade. Zugleich väterlich, weil er ein zartes Kind im Arm trägt. Der andere Arm zerschneidet mit rächendem Schwert die faschistische Hydra, die zu seinen Stiefeln geifert. Das ist so monumental wie von Arno Breker, so hymnisch wie in *Olympia – Fest der Schönheit*, so morbide wie das Beinhaus von Douaumont. Und es ist lächerlich ergreifend in seiner kitschigen Überzeichnung. Auf beiden Längsseiten der Hauptachse zeigt ein Zyklus aufeinanderfolgender Steintafeln heroisch anmutende Flachreliefs. Matrosen, Piloten, Panzersoldaten, Partisanen, in Tränen aufgelöste Mütter, bolschewistische Märtyrer und das Heilige Russland, jeder hat hier seine hyperbolische Vignette. Die Inschriften im gemeißelten Relief beschwören auf russisch und deutsch den Ruhm der sowjetischen Soldaten und den des Genossen Stalin. Hier zeigt sich Geschichte als gefrorener Block. Das ist kitschig, gewaltsam, hässlich. Das hat etwas von Trauer, hoch aufgerichtetem Todestrieb, beunruhigender unbehauener Fremdheit. Das beängstigt und fasziniert. Erzeugt einiges Unbehagen.

Wir senken eine Zeitlang den Kopf, verschanzen uns hinter verletzten Gedanken, schlucken den Tropfen Bitterkeit herunter. Überqueren das Gräberfeld. Starkes Empfinden der Verluste, der Irrungen, der Verschwendungen. Wieder der monumentale Bogen, Sträucher, schöne Bäume. Dann das Ufer der Spree. Sie dehnt sich aus, ist fast ein See.

Wiesen und Bänke am Wasser. Vorbeirollen von Fahrrädern. Luft-
sprünge blonder Kinder. Weiße Schiffe. Ein Ausflugslokal-Restaurant.
Zenner-Haus, so der Schriftzug auf der imposanten Fassade. Akkor-
deon. Affektierte Crooner im Stil eines Casanova aus Seine-et-Oise.
Sonntäglich aufgehübschte Menge. Man trinkt aus einem breiten Kelch
Berliner Weiße, altüberliefert, sauer, gesüßt mit einem Schluck Sirup (rot:
Himbeer, grün: Waldmeister). Die Damen in Kleidern mit Vichy-Muster
und die Herren mit Hosenträgern, sogar in Lederhosen, schwofen auf
Linoleumparkett. Das ist rührend und altmodisch. Das kommt von
weit vorher. Von vor was? Von vor der Wende, das ist sicher. Von noch
weiter her sicherlich. Diese Gesichter, erheitert von der sonntäglichen
Auszeit, diese eingeseiften, mit Eau-de-Toilette parfümierten, aber auch
müden, gezeichneten, gealterten Körper, was haben sie durchgemacht?
Waren sie zusammengekauerte, von den Bombenteppichen über der
Reichshauptstadt betäubte Berliner Kellerkinder? Bengel, die 45 auf
den Trümmern gespielt haben? Rotznasen an den Rockzipfeln ihrer
Mütter, der Trümmerfrauen? Dann in der Freien Deutschen Jugend
zwangsorganisierte Jugendliche? Hoffnungen in kurzen Hosen und
königsblauen Hemden der leuchtend geplanten Zukunft der DDR?
Aus Spaß Zugführer der kleinen Pioniereisenbahn, die nicht weit entfernt den Plänterwald durchquerte, mit triumphalen Banderolen noch
stärker dekoriert als die bolschewistischen Züge von 1918? Schließlich
gewöhnliche Ossis, ertränkt in der Eintönigkeit des realen Sozialismus?
Oder reich dekorierte Privilegierte der Nomenklatura des Regimes? Das
Bier schlägt seine Blasen, die Fragen tun es ihm nach. Berlin lässt das
historische Gedächtnis einfach nicht in Ruhe.

JULIEN SANTONI

Ankunft in Charlottenburg (2008)

Als der Zug in Berlin ankommt, steige ich im Bahnhof Tiergarten aus,
bei strömendem Regen ... Er wirft mich um 8 Uhr morgens aufs Pack-
eis. Es ist saukalt. Baal steht nicht am Gleis. Man könnte meinen, es
wäre Melasse im Himmel, Grubengas in der Luft ... selbst die Leute
auf der Straße scheinen grau überstrichen zu sein. Ich werfe mich in
die U-Bahn. Hier wird es richtig brutal, mit diesem fahlen Licht und all
den Kunstleder-Sitzbänken in Grau, Pipigelb oder Gänsekackebraun ...
Und die Tussen, ganz genauso, angezogen wie die Sitzbänke. Man hat
mich ein bisschen vorgewarnt ... Mir gesagt, dass die Berliner keine
Angsthasen, keine Snobs sind. Aber man hat vergessen mir zu sagen,
dass sie alle ihre Klamotten aus den 80ern behalten haben ... tiefgefro-
ren, so scheint es ... ein echter Historienfilm, umwerfend. Das ist von
einer detailverliebten Präzision, besonders die Frisuren, neon-orange,
eighties. Spektakulär ... die Haare möglichst abrasiert. Hier jetzt also
»*Bahnhof Zoo*«, *Zoologischer Garten* ... Punks schnorren vor einem
McDonalds und tauschen untereinander Kippen gegen Dosenbier ...
Bevor ich mich in die U-Bahn werfe, sehe ich vom Bahnhofskiez nichts
als ein Durcheinander aus grauen Wunden und ineinander verkeilten
tristen Gebäuden ... verwüstet durch ein Erdbeben oder einen vorbei-
ziehenden Taifun.

Ich nehme die U2, die mich direkt zum Theodor-Heuss-Platz bringt,
in den Westen, dort habe ich ein ziemlich billiges Zimmer in einem
Studentenwohnheim gemietet, so lange, bis ich mich soweit orientiert
habe, dass ich ein Viertel finde, das mir gefällt. Ich komme an ... Eine
riesige Kreuzung auf der Achse der Verkehrsader, die bis zum Brandenburger Tor führt ... Aber das ist kein Platz, das ist Cap Canaveral,
eine Abschussrampe, laut wie hundert Reaktoren, es stinkt, es knattert
auf fünfzehn Spuren, es macht schwindelig, ist schwarz verrußt ... Ich
werde es keine zwei Tage aushalten, muss schleunigst etwas Anderes
finden, wieder abhauen, sofort ... Ich stelle meine Sachen in mein

Zimmer, das prima zum Rest der Stadt passt, jedenfalls zu dem, was ich bisher gesehen habe: dunkelbräunlich, von den Schränken bis zum Teppichboden, und nicht sonderlich sauber. Ich gehe raus. Ich drehe eine Runde im Kiez, um eine Bretzel zu verdrücken, alle zwei Meter Supermärkte, *Kaisers, Nettos, Aldis* im Überfluss, Bäckereien, Pizzerien, Restaurants *Zur Germania*, eins-zwei-drei, im Handumdrehn, sogar ein Blumenladen und eine Pseudo-*Gelateria* ... Aber irgendwie gefällt mir das nicht. Sie miefen nach Langeweile, die alten Rentner, die mit ihren Leinenbeuteln da langtrotten, diese *gemütlichen* alten Sachen ziehen mich total runter ... betucht, aber auch wieder nicht zu sehr ... so etwas wie kleinbürgerliche Liebhaber von Aufschnittsonderangeboten ... Das Ganze erinnert ein bisschen an eine Autobahnraste.

Ich verschlinge eine Currywurst, inzwischen habe ich herausgefunden, dass sie in Berlin der höchste aller Genüsse ist, das Feinste vom Feinen ... Die Einheimischen sind ganz versessen darauf, sie würden Gemeinheiten für eine Currywurst begehen. Sie beben schon bis ins Mark, wenn sie, auf die Theke gestützt, das Würstchen brutzeln hören und den Koch sehen, wie er den Mohikaner skalpiert, um ihn dann mit Currysauce, gelb-grau wie die Häuser, zu füllen. Andere verlangen manchmal ein bisschen Ketchup, das ist schon der Gipfel an Fantasie, das setzt einen Farbakzent.

Ich schleppe mich bis zur Wilmersdorfer Straße, da sind eine Menge Geschäfte, hat mir eine kleine Bäckerin gesagt. Verrückt, wie Berlin überhaupt nicht dem gleicht, was ich mir vorgestellt hatte. Groß, leer, die Straßen so breit wie gestrandete Wale. Die Gebäude aus dem späten 19. Jahrhundert sind nicht sonderlich zahlreich hier in der Ecke, was vielleicht auch gar nicht das Schlimmste ist, sie sehen nämlich aus wie düstere Gefängnisse.

Ich setze den Spaziergang fort, lasse mich in Richtung Deutsche Oper treiben ... Ich stehe vor einem Bunker, sehe auf den Plan, hole meinen Stadtführer raus, lese die Inschrift auf der Fassade ... kein Zweifel ... das ist der liebliche Raum der Musen, den sie da hinbetoniert haben, Stil Mausoleum ... es könnte ein Denkmal für die Deportierten sein, aber nein, es ist die Oper. Die Architekten müssen sich richtig ins Zeug gelegt haben, um derartige Scheußlichkeiten zu entwerfen. Und alle diese blau und gelb umhüllten Würfel ... Es ist nicht heruntergekommen, es ist noch nicht einmal baufällig, es ist einfach nur unglaublich. Ich kann gar nicht fassen, wie hässlich es ist. Man muss verdammt tapfer sein, um da drin zu leben. Ich frage mich, ob es das Richtige war, die Segel nach Berlin gesetzt zu haben, in diese 60er-Pisse.

»Aber mein kleiner Salv«, sage ich mir, »du bist nie zufrieden, du hattest die Schnauze voll von Paris und seinem Glasramsch, du bist in der Anmut und dem Wohlgeformten erstickt, vergiss nicht, vor nicht allzu langer Zeit wolltest du noch alles abfackeln, vom Invalidendom bis zum Kanal Saint-Martin, die Katakomben und diese ganze Palimpsest-Stadt ... na also, jetzt müsstest du eigentlich zufrieden sein! Da hast du's: massenhaft städtische Brache, eine verdammt hässliche Stadt dazu, du wirst frei atmen können ...«

Es lässt auch gar keine andere Wahl, hier muss man sich ein Leben erfinden, man kann sich nicht von der Milde des Klimas oder dem Lächeln der Landschaft umschmeicheln lassen.

Ich bin ratlos ... Ich hatte vorgehabt, mir ein paar Tage für eine Stadtbesichtigung zu nehmen, bevor ich in der Volksbühne aufkreuze, aber ich bin von den Straßen, die ich überquert habe, zu deprimiert, um noch länger den Touristen zu spielen, also nehme ich die U-Bahn und schleppe mich ans andere Ende der Stadt, in den Osten. Ich steige am Rosa-Luxemburg-Platz aus und finde mich vor einer stalinistischen Burg wieder ... Ich mag den Stil der Volksbühne, so schön wie ein Panzer, man glaubt, sie geht gleich zum Angriff über, und dann bleibt sie doch still, wie ein versteinertes Zirkuszelt ... diese Art von Gebäude hat einen fürchterlichen Blick ... man meint, dass jeden Moment die Trompeten der Geschichte ertönen werden, Feuer und Wahnsinn speien, und doch bleibt sie lautlos, sie schweigt und beobachtet ...

Es ist mit Sicherheit noch ein bisschen früh, aber ich klopfe trotzdem an die Glastüren, ein Pförtner kommt heraus und sagt mir, dass der Kartenschalter noch nicht geöffnet sei. Ich versuche es auf die dreiste Tour und sage ihm, dass ich einen Termin mit Biberpelz habe, was eine dicke Lüge ist. Er rät mir, um das Theater herum zu gehen und den Künstlereingang zu benutzen, aber er fügt hinzu, dass die Proben auf jeden Fall nie vor eins anfangen und der Maestro mit Sicherheit zu spät kommen wird. Ich laufe hinter die Volksbühne, dahin, wohin der Typ mich geschickt hat. Und ich warte in der Kantine. Ich setze mich ... Eine Tussi bittet mich um Feuer. Wir fangen an zu reden. Sie sagt mir, dass es nicht schwierig werden wird, Biberpelz zu sprechen ... Der Franckie ist zurzeit ein Nervenbündel, manche Proben gehen schon mal zwölf Stunden am Stück ... und Biberpelz verlangt von der Truppe dermaßen zu schreien, dass ihre Kehlen wund werden. Wir ziehen uns ziemlich viel Bier rein, Kumpels von ihr laufen vorbei, sie gehen sich umziehen. Sie stellt sich vor, sie heißt Hilda, sie fragt mich, wie ich Berlin finde. Ich erzähle ihr all das Schlechte, was ich über die Scheußlichkeiten denke, die ich gesehen habe. Ich verletze sie ein bisschen damit, also rücke ich es etwas zurecht, ich sage ihr, dass ich nur Westberlin gesehen habe. »Ach so, na ja, das wundert mich nicht ...« Ich müsse Prenzlauer Berg, Friedrichshain sehen ... Und als sie »Theodor-Heuss-Platz« hört, spuckt sie ihr Bier aus und bricht in Gelächter aus, sie hat wirklich Mitleid. Plötzlich erinnert sie sich, dass sie einen Freund hat, der einen Nachmieter für eine Wohnung nicht weit von hier sucht, am Käthe-Kollwitz-Platz ... das sagt mir nicht viel. Wäre sie an meiner Stelle, würde sie keine Sekunde zögern ... sie beschreibt mir die Hütte, und die Miete scheint nicht hoch für eine so schöne Bude ... ich danke dem Himmel, Hilda, das ist Schicksal ... wir schließen das Geschäft ab, und um das zu feiern, zischen wir uns ein fünftes Bier rein, das mir den Boden unter den Füßen wegzieht.

Franckie wird angekündigt. Auch wenn ich Fotos von ihm gesehen habe, werde ich mir nun bewusst, dass ich ihn nicht wirklich wiedererkennen würde ... Hilda will versuchen, ihn anzusprechen ... Der Meister kommt schnell in die Kantine gelaufen und ruft einen Typen zu sich, der blitzschnell aufsteht, jeder merkt, dass es beim kleinsten Fauxpas ungemütlich werden wird, alle scheißen sich vor Angst ein. Hilda schafft es, Franckie zu erwischen und ihm leise ein paar Worte zu sagen. Er schreit, dass das jetzt der falsche Zeitpunkt ist, es ihm scheißegal ist ... »Ich hab' nicht die Zeit mit deinem Typen zu sprechen, ich hab' hier mehr als genug Schauspieler, weiß nicht, was ich mit denen in diesem beschissenen Theater machen soll, ich werd' mir nicht noch einen ans Bein binden!« Die Sache sieht nicht gut für mich aus, ich nähere mich, ich stecke die Flossen in die Buxen, um kleinlaut rüber zu kommen, ich brabbele ein paar Worte heftiger Bewunderung. Der alte Bock beruhigt sich; er sieht nicht gut aus, der kleine Biberpelz, die Visage reparaturbedürftig und undefinierbare Zuckungen; er hört mir zu, wie ich mein Kompliment murmele und nimmt dann die Haltung einer Pythia ein, um mir zu sagen, dass das, was er gerade gebrüllt hat, die reine Wahrheit ist und verdammt traurig ... aber er hat keine Arbeit für mich, ich bin sicherlich superbegabt, aber ich würde meinen Weg ohne ihn gehen, er fühle sich sehr geehrt, dass ich den ganzen Weg zurückgelegt habe, um ihn zu sehen, aber *niet* zu einer Statistenrolle, *niet* zu einem Vorsprechen und drei Mal *niet*, weil er in zwei Wochen eine Produktion fertig bekommen muss, er nach Südamerika fährt, um ein Schauspiel zu verkaufen, dieses Theater einen Haufen von Scheiß-Kneteproblemen hat und dass diese niederträchtige Welt erbarmungslos ist.

Ich insistiere nicht länger. Ich habe noch nicht mal ein kleines Dankeschön gestammelt, das eh' nicht viel Sinn gehabt hätte, da ist er schon in den Gang abgehauen und schnappt sich ein armes Würstchen von Elektriker, das er zur Schnecke macht.

Hilda sagt mir was Nettes, um mich zu trösten, aber diese kleine Konversation schlägt mir derbe aufs Gemüt. Klar, ich war ein ziemlicher Depp zu glauben, dass es anders hätte ablaufen können, aber trotzdem ... Man hätte in Ruhe reden können, ich hätte ihm erzählt, was ich bis jetzt gemacht habe, hätte versucht, ihn mit ein paar guten Ideen zu ködern, ich hab' doch ein paar! ... Wir hätten ein bisschen geredet ... nett halt ...

Mit eingekniffenem Schwanz kehre ich zurück in meine bräunliche Bude am Theodor-Heuss-Platz und überlege, dass ich einen Plan B brauche, um an Kohle zu kommen. Mit der Knete, die ich dabeihabe, kann ich mich einen Monat über Wasser halten. Danach muss ich mir auf jeden Fall einen kleinen Job suchen.

Ich gehe in dieses Bettenlager für Ausländer, das auf jeder Etage nach Fressen stinkt. Die Gemeinschaftsküchen sind voll mit Armenierinnen, die Gewürzbouletten kneten, ich treffe kleine Inder, die hier und da herumtrotten und dabei Chili zum Aperitif knabbern, Russen, alles Möchte-Gern-Ärzte, und massenhaft Polen ... Wir tauschen Eindrücke aus, nicht sonderlich tiefschürfend. Ich muss hier so schnell wie möglich die Kurve kratzen.

Ich habe keine Lust, mir heute Abend was zu brutzeln. Ich gehe raus, steuere eine billige indische Futterkrippe an, ziehe mir schnell ein Biryani rein, aber es geht nicht so gut runter. Nach einem schlechten Mango-Lassi, den ich statt eines Absackers bestellt habe, haue ich ab und kehre in meinen Bunker zurück.

Bevor ich schlafen gehe, rauche ich noch eine Zigarette auf dem kleinen Balkon, der auf den Theodor-Heuss-Platz rausgeht. Der Platz wird von einem Schwarm fliegender Untertassen beleuchtet ... Das riesige Gebäude des Fernsehsenders RBB rechts sieht aus wie eine Küchenmaschine mit einem düsteren Welpenkopf, der mich durch sein rotes

Visier mustert. In der Ferne sieht man ein Stück von einem Raumschiff aus einem *low budget* Science-Fiction-Film ... eine Art Todesstern à la *Star Wars* oder sowas, wie ein überdimensionaler Hydraulikmotor, der in Babelsberg zusammengeschraubt wurde.

Ich geh' in mein Zimmer zurück und schlafe in trüber Stimmung ein. Ich träume von Bunkern, blauen Glaspyramiden und barocken Giebeln, von denen eine aufgeplusterte Diva die Melodie von »Checkpoint Charlie« singt.

ÉRIC FAYE

Nachtzug nach Berlin (2005)

Berlin im November 1989
Die Deutsche Demokratische Republik gehörte zu jenen Ländern, die
man des Nachts durchfuhr, ohne auch nur das Geringste zu sehen,
ohne dass der Zug irgendwo anhielt. Nachdem ich gehört hatte, dass
die DDR kein Transitvisum mehr verlangte oder diese an der Grenze
ausstellte, war ich aus einer Laune heraus am Abend des 11. November
von der Gare du Nord aufgebrochen. Berlin war zum ersten Mal seit
Jahrzehnten eine offene Stadt. Das klingt harmlos, diese kleine Formel,
offene Stadt, jetzt, wo der Frieden Alltag geworden ist. *Città aperta.*
Erklärte sich eine Stadt zu einer offenen Stadt, stand eine Katastrophe
in Lederstiefeln unmittelbar bevor. Der letzte Zug würde jeden Moment
von der Gare de Lyon in Richtung Marseille abfahren, die Liebenden
würden sich trennen; dann sollte Rick (Humphrey Bogart) Ilsa (Ingrid
Bergman) erst ein Jahr später und per Zufall in Casablanca wiedersehen.
Aber die Weichenstellungen des Lebens hätten Rick von Ilsa entfernt, die
erneut an der Seite eines ›auferstandenen‹ Ehemannes auftreten würde.

Berlin, im Herbst 1989 eine offene Stadt, erwartete keine feindliche
Macht. Jetzt war vor drei Tagen die Mauer gefallen und kein Troja-
nisches Pferd war hereingekommen. Bar jeder Verpflichtung fuhr ich
los, um ein Ereignis besonderer Art zu beobachten, das mich nicht
gleichgültig ließ. Abendzug von der Gare du Nord: zehn, zwölf Stunden
auf einem Sitzplatz bis zum Ausstieg an der Endstation Zoologischer
Garten.

Erst nach Einfahrt des Zuges in die westliche Enklave bekam der
Tag die Erlaubnis anzubrechen. Das gute Mütterchen Berlin, seit
drei Tagen Hauptstadt der Welt, brütete seine Ereignisse unter einem
nebligen Federbett aus. Diese Erbsensuppe musste durch die offenen
Mauerbreschen gesickert sein, bis der ganze westliche Raum voll davon
war. Ich verbrachte den ersten Tag an diesen wenigen Breschen zwischen
Bernauer Straße und Potsdamer Platz. Das Fest, von dem das Fernsehen

in aller Welt berichtet hatte, schien beendet oder plötzlich abgebrochen worden zu sein. Was war los? Lange Menschenschlangen kamen brav in den Westen, andere kehrten nach Erledigung ihrer Besorgungen zurück. Sollte dieses bestürzende Ereignis sich auf den Kauf von Lebensmitteln beschränken? Es mochte noch so sehr die Zeitungen des Erdballs füllen, vor Ort merkte man nicht viel davon. Oh, dieser Nebel… Kolonnen gräulicher Männer und Frauen gingen los, um im Supermarkt West einzukaufen oder Cousins »von drüben« zu besuchen, dann kehrten sie abends nach erfüllter Mission zurück, ohne große Begeisterung. Ich lief an der abwesenden Mauer entlang. Beim Gehen beobachtete ich diese Kolonnen von Arbeiterameisen. Denn ich war mit einigen sehr festen Vorstellungen angekommen, unzerstörbarer als die Mauer. Danach hätten diese Männer und Frauen vor Glück strahlen müssen; doch sie präsentierten den Zollbeamten gewissenhaft Pässe, geprägt mit den Emblemen eines Staates, der im Verschwinden begriffen war, dann gingen sie weiter, vielleicht mit einer Einkaufsliste in der Tasche. Sie hatten zuvor einen Schlenker zur Sparkasse in ihrem Stadtteil gemacht, um dort die bescheidenen Ersparnisse locker zu machen, mit denen sie außerhalb der DDR vermutlich nicht weit kamen. An diesem ersten Tag hatte ich den Eindruck, leblosen Wesen zu begegnen, mich im Herzen eines unsichtbaren Ereignisses zu befinden, das von der Idee überdeckt war, die ich mir von ihm machte. Ich würde Zeit brauchen, um zu begreifen, dass das Freudenfeuer im Westen nicht mit derselben Intensität brannte wie im Osten und dass die Feier zwei Geschwindigkeiten, zwei verschiedene Bedeutungen hatte. Natürlich waren diese Menschen lebendig, aber aus einem mir verborgen gebliebenen Grund verzehrte sich das Feuer ihrer Freude langsamer. Letztendlich waren auch sie die Kunden von Ricks amerikanischer Bar, in dem Casablanca von 1941. Viele hatten gelebt, ohne zu warten, ohne an die andere Seite zu denken. Viele andere hatten zu lange gewartet, sich dabei verschenkt oder verkauft, wenn es sein musste, teilweise oder ganz, in der Hoffnung auf den Passierschein, der es erlaubt hätte, das Abendflugzeug nach Lissabon zu nehmen und von dort ein Schiff nach irgendeinem Amerika. *Play it again, Sam. Play it again…* Nun, nachdem sie zu lange gewartet hatten, konnten diese Mauerdurchquerer nicht zugeben, dass es jetzt genügte, ihr Bein durch eine Öffnung gleiten zu lassen, um sich im Lissabon ihrer Träume wiederzufinden. Das grenzte ans Fantastische, aber ihr Leben kannte überhaupt nichts Fantastisches, und die Geographie verfügt über Abkürzungen, die sogar der subtilste Verstand nicht einschlägt.

Für den Ausländer auf dem Weg nach Ostberlin hatten sich die Regeln nicht geändert: mit der U-Bahn bis zur Friedrichstraße, Anstehen für ein Tagesvisum mit Rückkehr noch am selben Abend. Am nächsten Morgen fuhr ich in den Osten. Ein Höllenschlund, dieser Tunnel, und der Zugfahrer ein Fährmann der Seelen... Der unterirdische Stollen zwischen dem Osten und dem Westen war dauerhaft mit einer U-Bahn »abgedichtet«, an deren beiden Seiten ein Zwischenraum von nur fünf Zentimetern blieb. Um auf diesem Wege zu entfliehen, blieb einem Anwärter auf das Exil nur die Möglichkeit, sich in ein Fresko zu verwandeln. Und diese Barke der Toten, deren Hin und Her niemals endete...

Weshalb vor mir die Ambivalenz des Gefühls verbergen, das diese Orte hervorriefen? Mein Hass auf Grenzen fand seine Entsprechung einzig in der Faszination, die sie auf mich ausübten. Je unüberwindbarer sie waren, desto stärker wirkte ihre hypnotische Verführungskraft. Ich war nach Berlin gekommen, um der Beseitigung einer der mörderischsten Grenzen der Welt beizuwohnen, und doch konnte ich noch so lange die Stelen betrachten, die dort errichtet worden waren, wo man Flüchtende erschossen hatte (für manche waren die Gewehre kaum abgekühlt): Ich blieb unempfänglich für diese Tragödie. Nichts zu machen, diese Mauer hatte ihre eigene Poesie erzeugt und dann genährt mit ihren verbarrikadierten Straßen, ihren zugemauerten Fenstern, ihrem verwilderten ›Niemandsland‹, dem Verlangen abzuhauen und Erzählungen von spektakulären Fluchten. Indem es sich ohne Unterlass mit dieser Absperrung aus Beton herumschlug, hatte das Leben dort eine unerhörte Intensität bekommen.

In Ostberlin hatte ich nicht die geringste Lust, Ostberlin zu besichtigen. Ich wollte sehen, wie die Breschen auf der Seite aussahen, wo sie geöffnet worden waren, sehen, was für ein Gesicht diejenigen, die »von gegenüber« zurückkehrten, in dem Moment aufsetzten, als sie wieder einen Fuß in ihre Zivilisation setzten. Ich empfand sie als gestresst, diese Freigänger, diese Überläufer für wenige Stunden, ich nahm bei ihnen keine besondere Gefühlsregung wahr, und das machte mich stutzig. Etwas entging mir.

Die Klischees, mit denen ich aufgewachsen war, schienen sich auf traurige Weise zu bestätigen: Ostberlin war leer und grau. Ostberlin demonstrierte kaum noch. Abgesehen von diesen menschlichen Kolonnen, die täglich von einer Welt zur anderen pendelten, verharrte die

Ost-Bevölkerung in Wartehaltung. Die einen und die anderen, das Für und Wider, in Erwartung der Fortsetzung.

Auf dem Fernsehturm am Alexanderplatz vollzieht der rotierende Bereich des Panoramarestaurants in einer Stunde eine komplette Drehbewegung. Unter mir bewegte sich in einem Halbnebel lautlos Berlin, und ich verlor die Orientierung. Die Himmelsrichtungen verschwammen. Die aufgeribbelte Mauer zog sich zurück. Dort, wo ich schwebte, durchdrangen unendlich verblasste Lichtstrahlen die Wolken, ein Licht wie aus einem Film von Wenders, das die Erde nicht erreichte. Berlin schlummerte auf dem Grund eines mit trübem Wasser gefüllten Aquariums. Vermutlich lächelten an jenem Tag zahlreiche Engel im Himmel über der Stadt. Ich hätte mich gern ihrem Geschwader angeschlossen. Mal erschien das Phantombild des Reichstags, mal das der Volksbühne und das von Brecht, mal die Brache des Potsdamer Platzes, auf der bald Glaspaläste emporragen sollten. Bald... Der Boden Berlins diente der Geschichte als Palimpsest. Dort, wo Paläste dem Erdboden gleichgemacht worden, Militär-Hauptquartiere in sich zusammengesunken waren, würden neue Botschaften sprießen, das Hotel Adlon auferstehen. Oh, diese so schwachen, fast waagerechten Lichtstrahlen über Berlin! In ihrer ersten Erzählung lässt Christa Wolf eine ihrer ostdeutschen Figuren sagen, auch der Himmel könne sehr wohl geteilt sein. An diesem Novembertag war er das nicht mehr, da war ich mir ganz sicher.

MICHAËL FŒSSEL

In Berlin flaniert man nicht (2011)

»*Natürlich ist das nicht die Seine* ...« Was Barbara über Göttingen
sang, das gilt erst recht für Berlin: Eine schöne Stadt ist die deutsche
Hauptstadt nicht. Die alten Denkmäler existieren nur noch als Über-
reste, wie die Gedächtniskirche, die mitten auf der Einkaufsmeile des
Kurfürstendamms die Brutalität der alliierten Bombenangriffe des
Zweiten Weltkriegs bezeugt. Ihre zertrümmerte Fassade symbolisiert die
komplizierte Beziehung, die Berlin zu seiner Vergangenheit unterhält.
Wohin auch immer man seine Schritte lenkt, man geht auf Asche.

Die Partitur dieser Stadt, verbunden mit dem diffusen Schuldgefühl,
erklärt, weshalb der Wiederaufbau nicht das Gesicht einer Rückkehr
von Berlin in die Geschichte angenommen hat. Zuerst einmal ging es
darum, der ausgebluteten Bevölkerung Wohnraum zu verschaffen, die
architektonischen Feinheiten waren nachgeordnet. Bis 1989 gab es kein
»Danach«. Einige Gebäude, vor allem im Ostteil der Stadt, wurden in
einem Monumentalstil konstruiert, der glauben machen sollte, Berlin
hätte noch eine Zukunft. Aber diese Geschichte war nicht mehr die
dieser Stadt, wie es die gewaltigen Bauten zeigen, die im Stil von Stalin
entlang der Karl-Marx-Allee errichtet wurden und die Regierungsabtei-
lungen der DDR beherbergten. Heute beherbergt das Hauptgebäude,
Symbol ohne Größe des Sozialismus, einen der seltenen *Mac Donald's*
der Stadt. Hier triumphiert der Kapitalismus nicht, er passt sich maß-
gerecht in die Überreste seines Feindes von Gestern ein.

Seit der Wiedervereinigung hat es beträchtliche Sanierungsanstren-
gungen gegeben. Im Ostteil der Stadt, zumindest in den zentralen Vierteln Mitte und Prenzlauer Berg, haben die Farben den Grauschleier des
»real existierenden Sozialismus« ersetzt. Die Gebäude sind in einem
Stil renoviert worden, der dem von Brooklyn ähnelt, die zahlreichen
Innenhöfe verleihen diesen Orten einen Charme, den die Touristen zu
schätzen wissen. Aber die vollständig »gentrifizierten« Orte bleiben die
Ausnahme. Berlin ist keine Stadt zum Flanieren: Man findet dort weder

Passagen noch Stadtpaläste und so gut wie keine Gassen. Im Übrigen werden die Liebhaber von Stadtspaziergängen durch die gewaltigen Entfernungen entmutigt, die es praktisch unmöglich machen, zu Fuß von einem Viertel zum anderen zu gelangen.

In Berlin flaniert man nicht, aber da diese Stadt eines der beliebtesten Reiseziele der westlichen Jugend geworden ist, können wir annehmen, dass man trotzdem davon träumt. Was sollte man also in einer Stadt suchen, in der es so wenig zu sehen gibt? Eben etwas anderes als Postkartenmotive. Im Gegensatz zu dem ästhetisch-distanzierten Blick, den die Mehrzahl der Touristen seit neuerem auf die europäischen Hauptstädte wirft, überwiegen in Berlin die Empfindungen. In der deutschen Hauptstadt gibt es viele Museen, aber bezeichnenderweise sind die wichtigsten auf eine ›Insel‹ – Museumsinsel – verbannt, als hätte die Stadt Angst, mit ihrem Kulturerbe verwechselt zu werden.

Diejenigen, die kommen, um Berlin zu ›besichtigen‹, werden womöglich enttäuscht: Die Stadt bietet nicht viele Aussichtspunkte, an denen die Architektur die Geschichte bezeugt. In Berlin sucht man etwas anderes als die Schönheit: Blöcke des Lebens, die wegen der Musealisierung und Verbürgerlichung der anderen europäischen Hauptstädte dort so selten zu erleben sind. Im Folgenden geht es weniger um die Frage, was Berlin heute ist, als vielmehr darum, mit was diese Stadt vergleichbar ist für den, der dorthin kommt und der keine anderen Stadterfahrungen hat als die der anderen westlichen Großstädte. Statt also die Stadt zu beschreiben, werden wir uns fragen, welche Arten des Begehrens sie auslöst und so zu einer Anlaufstelle nicht nur für die Touristen, sondern auch für Emigranten aus ganz Europa wird.

Diese Arten des Begehrens haben, so scheint es uns, ihren Ursprung in einer Nostalgie, nicht zu verwechseln mit der ›Ostalgie‹ – dieser Sehnsucht nach dem alten Ostdeutschland – da ihr Gegenstand weniger der Kommunismus als der ›Kapitalismus von früher‹ ist: vor der Unterwerfung der Wirtschaft unter das Diktat der Finanzmärkte (Berlin befindet sich an den Antipoden von Frankfurt), vor dem zunehmenden Sicherheitsbestreben der westlichen Demokratien, der Erstarrung der Stadtzentren zum Kulturerbe und der Verbannung der Armen aus der Stadt. Man projiziert auf Berlin Bilder aus Filmen und Romanen der 70er, die Paris, London oder New York als für das Mögliche offene Orte beschreiben, noch nicht bebaut und gelebt nach dem alleinigen Maßstab der ökonomischen Zwänge. Sicher, dieser Kapitalismus von früher ist ein Phantasiegebilde, denn die Jugend, die sich hier versammelt, hat ihn nicht erlebt. Nichts kann verbürgen, dass die deutsche Hauptstadt in der Tat nach den Rhythmen der Städte vor der neoliberalen Wende lebt, aber andererseits ist sicher, dass die Rhythmen, die ihren Stadtraum strukturieren, nicht die der zeitgenössischen Metropolen sind. Im Übrigen ist Berlin eine ebenso ›globalisierte‹ Stadt wie die anderen europäischen Hauptstädte. Sie ist es aber auf eine andere Art, als wenn ihre Bewohner beschlossen hätten, von den Entwicklungen der Welt nur das zu bewahren, was ihre eigene Auffassung von Modernität bestätigt. [...]

Zwischen dem Fluten und den Inseln

Die Geographie von Berlin wird von den Unterschieden in den Geschwindigkeiten dekliniert. Man stößt dort auf eine permanente Spannung zwischen der Geschwindigkeit des Flutens und den Orten der Entschleunigung. Auf der Seite des Flutens die Geschäftsgegenden des Kurfürstendamms und von Mitte, die nervöse und kreative Stimmung von Kreuzberg, die Feierwut von Friedrichshain. Auf der Seite der Inseln der Entschleunigung der verschlafene Stadtteil Charlottenburg, die Alleen des Tiergartens, die bürgerlichen Caféhausterrassen von Prenzlauer Berg. Aber diese Unterscheidungen sind noch zu pauschal: häufig entsteht die Kluft im Innern eines jeden dieser Stadtteile, zuweilen von einer Straße zur anderen.

Zunächst wundert man sich über die Stille in der Stadt. Dazu muss man sagen, dass im Vergleich zu allen anderen europäischen Hauptstädten hier die Dichte des Autoverkehrs am schwächsten ist. Da außerdem die Großstadt von Grünanlagen und Wäldern bedeckt ist – »Stadt im Wald« sagt man hier – ist es nicht schwierig, dort haltzumachen, um sich den urbanen Beschleunigungen zu entziehen. Der technologische Kapitalismus komprimiert die Zeit so sehr, dass er sie in eine ständige Dringlichkeit verwandelt. Diesen Eindruck haben die Berliner noch nicht: der Fußgänger, der eigenmächtig bei Rot über die Straße geht, merkt dies, wenn er den zornigen Blick der Einheimischen zu spüren bekommt. In den Cafés und Restaurants (meistens beides in einem) werden die Rechnungen nie gleichzeitig mit den Bestellungen gebracht, und die Kellner geben dem Kunden nicht zu verstehen, dass es an der Zeit ist, den Platz freizumachen.

Es fehlt nicht an Platz, und Berlin gehört noch nicht zu jenen Orten, wo die Angst, sein Geld nicht zu bekommen, zu einem alles beherrschenden Gefühl geworden ist. Die von Schulden gelähmte Stadt gibt trotzdem auch weiterhin Kredit. Abgesehen von den Straßen, die explizit dem Finanzwesen gewidmet sind, ist das Geld übrigens relativ wenig sichtbar in der Berliner Stadtlandschaft. So hat zum Beispiel Kreuzberg zahlreiche Eigenschaften aus der Zeit des Kalten Kriegs bewahrt, als es noch das antikapitalistische Viertel von Westberlin war. Dort muss man lange herumirren, bevor man einen Geldautomaten findet.

Die Entschleunigung bedeutet auch, dass man zeitweilig damit aufhört, Zeichen zu senden. Wie in anderen europäischen Städten, besteht das Berliner Fluten aus der unaufhörlichen Produktion von Zeichen: vestimentärer Symbole, gesellschaftlicher Verhaltensweisen, einstudierter Haltungen. Die Großstadt ist ein Austausch von Zeichen unter Unbekannten, die sich berühren, ohne die Zeit zu haben, miteinander zu sprechen. Aus diesem Grund versteht man, weshalb die Geschwindigkeit, mit der diese Zeichen entziffert werden, die wichtigste der großstädtischen Tugenden ist. In dieser Hinsicht ist Berlin nicht weniger anspruchsvoll als die anderen zeitgenössischen Städte: Der, der sich als unfähig erweist, die Zeichen in der notwendigen Geschwindigkeit zu entziffern, bleibt an der Seite liegen, außerhalb des Flutens, in einem Zustand von urbanem Tod.

Die Kriterien der Interpretation zeichnen indes diese Stadt aus. Sie, die stärker Bohème als bürgerlich, mehr künstlerisch als bankennahe ist, trägt stolz ihren Unterschied im Vergleich zum restlichen Deutschland zur Schau. Es geht weniger darum, gesehen zu werden und aufzufallen, als darum, ›nach nichts‹ auszusehen und dabei den anderen gegenüber eine tolerante Gleichgültigkeit an den Tag zu legen. Dies ist auch eine Möglichkeit, im Austausch der Zeichen das Gewicht der Wirtschaft zu relativieren.

Man ›geht‹ nicht von der Provinz nach Berlin, so wie man von der Provinz nach Paris ›geht‹– ganz einfach deshalb, weil der Zugang zur Hauptstadt kein Beweis für sozialen Aufstieg ist. Die Tausende von Studenten, die jedes Jahr hierherkommen, tun dies, weil die Mieten hier niedriger sind als anderswo. Vielleicht auch deshalb, weil hier so viele Inselchen fortbestehen, auf denen es nicht notwendig ist, die richtigen Zeichen zu senden und die richtigen Lesarten zu produzieren. Es ist nicht so, dass die gesellschaftlichen Klassen sich hier unterschiedslos vermischen würden (der ›Kapitalismus von früher‹ bleibt ein Kapitalismus), aber sie identifizieren sich nicht mit strengen Codes. Für einen Besucher aus Paris bleibt die Berliner Mode ein Geheimnis. Die großen internationalen Marken sind wenig sichtbar, sogar die Wohlhabendsten hüllen sich in Klamotten von überallher. Sicher teuer, aber nichts Übertriebenes, als würden die äußeren Zeichen des Reichtums nachgeordnet, um einen Anschein von Egalitarismus zu wahren.

Ein für die Stadt unserer Tage hoch symbolischer Beruf fehlt praktisch vollständig in Berlin: die Physiognomisten. Noch nicht einmal die angesagtesten Clubs greifen auf diese Spezialisten der Zeicheninterpretation zurück, die mit der höchsten Macht der Entscheidung ausgestattet sind: Darüber zu bestimmen, wer das Recht hat, ›dazuzugehören‹.

Berlin ist arm, aber aus genau diesem Grund sind die Armen nicht von vornherein aus der Parade ausgeschlossen. Für ein paar Euros bekommt man eine Eintrittskarte für ein Restaurant oder für die Kneipen. Wenn auch dies noch zu teuer ist (die Lebenshaltungskosten steigen auch hier, und die Arbeitslosigkeit ist sehr hoch), dann kann man immer noch in einem Park oder an einer Straßenecke eine Zusammenkunft improvisieren.

Die Eilande der Entschleunigung sind ebenso wenig statisch wie das Fluten. Ihre Schaffung geht auf die Initiative einzelner zurück, was bewirkt, dass sie häufig dort auftauchen, wo man es am wenigsten erwartet. Wie dieser Fernseh-Bildschirm, den in einer kleinen Straße von Prenzlauer Berg ein Bewohner aufgestellt hat, um den sich schon bald ein paar Schaulustige scharen, die der elektronischen Musik in den benachbarten Kneipen überdrüssig sind. In diesem Filmclub für einen Abend stand *Fenster zum Hof* auf dem Programm. [...]

Die Zeit scheint bei dem Kapitalismus von früher stehengeblieben, jenem, der noch ein schlechtes Gewissen über sich selbst und doch bereits aufgehört hatte, einen radikalen Umbruch zu erhoffen. Am anderen Ufer der Spree versucht Kreuzberg verzweifelt, sich diesem Schicksal entgegenzustemmen. In dieser Hinsicht hat es einen Trumpf im Ärmel: Es ist das wichtigste türkische Stadtviertel. Deutschland im Allgemeinen und Berlin im Besonderen tragen nicht die Züge einer multikulturellen Gesellschaft. Wenn die gesellschaftliche Homogenität dort Einbrüche erlitten hat, so ist die ethnische Homogenität praktisch allgegenwärtig, da jede *community* ihre Orte, Gewohnheiten und Sprache hat. Zu den Ausnahmen gehören Kreuzberg und der weiter im Süden gelegene Stadtteil Neukölln. Dort haben sich die Künstler niedergelassen, um der einfarbigen Langeweile von Prenzlauer Berg oder Mitte zu entkommen und auch, um zu versuchen, die unüberwindbaren Grenzen zu durchbrechen, die die Kulturen trennen. Mit mäßigem Erfolg. Am Kottbusser Tor stehen die überwiegend von der türkischen *community* bewohnten Sozialbauten in der Nähe der trendigen Kneipen und Boutiquen der Oranienstraße. Aber die beiden Populationen treffen nur in den Lebensmittelläden und bei den Kebab-Verkäufern aufeinander. Wie in den europäischen Städten der 70er bleiben die einzelnen *communities* unter sich.

Die vielgerühmte Freiheit der Berliner hat also ihren Preis: den einer Trennung zwischen dem Fluten und den Inselchen, die zuweilen ethnische Ausmaße annimmt. Im Vergleich zu Paris ist Berlin eine egalitärere, doch weniger durchmischte Stadt. Die Immigration ist dort vor allem eine europäische, sehr zum Missfallen der Einheimischen, die den Ansturm der jungen Ankömmlinge bereits als Vorzeichen eines gesellschaftlichen Umsturzes in dieser Stadt betrachten. Darin besteht das ganze Paradox: Man kommt nach Berlin, als ginge man in der Zeit zurück, doch die Zufuhren aus ganz Europa tragen dazu bei, die Stadt auf eine Linie mit den globalisierten Städten zu bringen.

Jean-Yves Cendrey

Flaniermeile Kantstraße (2009)

Nachdem ein Taxi sie von dem Dauerredner befreit hatte, legte Honecker seine Hand um Turids Taille und schlug ihr vor, zu Fuß nach Hause zu gehen, trotz der späten Stunde und des eisigen Windes, der durch die Kantstraße, den alten, aus der Mode gekommenen Westen fegte.

Mit dem Rücken zum Bahnhof Zoo ließen sie die roten und grünen Neonlachen der Paris-Bar hinter sich, Yves Saint-Laurent und seine unsägliche, von einer Widmung zerkratzte Physiognomie, Capote mit einem Zweispitz aus verlaufener Tinte auf dem Kopf und Gainsbourg aus bemaltem Gips. Iggy Pop wird nicht zurückkehren. Hier ist die Zeit ganz einfach stehengeblieben. Kein Veranstaltungssaal mehr, sondern ein Pornoschuppen mit zehn Hockern, zwei armseligen Frauen und einem Vibrator, dessen Batterien ausgewechselt werden sollten – eine annäherungsweise Einschätzung, auf der Grundlage des schmutzigen, beschlagenen und in den unteren Ecken schimmelzerfressenen Schaufensters, in dem ein an einer rustikalen Holzstange aufgehängter Duschvorhang mit Hilfe von vielen blauen und schwarzen Rosen auf weißem Grund die Intimität des Ortes verteidigt.

Weiter oben dann chinesische und indische Basare, allesamt Konkurrenten im ganzjährigen Preiskampf um pathetischen Nippes.

Hier kämpft Buddha gegen Ganesha, die Bronze der Armut gegen das Porzellan der Pleite.

Hier sieht man auf ihrem Hintern sitzende Katzen aus vergoldetem Plastik. Sie winken mit der linken Pfote. Sie nehmen Abschied von ihrem vergangenem Erfolg.

Hier steht diese grünhäutige, absurde Grimassen schneidende Tonfigur mit Schmerbauch. Einst war sie eine Handvoll Ton, die man dem Boden von Xinjiang entriss, in die Fabrik transportierte, durchwalkte, modellierte, die dann menschliche Gestalt annahm und die man nach der Lasur in den Brennofen schob. Man hat die Figur in Papier gewickelt. Sie in einen Karton gesteckt. Man hat den Karton in einen Container gestellt. Man hat den Container per Lastwagen transportiert. Man hat den Container auf ein Schiff verladen, das die Meere durchquert hat. Den Container in Hamburg ausgeladen. Ihn per Lastwagen zu einem Lager im Norden Berlins transportiert, wo man ihn befreit hat von seinen Kartons voller Figuren. Einer der Kartons wurde dann bis in die Kantstraße transportiert. Man hat ihn dort geöffnet und die Figuren ausgepackt. Einige von ihnen verkauft. Aber die grüne Figur schneidet immer noch Grimassen beim Anblick der Passanten. Sie staubt ein. Sie findet keinen Abnehmer, nicht mal für ein Viertel ihres ursprünglichen Preises, den man kaum noch entziffern kann, so sehr ist die Tinte verblasst.

Diese verschmähte Tonfigur hat eine so lange Reise hinter sich, eine Abfolge so fürchterlich betrüblicher Unkosten, dass sich vielleicht doch noch jemand findet, der, ohne die Figur auch nur im geringsten zu lieben, sich verpflichtet fühlt, sie dort herauszuholen, sie zu sich zu nehmen oder zu verschenken, nur damit dieser Unsinn aufhört oder doch zumindest abgemildert wird.

Weiter oben ist noch eine iranische Gemischtwarenhandlung, die trotz der Erweiterung ihrer Warenpalette im Bereich Fahrradschlösser und islamischer Mousepads, der Koran-Kassette und der telefonbuchdicken Persisch-Lehrbücher nur dahinvegetiert. Schließlich ein thailändisches Reisebüro mit vergilbten Plakaten, mit einer Landschaft im Schaufenster, wo der Streifen eines Müllsacks das Blau eines Flusses und ein grauer Teppichrest die Landebahn eines Flughafens darstellt, auf der jedoch zehnmal mehr tote Fliegen als Flugzeugmodelle gelandet sind. Ab hier wird der Ramsch-Exotismus von den Billig-Nagelstudios, den Discount-Saunas, den zwielichtigen Massagesalons abgelöst.

Als sie am *Sunshine* vorbeikamen, blieben Honecker und Turid kurz stehen, überrascht vom Anblick eines zappelnden Körpers im geöffneten Maul einer Sonnenbank in Form eines weißen Hais. Es war der Körper einer kleinen Frau in gelbem Nylonkittel, halb verschlungen von dem Biest, die dort mit eingezogenem Kopf mit dem Schwamm hantierte, ein Bein in der Luft, mit kurz-kantigen Waden und verkrampften Zehen, die sich mühten, den Fall einer ihrer schmuddeligen Flip-Flops aufzuhalten.

Aber es stimmt schon, an der Straßenecke gegenüber sieht es ganz anders aus, dort ist alles neu und blitzblank, aber das rettet diese Straße nicht. Da werden zu astronomischen Preisen Badewannen wie von einem anderen Stern verkauft, Mobiliar vom Mars, unantastbare Leuchtkörper und die Kochtöpfe der Zukunft. Da steigen eine spärliche Fangemeinde und andere, die durch ihre gesellschaftliche Position zu solchen wohlüberlegten Dummheiten verpflichtet sind, in gläsernen Maschinen auf und ab. Auch ein paar Neugierige werden angelockt, zuweilen auch ein blasiertes Kind, und später schließt das Ganze dann zur vorgesehenen Zeit, ohne dass jemand es merkt, und es ist des nachts genauso trist wie tagsüber – ein eisiges Kasino.

Turid und Honecker haben dort oft vorbeigeschaut. Sie haben dort Zeit verschwendet und Geld gelassen, das sie beim Hereingehen überhaupt nicht hatten. Ohne vollständig von dieser angenehmen Entfremdung loszukommen, aber weil ihnen bewusst geworden war, dass die kostspielige Originalität eine nur unwesentlich schmeichelhaftere Konvention ist als jede andere, hatten sie daraufhin ihre Einkäufe und ihren Besuch dieses Orts reduziert.

Alarmiert waren sie von der Beobachtung, dass auch ihr Freundeskreis zunehmend von einem frenetischen Drang zur Anschaffung von Haushaltsgegenständen getrieben wurde. Bei vielen entdeckten sie, dass der Geist ihrer Inneneinrichtung, so kühn er auch scheinen mochte, eigentlich nur einem verjüngten bürgerlichen Herdentrott unter der Anleitung von aufwendigen Zeitschriften für Innenarchitektur und ihren Handwerksmeistern folgte. Sie beobachteten, dass vor allem die Küchen die Aufmerksamkeit und Investitionen auf sich zogen, dass sie begonnen, Raumschifflaboratorien oder Seziersälen zu ähneln, wobei der 100% rostfreie Stahl doch nur verschwommen denjenigen widerspiegelt, der sich gerade ein Ei kocht, oder diejenige, die sich gähnend eine Stulle schmiert.

Außerdem hatten sie bemerkt, dass bei einigen dieser eingerosteten Paare diese Kaufgier der Vorbote einer Trennung war. Wenn dann nach der wundervollen Begeisterung in den Monaten der Vorbereitung, der schmerzlichen Beklommenheit im Moment der Auswahl, nach all den Qualen der Einbauarbeiten die Dunstabzugshaube endlich funktionierte und das Waschbecken aus tibetanischem Schiefer mit einem Siphon versehen war, vergrößerten sich die Risse, und man konnte nicht umhin festzustellen, dass die Liebe sich verflüchtigt hatte. Verbitterung trat an die Stelle der Verlängerung der Wollust, die man sich von raffinierten Schubladen und intelligenten Einbauschränken erhofft hatte. Man sah sich gezwungen, zu verkaufen und sich zu trennen, anderen die Mühe zu überlassen, den Gegenstand einer Desillusionierung in Gebrauch zu nehmen.

Honecker und Turid hatten den Eindruck, gerade noch rechtzeitig Angst bekommen zu haben. Sie achteten darauf, nur noch in den Besitz von Dingen zu gelangen, die ihnen gleichzeitig schön und nützlich schienen, wobei sie auch ein bisschen auf den Preis achteten – eine Knauserigkeit, genug, um sie zu entmutigen.

Im *Hefner* sahen sie drei Trinker. Als sie den Savignyplatz überquerten, erschütterte der graue Zug nach Warschau mit seinem nachtblauen Schriftzug die Gewölbe der Läden, die sich unterhalb der oberirdischen Bahnstrecke eingenistet hatten, erschütterte die Buchhandlung *Bücherbogen*, die gefährlichste der Stadt mit ihren Tonnen von Kunst- und Architekturbildbänden, die bei jeder Durchfahrt beben und einen selbst vor Begierde zittern lassen.

Dort begeistern und ruinieren sich Honecker und Turid mit Bedacht, seitdem sie ein Auge für Mies van der Rohe, Le Corbusier, Gehry und hundert andere haben. Sie sind nur deshalb nach New York, Marseille oder Bilbao gereist, um endlich ihren Kopf zu heben, der lange Zeit über Fotos vom Seagram, der *Cité radieuse* oder vom Guggenheim gebeugt war.

Im *Kant*, ihrem Lieblingscafé mit dem großen weiblichen Akt, der einer schuppenlosen Muräne auf einem Seegrasbett glich, sahen sie keinen einzigen Trinker. Turid winkte Anatol zu, der untätig hinter der dunkelroten Theke stand. Aber Anatol war mit seinen Gedanken woanders und rührte sich nicht.

Sie liebten das rote Liefer-Dreirad des Bonsaihändlers, das immer an der gleichen Laterne angekettet war. Bald würden sie in der Wilmersdorfer sein, der beliebten Straße, wo die Abrissbirne in Ungnade gefallene Bauten, die zu schnell aus der Erde voller Trümmer geschossen waren, zu Fall bringt – verkohlte Backsteine und Stuck in Stücken, Ziegelscherben und Bombenreste. Dies ist das Viertel, das zum zweiten Mal in sechzig Jahren fällt und wieder aufersteht, das wieder läuft. Hier sind die türkischen Bazare voller Leben, es läuft wie geschmiert für die Donuts, die Flachbildschirme, das weltläufige *Prêt-à-porter*, die Delikatessen und den Räucherfisch von Rogacki.

An der Ecke des S-Bahnhofs Charlottenburg kauften sie zwei riesige Orangen in dem Tag und Nacht geöffneten russischen Obstladen. Es tut einfach gut, um Mitternacht eine Orange zu finden und ihr die Haut abzuziehen. Als sie Teenager waren, machten die Läden um fünf zu, samstags um halb eins, und Berlin zeigte sich düster, tugendhaft und angespannt.

Sie waren nur noch zwei Straßen von zu Hause entfernt, drei, wenn sie über die Sybel gingen. Wenn sie durch die Sybel gehen, schauen sie immer zu den Fenstern hoch, hinter denen sie sich geliebt haben, zu einem Balkon und einer wilden Weinrebe, die dort noch immer kränklich herunterhängt. In seinem ganzen Leben hat Honecker nichts anderes gepflanzt als diese Rebe, jedenfalls nichts, was nicht schnell vertrocknet oder verfault wäre. Diese unverwüstliche Weinrebe verschaffte ihm eine seltene Genugtuung. Aber irgendwann haben sie etwas Größeres als ihre große Wohnung gefunden, und man verzichtet nicht auf etwas Größeres um einer Topfpflanze willen, die sich am graublauen Putz festkrallt wie ein ausgehungerter Bauer an seinem steinigen Feld.

Doch seit einiger Zeit wird Honecker traurig, wenn er an der Sybel vorbeikommt. Er denkt, dass sie sich vielleicht sinnlos vergrößert haben. Er trauert seiner mickrigen Weinrebe und der Zeit der Anfänge nach.

SERGE MOURARET

Stadt der Emotionen (2002)

Im Jahr 1989 zerfällt der Ostblock. Sei es aus Ohnmacht oder Faulheit, ich gehöre zu den Journalisten, die den Berliner Mauerfall im Oktober »verpassen«, dann, kaum zwei Monate später, auch noch die rumänische Revolution. Im Dezember 1991 bin ich in Moskau. Und nochmals in Moskau im folgenden Jahr. Nochmaliges Versäumnis: Ich verpasse um einige Tage den gegen Michail Gorbatschow gerichteten Putsch. Im Grunde war ich vielleicht nicht für das aktuelle Tagesgeschehen geschaffen.

Was hat eigentlich elf Jahre nach diesen Ereignissen, die Europa aufgewühlt haben, in mir die Lust auf Berlin geweckt? Vielleicht die Tatsache, dass ich mich bereit fühlte. Schlichtweg reif. Ich hatte einfach das Bedürfnis, nach Berlin zu gehen, weil es an der Zeit war. Um mich herum gab jeder seinen Senf dazu und es wimmelte nur so vor Allgemeinplätzen: Berlin – Leitstern Europas für das dritte Jahrtausend, Berlin, »noch gezeichnet von seiner Geschichte, geht schon mit seiner Zukunft schwanger«; Nationalsozialismus und Kommunismus, Hitler, Ulbricht und Honecker. Kennedy, wie er 1963, vom Balkon des Schöneberger Rathauses das fortan berühmte »Ich bin ein Berliner!« schmettert. Der Reichstag, von Norman Foster wiederhergestellt, Unter den Linden, das Brandenburger Tor, das Jüdische Museum in Kreuzberg, die gigantische Baustelle am Potsdamer Platz – »da spielt sich gerade alles ab, weißt du...«. Monatelang hatte ich mich mit Bildern im *ready-made*-Stil vollgestopft. Ich habe die Antiquariate durchforstet. Ich kaufte alles, was mir in die Hände fiel: veraltete DDR-Reiseführer, Trivialliteratur des 19. Jahrhunderts oder Spionage-Geschichten aus den Jahren des Kalten Krieges. Ich hatte alles verschlungen und es raubte mir den Schlaf. Alles verwirrte sich, prallte aufeinander und benebelte mir den Geist. Ich wusste nicht mehr, was ich in Berlin verloren hatte, und noch weniger, was ich finden würde. Meine Vorstellungskraft ging mit mir durch, mein Kopf war voller feindseliger, gewalttätiger Bilder.

Nachts wurde ich von Alpträumen heimgesucht, und jeden Morgen schreckte ich schweißgebadet aus dem Schlaf auf.

Ein alter Freund aus dem Gymnasium hatte mir, mit jener Leidenschaft, wie sie Heranwachsende bisweilen fürs Extreme haben, von seinem Aufenthalt in Berlin erzählt, in Begleitung seiner Eltern, sympathisierender Kommunisten. Die Check-Points, die bewaffneten Soldaten, die Scheinwerfer und Spiegel, die die Grenzschutzbeamten unter die Autos gleiten ließen – die Jagd auf Flüchtige verpflichtet –, seine Erzählung hatte meine Phantasie angeregt. Wir schrieben das Jahr 1970 und Reisen nach Berlin waren noch wirklich selten. Einige Jahre später, ich war per Zufall in den Besitz einer Sammlung von alten *Paris Match*-Heften gelangt, erinnere ich mich, zwei Ausgaben der Zeitschrift beiseite gelegt zu haben, die vom Bau der Mauer berichteten. Die Deckblätter waren schwarz-weiß gehalten und die Fotoreihen, tragisch oder herzergreifend, erstreckten sich, wie es sich gehört, über mehrere Seiten. Damals waren es nur aktuelle Fotos, noch keine Ikonen. Der weinende kleine Junge, der mit flehender Geste einem Soldaten seine Hände entgegenstreckt; seine Familie ist auf der »anderen Seite« zurückgeblieben. Der Grenzer, eingefangen im Objektiv des Fotografen, während er über den Stacheldrahtzaun springt, um der DDR zu entkommen. Kinder, das hölzerne Gewehr in der Hand, die auf einem unbebauten Gelände den Bau der Mauer mit Bauklötzen nachspielen. [...]

Dann war da noch dieses kleine Stück Mauer, das auf einem Brett meines Bücherregals Staub fing. Ein kleiner grauer Betonbrocken, mit einigen Farbspuren. Grün, braun, rot. Ein Kollege hatte ihn mir nach seiner Rückkehr aus Berlin im Dezember 1989 geschenkt. Allen, die mich neugierig fragten, was es damit auf sich habe, antwortete ich in ernstem Ton, dass es sich um ein »Stück der echten Mauer« handele. Etwa so wie man von einer Reliquie sagte – lang lang ist's her –, das sei ein Stück des »echten Kreuzes«. Wenn dieser Betonsplitter gleichwohl wirklich von »der Mauer« stammte, so hätte er auch ein wo auch immer aufgesammeltes Stück sein können. Dennoch, wenn ich es durch meine Finger gleiten ließ, war es immerhin ein Stück Berlin, das ich in der hohlen Hand hielt. Deplazierter Fetischismus? Egal.

Zudem geschah es, dass bestimmte Fotos per Zufall, durch das erdbebenartige Verrutschen meiner Ordner, wieder zum Vorschein kamen: plötzliche Einstürze, in deren Gefolge eine Schachtel zuweilen alle in ihr enthaltenen Abzüge auf einmal freigab. Es waren alles kleinformatige Bilder, Amateur-Aufnahmen in Farbe, die mir eine Freundin, die von meinem Interesse für Ost-Europa wusste, vor langer Zeit anvertraut hatte. Am ersten Abend der Ereignisse von 1989 hatte sie die Nachrichten im Radio gehört, ihren Arbeitsplatz verlassen, ihre Tasche gepackt und war in den ersten Nacht-Zug nach Berlin gesprungen. Sie hatte keinen Moment lang gezögert, war bis ans Ende ihrer Wünsche gegangen, ohne sich groß Gedanken über das Warum oder das Wie zu machen. Wenn »das« in Berlin geschah, ging sie eben nach Berlin. Sie verkehrte mit Rostropovich und vielen anderen. Sie schoss hunderte von Fotos, teilte die Freudentränen und Begeisterungsschreie der Berliner. Sie war bei der Öffnung, schließlich beim Fall der Mauer zugegen. Sie las die Bestürzung in den Augen der jungen ostdeutschen Polizisten. Verliebte sich, glaube ich, ein wenig in einen Ossi.

Nun, da ich mich meinerseits auf den Weg nach Berlin machte, konnte ich noch nicht wissen, dass diese unüberlegte Reise sich als Zünder für eine Leidenschaft entpuppen würde, die mit den Jahren nicht nachlassen und mich dazu bringen würde, dem etwas perversen Charme einer Stadt zu erliegen, die zwischen Recycling und Fiktion schwankt und die mich auf jeder Reise mit den verschiedensten Gefühlen erfüllt, so gegensätzlich wie exzessiv. Im Laufe von drei Jahren wechselte ich so von Begierde zu Abneigung, von Liebe zu Hass, oder umgekehrt.

Die Phasen einer Liebe

Das erste Mal bin ich als Nachbar nach Berlin gekommen, neugierig und ein wenig ängstlich. Ich habe die Stadt als staunender Spaziergänger kennengelernt und sie wie ein Schwamm in mich aufgesogen, durchlässig für alle Bilder, offen für Begegnungen. Dort, zwischen Ost und West, habe ich intensive Momente des Glücks erlebt und schreckliche Wut empfunden. In den Straßen oder in meinem Zimmer habe ich Traurigkeit, Einsamkeit und manchmal Verzweiflung durchlebt, aber auch Tage und Nächte der Liebe.

Ich war weder Dokumentar-, noch Portrait-Fotograf. Ich war auch nicht Architektur-Fotograf, und seit langem schon fühlte ich mich nicht mehr als Reporter. Ich hatte noch nicht einmal einen Auftrag, der diese Reise nach Berlin hätte rechtfertigen können, nicht die leiseste Hoffnung auf die Veröffentlichung in einer Zeitschrift, ich hatte nichts von einem Profi. Und ich hatte Mühe damit, ein Amateur zu sein – zumindest im Sinne von Cartier-Bresson, also »derjenige, der liebt«. Ich wollte nicht urteilen, ich wollte einfach nur sehen.

Ich habe mein Quartier fernab der internationalen Hotels bezogen, und es kam nicht von ungefähr, dass ich beschloss, im »Osten« zu wohnen. Ich war in Tegel gelandet, ohne auch nur ein Zimmer reserviert zu haben, doch ich hatte einige Adressen in der Tasche und kam bald in einer kleinen Pension unter, deren Fenster zur Friedrichstraße gingen. Ich mietete ein kleines Zimmer in der dritten Etage eines Altbaus, fast Ecke Kochstraße. Ein selbst gemaltes Schild im Eingangsbereich verkündete, dass der Ort den Namen »Die Loge« trug. Man musste eine Tür in einem abgeblätterten Blassgrün aufstoßen und eine linoleumbedeckte Holztreppe hochsteigen, deren Stufen bei jedem Schritt knarrten; das Licht im Treppenhaus war immer zu kurz geschaltet, sodass man sich oft in der Dunkelheit wiederfand. Das war nicht unangenehm, denn in jenem Moment nahm man bis dahin ungeahnte Gerüche wahr, und die Wirklichkeit wich der Vorstellungskraft. Bei Einbruch der Nacht vernahm ich, ausgestreckt zwischen den Laken eines zu engen Bettes, das dumpfe Geratter der Straßenbahnen und das nervöse Reifenquietschen der Streifenwagen. Zwischen den Mauern der »Loge« befand ich mich exakt dort, wo das Herz von Mitte schlug.

Meine Vermieterin hieß Nancy. Sie prunkte mit rot gefärbtem Haar und Irokesenschnitt. Ganz in Schwarz und mit mehreren Piercings, sprach sie ein mit Slang durchmischtes Englisch mit derbem Soho-Akzent. Berliner Mischung. Und wenn sie mal einen Satz auf Deutsch fallen ließ, knatterten die Worte in meinen Ohren wie eine Maschinengewehr-Salve, die die Stille der Altbauwohnung in feine Stücke zerhackte – später sollte ich erfahren, dass es eine Eigentümlichkeit der Berliner ist, in Sturzbächen zu sprechen. Auf einem niedrigen Tisch, neben der Rezeption, gab es immer warm gehaltenen Kaffee und saubere Tassen, für jeden, der vorbeikam, Zeitschriften aus aller Welt, vermutlich von den Pensionsgästen hinterlassen, Flyer in grellen Farben, die zu angesagten Partys einluden. An den Wänden Werbeplakate für Ausstellungen oder Konzerte und in den angestaubten Regalen Schmöker mit verschlissenen Buchdeckeln. Es roch nach Bohème und Vorkriegszeit.

Das Zimmer erinnerte mich an jenes, in dem der junge Englischlehrer wohnt, den Michael York in dem Film *Cabaret* spielt. Fusseliger Teppichboden, kahle Wände, beklebt mit einer braunen Tapete, die schon bessere Zeiten gesehen haben musste. Darin ein Einzelbett, ein schlecht schließender Kleiderschrank, ein Tisch und ein Stuhl machten die gesamte Einrichtung aus. Einziger Luxus dieses Ortes: ein kleiner

Fernseher, der gerade mal drei Sender in Schwarz-Weiß empfing. Die Glühbirne an der Decke leuchtete nur schwach; die Toiletten und Duschen waren von sämtlichen Bewohnern der Etage zu benutzen. Es hatte nichts von einem Palast, aber es war eine Unterkunft im Einklang mit dem Viertel. Ich hatte meinen eigenen Schlüsselbund, und im Haus stellte mir niemand Fragen. Ich war zu einem Bewohner unter anderen geworden. Des morgens ließ ich eine Hand voll Filme in meine Tasche gleiten und hing mir meine *Leica* über die Schulter. Die Straße wartete auf mich. Ich war bereits ein Berliner Fotograf.

Später verließ ich *Die Loge* und zog ein paar Straßen weiter, in die Ackerstraße 155, in ein renoviertes Gebäude. Im *Andechser Hof* mietete man für wenig Geld riesige Wohnungen und helle Zimmer. Die Fenster meines Schlafzimmers öffneten sich Richtung Straßenlärm, und ich verfügte nun über ein Wohnzimmer, ein Arbeitszimmer und eine Kochnische. Die Toiletten waren nicht mehr auf dem Zwischengeschoss und der Farbfernseher empfing eine stattliche Zahl an Sendern. Der Charme war nicht derselbe wie in der Friedrichstraßen-Pension. Die Wohnung war von gehobener Ausstattung und gab mir das Gefühl, im Berlin der 50er zu leben. Meine Freundin Régine war wieder für ein paar Tage bei mir und jeden Mittag, während der Tee zog und mein Kaffee durchlief, stürzte ich die Treppen runter, um Kuchen in der benachbarten Bäckerei am Rosenthaler Platz zu kaufen. Große Stücke Sahnetorte mit Zuckerguss... Von da an festigten sich meine Gewohnheiten, Jahr um Jahr. Bei jeder Reise kam ich wieder in die Pension in der Ackerstraße, ein bisschen so, als kehrte ich nach einer längeren Abwesenheit wieder heim. Drei Jahre lang hatte ich nicht ein einziges Mal das Gefühl, in einem Hotelzimmer zu leben. Ich wohnte in Berlin, das war alles.

Ich konnte mich an dieser Stadt einfach nicht satt sehen. Früh morgens stand ich auf und kehrte jeden Abend nach Einbruch der Nacht wieder heim, todmüde von meiner fotografischen Umarmung mit Berlin. Als anspruchsvolle Geliebte beherrschte die Stadt jeden Augenblick meine Gedanken. Ich schwitzte sie aus jeder meiner Poren aus, ich atmete sie ein, liebkoste sie, streifte verstohlen mit den Fingern ihre Mauern lang. Régine nahm mit mir an dieser Zeremonie teil. Auch sie hatte sich von Berlin verführen lassen, und wir lebten eine seltsame Dreiecksbeziehung. Die erste Reise war wie Liebe auf den ersten Blick gewesen, der Schlag in die Fresse, und ich hatte einen nervösen Zeigefinger, festgeklammert am Auslöser meines Fotoapparats, sowohl aus einem Selbstverteidigungsreflex heraus, als auch als Zeichen einer leidenschaftlichen Liebe. Ich liebe dich, ich töte dich! Nur schweren Herzens hatte ich am Ende meines ersten Aufenthalts Berlin verlassen können und nur nachdem ich das schicksalsschwere Datum meiner Abreise so lange wie nur irgend möglich hinausgezögert hatte. Aber ich musste zurückkehren, schließlich muss man seinen Lebensunterhalt verdienen! Bei meiner Rückkehr nach Frankreich brachten mir die Bilder, die ich mitgebracht hatte, einiges ein, und ich wusste bereits, dass ich meine Arbeit in Berlin würde fortsetzen können. Dennoch musste ich mich ein ganzes Jahr lang gedulden, bis ich Tegel, den Bahnhof Friedrichstraße, den Bahnhof Alexanderplatz und die Haltestelle Rosenthaler Platz wiedersehen konnte. Und meine Pension in der Ackerstraße.

3. Mai 2001. Wieder der *Andechser Hof*. Das Zimmer, das man mir gegeben hatte, ging nicht mehr auf die Straße. Der Geschäftsführer, ein lächelnder Holländer, hatte Erweiterungsarbeiten durchführen und ein neues Gebäude im Hinterhof bauen lassen. Das war das *Gartenhaus*, typisch für eine bestimmte Berliner Wohnbauweise. Anhand kleiner Nichtigkeiten, die durch die Luft schwebten, hatte ich gespürt, dass sich die Stadt während meiner Abwesenheit verändert hatte. Sehr und viel zu schnell. Die Geschichte hatte sich überschlagen, ich aber hatte Sehnsucht nach einer noch sehr frischen Vergangenheit, die man für immer ausgelöscht hatte. Wo auch immer meine Schritte mich hinführten, ich fühlte mich bedrückt und zornig, ich hatte immer eine zugeschnürte Kehle und einen aggressiven Auslöser. Meine friedfertige *Leica* hatte sich in eine Waffe verwandelt. Berlin, das ich so sehr geliebt hatte, Berlin, das ich weiterhin so sehr lieben wollte, hatte mich verraten und sich ohne jede Scham Bauträgern und Financiers aus dem Westen hingegeben. Und schon gab die Stadt mich auf zugunsten der Macht der Marktwirtschaft, schon verließ sie mich für ein Goldenes Kalb, vor dem es mir graute.

Überall in der Stadt – Schwamm drüber. Im eigentlichen und im übertragenen Sinne. Man wischte so viel wie möglich von der Erinnerungstafel ab. Berlin musste sein »normales« Gesicht wiederbekommen. Man weißte die Fassaden in Mitte, führte Abbrucharbeiten am Alexanderplatz durch – und der ostdeutsche Beton machte den Bauunternehmern schwer zu schaffen. Den Abkommen und Verträgen zum Trotz, die mit den Russen anlässlich des Abzugs der Roten Armee geschlossen worden waren, zerstörte man Denkmäler und Soldatenfriedhöfe. Fast überall recycelte man die Geschichte. Rings um die alte Synagoge in der Ora-nienstraße schossen die schicken Restaurants und Geschäfte wie Pilze nach dem Regen aus dem Boden. Und da, wo einst die rustikalen Trabbis entlang knatterten, glitten nun fauchend italienische Luxus-Autos mit markanten Karosserien vorbei. Am Zaun des Monbijou-Parks entlang machten junge Albanerinnen Kunden an. Und Rumäninnen, Russinnen, Tschechinnen – all diese Töchter des Ostens, auf das Berliner Pflaster geworfen. Das war nicht wirklich eine hinterhältige Form von Revisi-onismus, sah aber verdammt danach aus. [...]

Berlin hatte mich verraten, und dafür hatte ich es gehasst. Jeden Tag wurde die Kluft zwischen uns unerbittlich immer größer, und die Scheidung stand kurz bevor. Ich träumte von einer großen Reise ans Mittelmeer. Eine Geschichte voller Meeresgischt, blauem Himmel und rostender Frachter, die mich, auf der Suche nach der Seele der Matrosen, von Hafen zu Hafen fahren ließe. Ich war einfach zu vertrauensselig nach Berlin zurückgekehrt und war eines Besseren belehrt worden. Ich dachte, ich sei ohne Druck gekommen – zumindest war es das, was ich denen gegenüber beteuerte, die es hören wollten – doch tief im Innern war ich so bewegt, Berlin wiederzusehen, dass ich kurioserweise unser Wiedersehen vermasselt hatte. Es fehlte mir zweifelsohne an Demut, und ich hatte mich geirrt, so eilig hatte ich es, eine sich abzeichnende Verwüstung festzuhalten.

Ich hatte zu viel von der Stadt geträumt. Und da, mitten im Um-bruch, war sie nicht mehr die, die ich idealisiert hatte. Alles hatte sich zu schnell verändert. Ich hätte gewollt, dass die Zeit in Berlin stehen bliebe. Allein für mich. Dass sie zumindest in Ost-Berlin zum Stillstand käme. Niedergeschlagen war ich nach Frankreich zurückgekehrt, und ich hatte mich selbst kuriert, indem ich *Peep-show à Alexanderplatz* schrieb, eine Kriminalerzählung mit Berlin als Hauptfigur. Hier hatte ich all meine Phantasmen eingewoben, und mit dieser Geschichte fiel alles von mir ab, was mir in Berlin unerträglich gewesen war. Ich erzählte vom Alexanderplatz und Anni, der kleinen thailändischen Stripperin aus der Rosa-Luxemburg-Straße, vom Konzentrationslager in Oranienburg und den Splittergruppen der Neonazis. Ich beschrieb die selbstgefällige Süffisanz des Westens. Ich brachte meine städtischen Irrfahrten zu Papier, vertraute meine Verzweiflung der Tastatur meines Computers an. Diese Schreibarbeit hatte mir eine Therapie ersetzt, und ich ging aus ihr von meinen Ängsten und meinem Groll geheilt hervor. Ich hatte meine Rechnung mit Berlin beglichen.

Zur gleichen Zeit fand die Ausstellung im Goethe-Institut statt, und die Bilder, die ich während meiner ersten beiden Aufenthalte gemacht hatte, bauten mich wieder auf. Und obgleich ich mir darin gefiel, zu wiederholen, es sei zweifelsohne etwas zu früh für eine Ausstellung, glaubte ich es selbst nicht. Weniger aus Demut denn aus Schamhaftigkeit war es mir unangenehm, in aller Öffentlichkeit meine Aufnahmen eines Verliebten ausgestellt zu sehen. Etwas verwackelte Fotos, verschwommen durch die Aufregung, meine Geliebte im Sucher einzufangen. Berlin. Drei Monate waren vergangen. Die Ausstellung war inzwischen Schnee von gestern und *Peep-Show am Alex* wartete auf einen Verleger. Ich war wieder bereit, mich auf den Weg zu machen. Meine Geldsorgen ließ ich außer Acht und packte erneut meine Tasche. Der bevorstehende Aufenthalt sollte von längerer Dauer sein als die anderen. Es würde vielleicht auch der letzte sein.

Im Laufe des Winters war ich auf die Werke der Historikerin und Soziologin Régine Robin gestoßen und die Lektüre ihres Buches *Berlin, Gedächtnis einer Stadt* hatte dazu beigetragen, mich zu besänftigen. Sie schaffte es zu erklären, wie weit die Wiedervereinigung der beiden deutschen Republiken auf Kosten der Ex-DDR realisiert worden war. Endlich hatte ich eine Autorin gefunden, die sehr konkret übersetzte, was ich auf diffuse Art und Weise fühlte, ohne es in Worte fassen können. »Fast ganz Berlin ist entweder dem Vergessen und der Auslöschung preisgegeben oder der fetischistischen Wiederaufbereitung und der Undurchsichtigkeit, die die Vergangenheit verschleiert. Es ist ein ausgelaugtes, gewienertes und gescheuertes, ein gebleichtes, entstelltes und neu gestaltetes Berlin, welches nach und nach aus der Wiedervereinigung zum Vorschein kommt.« (Robin, S. 142) Das war einleuchtend. Es gab also Sieger und Besiegte. Sie, die sich auf ihre Erlebnisse als exilierte Berliner Jüdin stützte, half mir, der ich Berlin aus der Froschperspektive ins Visier nahm, die Stadt zu verstehen, indem sie das Hauptaugenmerk nicht auf das legte, was man eher banal als die Pflicht zum Gedenken bezeichnet, sondern im Gegenteil, auf eine »Pflicht zum Widerstand«. Und wenn ich auch von da an, dank ihr, bereit war, zuzugestehen, dass die Entwicklung der Stadt alles in allem natürlich war, so beharrte ich zumindest darauf, die systematische Verfälschung der Landkarten der Erinnerung abzulehnen.

Ich würde meine Suche fortsetzen können, aber mit mehr Gelassenheit als zuvor: Ich war nicht länger der verzückte Liebhaber noch der betrogene Geliebte. Ich hatte verstanden, dass jeder auf seinem Gebiet die Rolle spielen musste, von der er glaubte, sie sei für ihn bestimmt. Stadt-Fotograf, belastet durch meine Vergangenheit als Journalist und konfrontiert mit »dem Verschwinden der Spuren, der Anfälligkeit der Zeugnisse und der anhaltenden Präsenz der Abwesenheit« (Robin, S. 362), musste ich fortfahren, sie aufzuspüren, »noch ehe ein großes ›wir wischen alles weg und fangen neu an‹ einsetzt und man wieder von neuem beginnt, oder noch schlimmer, bevor es zu einer Neuanordnung der Spuren und Ruinen hin zu einem völligen Trugbild kommt, oder gar zur Wiederherstellung eines falschen Berlins im alten Stil, das nichts mehr über die wahre Vergangenheit aussagen würde« (Robin, S. 135).

Ich werde keine schönen Berlin-Bilder machen, sondern mich damit begnügen, richtige Bilder zu machen. Bilder zur Wahrung der Erinnerung.

Meine Lust auf die Stadt hatte ich ungebrochen wiedergefunden, und ich wusste, ich würde noch tiefer eintauchen müssen, um das mir gesetzte Ziel zu erreichen. [...]

In Berlin hatte sich das Blatt gewendet und merkwürdigerweise waren die *Roten* wieder zurück. Mit Klaus Wowereit hatte die wiedervereinte Hauptstadt Deutschlands gerade einen sozialistischen, überdies homosexuellen Bürgermeister gewonnen. Die Geschichte nahm ihren Lauf, und ich musste darin meinen Platz einnehmen. Und ganz gleich, ob man meine Rolle als die eines Voyeurs, eines Künstlers oder einfachen Touristen betrachtet, ich fühlte mich wohl in der Stadt, in die ich zurückgekehrt war. Und dennoch jeden Morgen die gleich quälende Frage: »Was mache ich eigentlich in Berlin?«

FRANÇOIS BON

Insel ohne Mauer (1987/1991)

Sandstadt: Wie man auf Wörter stößt, die man gar nicht aussprechen wollte und die man dann vor sich selbst durch ihre Assoziationsketten rechtfertigt, die man auf echte Bilder der Stadt gründen könnte. Da wäre die grau-gelbliche Farbe und da wären die ständige Beweglichkeit der Stadt, die aufgerissenen Straßen und die offenen Baustellen, auch das, was von den Ruinen und den Mauern ohne Dächer übrigblieb. Da wären die deutlich horizontale Ausrichtung und diese Straßen, auf denen man von Tegel bis ins Zentrum fünf Kilometer geradeaus fährt, dann dieses Gefühl einer schwimmenden Stadt, weil an jeder Ecke des aufgestemmten Pflasters der graugelbe Sand sichtbar wird, einer über ihrem Sumpf an ihrem Nebel aufgehängten Stadt, die sehr langsam abdriften kann, einer Stadt auf Sand, aus Sand. Doch nur wenige Schritte hinter dem Haus kommt man ganz einfach und unvermittelt dorthin, wo sich der undurchdringliche Wald, aus dem ganz Deutschland besteht, ganz und gar das nimmt, was ihm zusteht, und zwischen den Bäumen und Seen stößt man auf diese riesigen, rechteckigen Löcher. Während man über den gelben und grauen Sand läuft (und über die Stelle, wo er vollkommen weiß ist), spürt man, mehr noch als an einem Strand, wie tief und nicht mit menschlichen, sondern kontinentalen Maßstäben er zu messen ist, und dass die Vorstellung, die Stadt könne darin versinken, im Blick auf die Materie nicht unrealistisch ist.

Von dem Gefühl, an einem Ort zu sein. So wie man in München noch die Berge riecht und Hamburg der ganzen Stadt die Nabelschnur aufzwingt, die sie gleichwohl vom Meer trennt, so ist Berlin ein geheimnisvolles altes Gravitationszentrum (auch Prag oder Krakau erwecken diesen Eindruck), das mit allen Reise- und Exilbewegungen des Kontinents untrennbar verbunden ist. Und dann stellt sich der Eindruck ein, man sei bisher immer an den Enden, an den Rändern des Kontinents gewesen und befinde sich hier im Zentrum eines Netzes. Als könne man die Hand ausstrecken und berühre Krakau und Prag. Als strecke man den Arm aus und berühre Petersburg und Budapest und Moskau, oder einfach eine diffus-beharrliche Allgegenwart: die Namen finden sich hier und die Menschen und die Waren. [...] Jeder hat diese Städte im Kopf, die wie Galerien zum Eintauchen in die unberührte, von ihnen selbst entworfene Faszination einladen. Als einzige deutsche Stadt dieses Rangs drängt sich Berlin mit Macht auf dieselbe Ebene, auf der sich Rom oder Prag oder New York oder Bombay befinden. Worüber man sich klar werden sollte, ist die Signatur einer Stadt, nämlich inwiefern ihr Bild erst in der Erinnerung die anderen übertrifft. Und wenn man also dem einfachen Wort Berlin nachsinnt, dann bleibt dies: Dass die Stadt von dir Besitz ergreift in Form einer unendlich verlängerbaren Abfolge kleinster und starrer, unbeweglicher Orte, die jedoch so deutlich konturiert und (selbst leer) so voller Geräusche erscheinen wie eine Theaterbühne vor der Aufführung. Natürlich sollte man, um sich von einem Ort zum anderen zu bewegen, zu Fuß gehen (man läuft viel in Berlin). Aber das, was du aufnimmst und was die Stadt in dir erstehen lässt, bis etwas von dem greifbar wird, was für dich selbst am wichtigsten und wertvollsten ist, wird nicht von diesen Erkundungen zu Fuß hervorgebracht, sondern von einer Abfolge kleinster, in sich aber vollständiger Luftblasen. Berlin ist eine Stadt aus Luftblasen und Symbolen, in einem gelb-grauen Labyrinth.

Die Bilder, die die Signatur einer Stadt ausmachen, entsprechen nicht zwangsläufig den Wegen, die man einem Stadtführer entnimmt. Da parkt etwa an einem Samstagmorgen ein graues Fahrzeug der *Gesellschaft für die Straffreiheit der Euthanasie* gegenüber dem großen Kaufhaus *KaDeWe* genau unter jenem Pfahl aus Holz, der wie ein Wegweiser symbolisch die Namen der Vernichtungslager und ihre Entfernung anzeigt – dieses Land hat nicht dasselbe Verhältnis zum Tod und zu seinem Abbild wie das unsere. Oder man stößt auf ein modernes graues Gefängnis mit Wachtürmen, und in eben diesem Gefängnis auf einen offenen Korridor, der zu einem einfachen Holzschuppen führt. Hier standen die Galgen für jene, die sich der Nazidiktatur widersetzten: Ehre gebührt diesem Land dafür, dass es sich nicht vollständig unterwarf. Man steht da und sieht auf den Mauern die vertikalen Spuren der Körper, die dort gehängt wurden. Um einen herum ist die Geräuschkulisse des heutigen Gefängnisses deutlich zu hören. Und es gibt weitere solcher Blasen wie den Surfklub mit seinen bunten Plastikbrettern im Wald unterhalb der Autobahn. Man geht um ihn herum und stößt im tiefen Schatten einer Baumgruppe, der selbst den Kies verdunkelt, auf eine schlichte Stele eben dort, wo sich der Romantiker Kleist mit Henriette Vogel das Leben nahm. Hier ist man immer allein. Wir verharren kurz und stoßen dann das von einer Feder gelenkte Eisentor wieder auf. Das bleibt im Kopf. Und wenn man nun assoziativ in eine andere Blase gleitet, kommt einem der *Hundekehlesee* in den Sinn. Noch im Wald, aber bereits näher an der Stadt. Auf den Waldwegen sind wir Richtung *Hundekehle* abgebogen. Es ist ein See wie jeder andere, ein Wasseroval auf dem Sand, in dem sich der graue Himmel spiegelt, so wie sich der graue Himmel überall spiegelt, aber um ihn herum wächst kein Gras mehr: die nackte Erde ist von Spuren wie durchpflügt. Diese Ecke gehört den Hunden, man bringt sie hierher, um sie frei laufen zu lassen. Wir fühlen uns nicht wohl, gehen weiter in den Wald hinein. Und noch eine Blase, in der, die Bestandteil der Stadt ist: Ein magerer alter Mann mit einer roten amerikanischen Kappe und dicken reflektierenden Knieschützern fährt als einziger Ski auf Rollen, auf dem Gras der einzigen verfügbaren Anhöhe. Hier hat man den Schutt des bombardierten Berlin zu einem künstlichen Hügel von sechzig Metern Höhe angehäuft. [...]

Vielleicht zeichnet jede Stadt ein einzigartiges Verhältnis zwischen Innen und Außen aus: Ihre Stärke liegt nicht in ihren Eigenheiten, sondern in der Kunst, sich bis in die einfachsten Gegebenheiten treu zu bleiben. Mir scheint, es genüge ein Nichts, um zu wissen, ich bin in Berlin, der Duft von Fenchel im Essen. Oder auch die Fenster. Diese Stadt ist auf Sand und Wasser gebaut, es ist eine Stadt, durch die der Wind weht. Die Menschen schützen sich vor ihm, man lebt viel drinnen. Die Decken sind hoch, die Zimmer der Wohnungen größer und überladener als anderswo. Die Fenster haben keine Vorhänge, und die Deckenhöhen erlauben eine weitere Reise: Wenn man durch die Straßen geht und in das Zuhause der anderen hineinsieht. Aber die asymmetrischen Fenster Berlins haben ganz oben eine waagrechte Teilung und sind von innen doppelt. Man öffnet vor dem äußeren immer zuerst das innere Fenster. Manche stellen Grünpflanzen in den Zwischenraum. Vielleicht zeigt sich auch hier die Seele der Stadt: keine direkte Kommunikation zwischen innen und außen, dafür doppelte Wände und Schleusen, wie dieser Raum am Eingang der Wohnungen, wo man seine Schuhe und seinen Parka auszieht. Eine solche Schleuse findet sich auch im Eingangsbereich der Kaufhäuser, wo die Schaufenster keinen Wert haben, weil die Leute sich nicht in den Wind und den Regen stellen, um Schaufenster zu betrachten. In allen Geschäften, seien es die Buchhandlungen am

Savignyplatz (all diese Kunstbücher in dieser Stadt der Kunst, in der Buchhandlung unter den S-Bahn-Bögen) oder der große Quader des KaDeWe mit seinen Aufzügen und seiner Verglasung, befindet sich die Auslage, also jene Oberfläche, die man dem Außen zeigt, immer im Innern. Um sicher zu gehen, dass ich mich in Berlin befinde, genügt es außerdem, mir eine dieser Imbissbuden vorzustellen, obwohl man auch die überall in Deutschland, selbst in den Kleinstädten, findet: eine grüne Holzhütte, der Geruch von Bratfett, schließlich das Schild mit der Auflistung verschiedener Wurstwaren (*Currybratwurst*) in kaum merklicher Entfernung so aufgestellt, dass der grüne, dem Wind ausgesetzte Verschlag mit seinem Wort *Imbiss* in seinem dem Wind ausgesetzten Inneren dich vorübergehend festhält, an das ihn umgebende, brusthohe Brett gelehnt, wo man seine Pommes mit Mayo verspeist.

Die großen Städte sind das, was Menschen aus ihnen machen, neben den Steinen oder auf ihnen. Es sind eigentümliche Wortwelten, zumindest dort, wo die Wörter einen Eigenwert besitzen, den sie an Orten mit einer weniger stark ausgeprägten Identität nicht erreichen. In Berlin erwartet einen in dieser Hinsicht das Französische als die Sprache der hugenottischen Migranten, der aus dem *Grand Siècle* Vertriebenen, die ihren Friedhof haben und ihre Wörter zurückließen, so dass es einem vorkommt, als spazierte man durch eine Zeitstufe unserer Sprache, die wir selbst hier vergessen hätten, mit ihren *Friseuren*, ihrer *Drogerie* oder ihrem *Antiquariat*, der alten Werbung für den Weinbrand *Dujardin* auf den Mauern der S-Bahn und vielen anderen Begriffen mehr. Vor allem jedoch erklärt die Stadt auf diese Weise in aller Seelenruhe, was ihr innerhalb eines langen Zeitraums wichtig ist, worüber die radikalen Umwälzungen der letzten fünfzig Jahre hinwegtäuschen konnten, weil wir uns dabei selbst zum Narren hielten.

Wenn wir uns als Reisende in ihnen aufhalten, bestehen die Städte aus der Erinnerung derer, die vor uns hier waren. Eine Banalität: Aber es ist ihr Blick, der uns auf etwas aufmerksam macht. Auf diesen Himmel, vielleicht diese Straßenecke und den Fensterrahmen und den Geschmack dieses Getränks, auf jeden Fall war der Wind derselbe, und das abendliche Winterlicht. Man kramt die Aufzeichnungen Dostojewskis hervor, Aufzeichnungen vom Winter 1867, und die Wörter, die er verwendet, sind noch immer Schlüsselwörter: bittersüßes Berlin, ein bitterer Eindruck, Fedor und Anja, wie sie die Bahnsteige des Anhalter Bahnhofs verlassen (auf einem Rasenstück die Bogenhalle jenes Bahnhofs, in dem ganz Europa zusammenfloss, es bleiben die Straßennamen und dahinter das Kuriosum einer Straße, die nacheinander unter den Metallträgern von siebzehn Eisenbahnbrücken hindurchführt), und dieser noch seltsamere Satz, doch formuliert ein Dostojewski weitaus vorausschauender als wir und treffender: Ich weiß jetzt, dass ich Berlin gegenüber schuldig bin, als ob auch wir immer kurz davor wären, die Stadt zu verfehlen, weil das, was sie an ihrer Oberfläche zeigt, nicht das ist, was die tiefgehende Beziehung zu ihr begründet. Dostojewski wird diese seine Unruhe durch Dresden, London und Paris irren lassen, aber Berlin bleibt die Schleuse, der Ort, der ihn so sehr an Sankt Petersburg erinnert, weil er gleich am Ende der Zugstrecken liegt und dort, wo man umsteigt, um sich in die anderen Städte aufzumachen. Dostojewski, das ist der erste Abend in der Stadt, wenn einem kein Schaufenster zu einem Programm oder einer Stimmung verhilft, mit diesen Silhouetten, die auf den Straßen eng aneinandergedrängt wortlos an dir vorübergehen, in dem vom Nebel verstärkten Lärm der Autos und Busse, und es ist das genaue Gegenteil eines Sonntagnachmittags in Glienicke, in der Nähe der ehemaligen Grenzbrücke, wo man sich nicht mehr wie an einem entlegenen Winkel der Welt aufhält, wenn das Winterlicht hinter den Glasscheiben die Holztische der Stube wärmt, wo in einem weitläufigen Saal nur zwei würdige alte Damen Cremetörtchen verspeisen: zwischen den Bäumen sieht man den riesigen Wannsee, mit seinen Ausflugsbooten und seinen Stränden, und gegenüber, nach Potsdam hin, die Architektur einer Kirche im italienischen Stil – dort legt die Fähre zur Pfaueninsel ab, mit ihrer falschen, ewig neuen Schlossruine. Berlin ist das Geschenk einer Einsamkeit, und zuweilen sucht man hier genau das. [...]

Insel inmitten der Insel scheint sich der Grunewald (grüner Wald) über die Wechselfälle des Jahrhunderts lustig zu machen. Hier betreten wir das kleine Museum *Die Brücke,* wie um auszuradieren, bewusst zu vergessen den Wirbelsturm, dessen letzte Windstöße wir noch immer verspüren, wo Berlin, mehr als nirgendwo anders, uns nicht beruhigt im Hinblick auf die künftigen Geschicke der Welt: Das unbeschriebene Blatt ist niemals möglich. [...] In dem verlassenen kleinen Museum, das die Gemälde der Künstlerbewegung *Die Brücke* zeigt, gibt man sich einen Moment der Illusion hin, die Pflicht zur Bewusstheit könne genügen, um die Gefahr zu bannen. Dann jedoch schlagen wir ein Buch mit den Drucken von George Grosz auf, und es enthält die Bedrohung, die die Stadt bereits infiziert: die Fassaden stürzen ein, die Gesichter in Nahaufnahme stoßen uns ab. Berlin ist eine für unsere

Zeit unumgängliche Stadt, weil ihre grauen Fassaden zwar nach dem schrecklichsten Bombardement wiederaufgebaut wurden, aber nur, um jeder Epoche zu bedeuten, dass dieser bitter-süße Eindruck der Straßen weniger zählt als die Geste, die ihm Ausdruck oder Bewusstheit verleiht. In den ruhigen Straßen von Dahlem und Grunewald: Wir wissen nicht, welches Gesicht Herr Seifert aufsetzte, als er das uns nie zuteilwerdende Glück hatte, Franz Kafka im Treppenhaus zu grüßen. Aber eine andere Insel in der Insel der verschachtelten Stadt befindet sich dort, wo Kafka spazieren ging: Die Bäume des Botanischen Gartens stehen noch. Man durchquert dort ein Nepal *en miniature*, eine Sahara im Miniaturformat, und, unter den Gewächshäusern mit ihren Metallkonstruktionen, ein wenig Äquator. Es ergeht einem hier wie in dem alten Aquarium des Tiergartens: Weil sich wegen des Sands und des Himmels alles noch ein wenig stärker als anderswo im Kopf abspielt, weil wir erneut diese Blasen entstehen lassen, die uns forttragen. In seiner *Berliner Kindheit* spricht Walter Benjamin davon, dass an solchen Orten all das, was uns in Wirklichkeit noch erwartet, bereits Vergangenheit ist. Er, der rätselhafteste aller Berliner, erlebt die gesamte, im Entstehen begriffene Wirklichkeit nicht mehr, weil er 1942 in Port-Bou stirbt; aber bis heute lässt sich diese Faszination (er nennt den Tiergarten, den Garten der Tiere, einen prophetischen Ort) im Zoologischen Garten erfahren, wobei sie noch immer an das Unvermögen des Menschen, sein Schicksal zu lenken, gebunden scheint, der auf eine absolut rätselhafte Weise den Fischen, die man mit der Hand streichelt oder auch den unter der Holzbrücke schlafenden Krokodilen gleichsam ausgeliefert ist: Gern hätte ich meine Stirn tagelang an ihr Gitter gedrückt, ohne ihrer Betrachtung überdrüssig zu werden. Nilpferde gibt es in jeder Großstadt, aber im Berliner Tiergarten ist es etwas anderes: wegen seiner Lage im Stadtzentrum, wegen des roten Backsteingebäudes, wegen der artigen sonntäglichen Besuchermassen und der Liebespaare und der Würstchen, wegen ...? Wäre die Antwort so einfach, hätte sich Benjamin nicht mit ihr aufgehalten, aber so besteht das Rätsel fort. Auch wenn das Theater der Affen, zu dem man ihn an den Nachmittagen brachte, nicht mehr existiert. In Berlin ist der Zoologische Garten nicht nur ein Ausflugsziel für Kinder, und im Übrigen verlässt man bei einem ›Ausflug‹ dorthin nicht die Stadt, sondern betritt vielmehr ihr leeres Zentrum, das andere Städte preiszugeben sich weigern.

Wenn man sich gewöhnlich einer Stadt nähert, spürt man, wie sich um einen herum die sie ankündigenden Zeichen mehren: Hochspannungsmasten, breitere Autobahnen, dichtere Bebauung. All dies verschmäht Berlin: Lange gab es nur diese von zwei Absperrungen begrenzte Straße mit strengem Tempolimit, holprig bis nach Hannover. Und wenn man in der Stadt ankommt, in den Weiten der Wälder ihres westlichen Randes, fährt man einen Kanal entlang, auf dem riesige Kähne gleiten: Berlin entledigt sich seiner Abfälle, Berlin importiert seinen Zement, scheinbar auf gleicher Höhe mit der Erde schwimmend, ein wenig drüber. Wo sich andere Städte der Kontinuität beugen und dabei den Rauch der Zementfabriken oder der Kläranlagen in Kauf nehmen, arbeitet Berlin mit der Schleuse und dem Stollen (was im Übrigen die anderen Rauchschwaden nicht verhindert, die leicht schwefelgelbe Färbung des Morgennebels, den beißenden Chemiegeruch bei Nord-Ostwind aus den weiten kontinentalen Ebenen). Noch immer ist Berlin eine Stadt ohne Bahnhof. Man steigt aus den Fernzügen aus wie an einer Metrostation, aber wenn man einmal die Strecke aus Prag zurückgelegt hat oder nach Polen gefahren ist, weiß man schon, an was sich diese fassadenlose Stadt festklammert: Sie verankert sich in der alten Erde, sie verhakt ihre Harpunen in den Bergen des Kontinents. Hat man die Mauer gekannt, gehört man vielleicht für immer einer gleichwohl vergangenen Epoche an: Wenn man über die Wunde schreitet, erinnert man sich an die Holztreppen, die man hinaufstieg, um etwa auf Menschenaugenhöhe das Nichts zu betrachten – Kaninchen auf einem Rasenstreifen und, zwanzig Meter weiter, eine andere, gleichartige Mauer. Und geht man dann die majestätische Allee herunter, dann kann man gar nicht anders: Wir kannten das seltsame Land hier, die Geschäfte, in denen alles noch so geblieben war wie in unserer Kindheit mit den Holzspielzeugen und ersten kleinen Plastikautos, und dem Geräusch der seltenen Autoreifen auf dem Pflaster, das einen volleren Klang hatte als auf der anderen Seite. Wir kannten die Büros im Dachgeschoss, wo uns stolze Übersetzer vollständige Balzac-Ausgaben zeigten, die in der Warenwelt der anderen Seite unauffindbar waren. In der Flut der dicken Autos der Wiedervereinigung und der durch die Wiederherstellung des kontinentalen Netzes verstreut vorhandenen polnischen und tschechischen Kennzeichen, denkt man beim Gehen, wohl wissend, dass es falsch ist, an dieses Pflaster unter dem Asphalt, an ein Stück Kindheit, das hier länger andauerte. [...]

Das farbige Berlin der Holzspielzeuge und der Lebkuchen auf den Weihnachtsmärkten in den Kiezen, wenn die Nacht so weit in alle Aktivitäten des Tages hineinragt. Das Berlin des ersten Schnees auf den

Gehsteigen der Stadt und des Auftauchens all jener, die rechtzeitig den schnurgeraden Zugang zu ihrer Haustür fegen, oder des ersten Eises auf den Kanälen, wenn die Stadt der mittlerweile nackten und schwarzen Bäume wieder weiß und strahlend wird. Das Berlin der Plätze, der Kinder in ihren gefütterten Anzügen, die aus ihnen dicke bunte Kugeln machen (und die man in den Second Hand-Läden weiter verkauft), und dessen, was die Berliner als die Bank der Witwen bezeichnen, wegen der aufrechten schwarzen Silhouetten (jetzt selten geworden). Das alternative Berlin, wie in jenem ehemaligen Krankenhaus in Kreuzberg, das man den Künstlern überlassen hat, der Galerien, die man neu streicht für jede Ausstellung von man weiß nicht was, abgesehen von den Galeristen selbst und ihren Gesichtern und Ausstaffierungen, wie das Vergänglichste und Gegenwärtigste einer Kunst, die keine besonderen Kennzeichen mehr hat. Das behäbige Berlin, mit seinen fetten Würfelhäusern, denen nichts etwas anhaben konnte, entlang der geraden Straßen in den Wald gepflanzt, und das vernarbte Berlin. Das Berlin des Jahrmarkts im Nebel, desselben Riesenrads, das sich im Jahresverlauf in allen Vierteln der Stadt dreht, und das Berlin der Blumen, wenn allein die Blumenläden samstagnachmittags oder sonntagmorgens geöffnet sind und auf die Straße übergreifen, das Berlin des Weißweins und der Worte, das Winter-Berlin, das schlaflose Berlin.

Und aufs Neue befinden wir uns in Charlottenburg, in dem schön geordneten Park mit seinen Ententeichen. Wir betreten die Säle mit dem knarzenden Fußboden, um noch einmal zu den einsamen Silhouetten eines Caspar David Friedrich zurückzukehren, die Berge und Schiffsuntergänge und die kleinen Gräber im Schnee betrachten, und Watteau scheint glücklich über diese gute Nachbarschaft. Wir kehren zurück in die Städte unter dem Gewitterhimmel von Schinkel, dem Maler, in Städte, die das Wasser isoliert, Städte an Steilhängen, bevor wir noch einmal die Alleen entlang gehen bis zu dem von Schinkel errichteten Mausoleum, dem Architekten, dem Bruder des anderen: Berlin ist keine Stadt, die in diesem Jahrhundert aufgeht. Und darin liegt vielleicht ihre spezifische Signatur: Man kann hier nicht wie in Rom von einem Jahrhundert ins nächste spazieren, sondern wird durch ihre Banalität dazu veranlasst, sich sogar in der Gegenwart wie auf den Bruchstellen der Zeit zu bewegen – einer Banalität, hinter der sie sich mitsamt ihrer offensichtlichen Bereitschaft, in ihrem Sand, ihrem Wasser und ihrem Nebel zu versinken, offensichtlich verschanzt. Und dies ist ein komplexes und einzigartiges Gefühl, das zuweilen aus Winzigkeiten heraus entsteht: Eines Morgens steht man auf dem Markt, und es treffen Enten aus Polen ein sowie eine Kiste mit Räucheraalen.

Und verlässt man den Markt, mit dem Gemüse unterm Arm (Karotten, Lauch, Rüben, Kartoffeln: den Gemüsen der Erde des Nordens, den Gemüsen des Sandes), läuft man an der *Schaubühne*, diesem eingegrabenen Passagierdampfer, entlang: Weil es Morgen ist, sind die Ladeluken geöffnet. Unter uns die roten Sessel, die schwarze Bühne und die hohen Kulissen, das Theater ist mitten in der Stadt, übergangslos und wie ein Geschenk. Die Stadt unterscheidet nicht zwischen ihrem eigenen Raum und dem der Darstellung. So hat man den Eindruck, mit ihr vertrauter zu werden und nicht mehr überrascht zu werden von jemandem, der nackt, mit einem Badehandtuch über der Schulter, die Straße überquert. Und auch nicht davon, dass man in dem Aufgang des Hauses, in dem man selbst lebt, dem emigrierten Rumänen Norman oder einem anderen Musiker begegnen kann, der in der Wohnung unter einem den diskreten Arvo Pärt besucht (seine Platten *Arbos* und *Tabula Rasa* entstanden in Berlin). So sind Tausende aus allen Teilen Europas gekommen, um sich in der Sandstadt erneut zusammenzuschließen: auch aus unserem Land und dabei nicht die Unbedeutendsten. Es ist eine Stadt ohne Hierarchien, weil diese viel zu anmaßend wären in Anbetracht des Schicksals der Stadt selbst. Und ähnlich wie Hegels schlichtes Grab oder wie die Bank vor der alten Zeder im Botanischen Garten, die Kafka aufzusuchen pflegte, gewinnt eine Begegnung in eben diesem Moment an Kontur: Diese Geste, die du am exakten Reibungspunkt dessen, was du gerade bist, und des maßlosen Äußeren des Menschen ausführst, diese Geste wirft die Stadt mit etwas viel Größerem in die Waagschale.

Und weil niemand diesem ständigen Ausloten entkommt, sind die Beziehungen auf dem Markt oder am Imbiss hier vielleicht so eigenartig, existiert eine Art und Weise, auf der Welt zu sein, die auch dadurch bestimmt wird, was uns begegnet oder was wir erfahren. Die architektonische Geste bleibt nicht dieselbe, wenn sie seit fünfzig Jahren die Zeichen einer Zeit, die man zu verändern wünscht, in diesen schmerzerfüllten Sand einschreibt. Dieses Ausloten führt dazu, dass man sich für Berlin entscheidet, führt dazu, dass der Umzugshelfer von *Zapf*, mit seinem roten Irokesenschnitt und seinen tätowierten Oberarmen, vorsichtig eine schlafende Biene nimmt und sie auf das Fenster setzt. Oder dass sie sich täglich zu Dutzenden auf dem abgeflachten Hügel einfinden, der auf sechzig Metern Höhe, der doppelten

Breite und der dreifachen Länge den Schutt des bombardierten Berlin anhäuft, um Drachen steigen zu lassen, gemeinsam an einem Ort und jeder für sich unter seiner Schnur: nichts seltsamer als das. Und auch das, Himmel und Wind, sollten wir uns bewahren: Um einen Abstand zu schaffen zwischen uns und einer gefährlichen Selbstverständlichkeit hinsichtlich der Zeit, in der wir leben. Und schließlich ist es eine Frage der Wälder und der Backwaren, der Seen und Ruinen, einer Miniatur von Friedrich sowie dieser Einfügung ihrer Theater in die Oberfläche der Stadt und der abwesenden Spur so vieler in der Geschichte der Stadt vorüber ziehender Einzelgänger: die abwesende Spur aller Wege Europas in dem niemals wieder aufgebauten Anhalter Bahnhof lässt diese nur umso stärker nachhallen.

Regenspaziergang auf der Museumsinsel
Foto: Christian Schirrmacher

Ballhaus Berlin in der Chausseestraße
Foto: York Berlin

STRASSEN – HÄUSER – PLÄTZE

Oberbaumbrücke und der Molecule Man (im Hintergrund)
Foto: Georgie Pauwels

Emmanuel Terray

Berliner Graffitti (1996)

Die Berliner Mauern sprechen. In manchen Gegenden sind sie sicher geschwätziger als in anderen. In den Hochburgen der »alternativen Szene«, in den privilegierten Bezirken der Bohème und des Protests – Kreuzberg im Westen, Prenzlauer Berg im Osten – sind sie besonders redegewandt. Die schönsten Stücke meiner Sammlung stammen aus eben diesem Stadtteil. Sie stehen für einen Zeitgeist, der ganz gegensätzliche Gefühlslagen in sich vereint: Resignation und Wut, Nostalgie und Hoffnung; und man vernimmt in ihnen eine Stimme, die in den Medien kaum Widerhall findet. Ein Grund mehr, ihr einen Augenblick unserer Aufmerksamkeit zu schenken. Sich mit einer Sprühdose auszurüsten und auf eine Wand zu schreiben: eine einfache Geste, die jedoch ein Mindestmaß an Initiative voraussetzt. Es verwundert daher nicht, dass dieses Mittel in erster Linie verwendet wird, um zum Handeln aufzurufen. Die Motive sind dabei klar: »*Wut + Trauer = Widerstand*« (*Choriner Straße*). Darüber hinaus bedeutet handeln ganz einfach überleben: »*Wer nicht kämpft, stirbt auf Raten*« (*Kollwitzstraße*). Die Berliner ›Sprüher‹ haben in der Schule aufgepasst; notiert habe ich mir: »*Unter dem Pflaster, der Strand*« (*Choriner Straße*), ebenso wie »*Seid realistisch! Fordert das Unmögliche!*« (*Brunnenstraße*), beide übernommen aus dem Bestand der Pariser 68er. Aber sie lassen sich auch von aktuelleren Sorgen inspirieren. An erster Stelle stehen dabei das Schicksal der Ausländer und der Kampf gegen die Fremdenfeindlichkeit: »*Ausländer bleiben, Nazis vertreiben!*« ist zweifelsohne die in Berlin am weitesten verbreitete Inschrift, dicht gefolgt von »*Offene Grenzen für alle!*«. Und wie könnte ein Franzose gleichgültig bleiben gegenüber einer Bitte wie: »*Ausländer, lasst uns mit den Deutschen nicht allein!*« (*Choriner Straße*).

Die Luftverschmutzung durch den Straßenverkehr entflammt ebenfalls die Gemüter: »*Stoppt den Gaskrieg auf unseren Straßen!*« (*Hamburger Straße*). Vereinzelt wird der Tonfall aggressiv: »*Nur ein toter*

Autofahrer ist ein guter Autofahrer!« (*Wilhelm-Pieck-Straße* [jetzt Danziger Straße, D. R.]). Anderswo ist der Tonfall friedfertig und ländlich: »*Um die Zukunft zu retten, Autos zu Pflugscharen«* (*Schönhauser Allee*). Einzig das ungeliebte Stiefkind des deutschen Fuhrparks, der bescheidene kleine *Trabant*, findet bisweilen Gnade vor der Zensur der Mauern. In der *Sredzkistraße* geht man sogar so weit, den Aufstieg der »*Trabipower!«* zu ersehnen. Die Gewalt wird nicht einhellig verherrlicht, ihre Ursprünge liegen nicht im Dunkeln, wie diese Warnung an den Innenminister von 1989–90 zeigt, der selbst Opfer eines Attentats wurde: »*Wer Hass sät, wird Gewalt ernten, Herr Schäuble!«* (*Alte Schönhauser Straße*). Aber auch ihre unüberwindbare Zweideutigkeit wird nicht vergessen: »*Wer sind die Helden? Wer sind die Terroristen?«* (*Knaackstraße*, auf Englisch).

Die verschiedenen Strömungen der extremen Linken wechseln von einer Straße zur nächsten. Anarchie dominiert, eher als Gemütslage denn als Doktrin. Eine grundlegende Feststellung: »*Alles ablehnen!«* (*Husemannstraße*). Eines Tages werden die staatliche Ordnung und ihre Garanten unterliegen: »*Selbst dieser Staat wird letztlich sterben«* (U-Bahn-Station *Eberswalder Straße*). Aber auch Gefolgsleute des Maoismus gibt es noch, so zum Beispiel diesen späten Bewunderer der Witwe des Großen Steuermanns, der verkündet: »*Es lebe Chiang Ching! Die Revolution ist kein Verbrechen!«* (*Sredzkistraße*).

Im Grunde erzählen die Mauern von dem ewigen Protest Calibans gegen Prospero, der Basis gegen die Elite. Dieser drückt sich mal im Volksmund – »*Bonzen verjagen, Reiche schlagen!«* (*Greifswalder Straße*) – mal in gelehrtem Stil aus – »*Die soziale Gegenmacht von unten aufbauen!«* (*Sophienstraße*). Etwas weiter bietet man uns eine moderne Variante der marxistischen These, der zufolge die Arbeiter kein Vaterland besitzen: »*Die Grenze verläuft nicht zwischen den Völkern, sondern zwischen oben und unten!»* (*Köpenicker Straße*). Die Aktion muss ohne Sektierertum begonnen werden, denn »*Selbst die Linke kann von Nutzen sein!«* (*Wilhelm-Pieck-Straße*), und sie hat Erfolgschancen; der Kapitalismus ist nicht unbesiegbar, denn »*Profitgier ist heilbar!«* (*Tucholskystraße*).

Über die Umwelt wird schonungslos geurteilt; weit hinten in einem besonders schäbigen Hof erfahren wir: »*Hier ist nicht Mallorca!«* (*Auguststraße*). Man darf dennoch den Mut nicht verlieren, denn: »*Selbst auf eine graue Wand kann man ein Bild malen«* (*Kollwitzstraße*). Dieselbe Legierung aus einem allumfassenden Pessimismus und vereinzelten Hoffnungsschimmern prägt die Philosophie und die ›Weltsicht‹ der Mauern. Wir werden großzügig überhäuft mit enttäuschten Urteilen – *»Freiheit ist ein anderes Wort für nichts«* (*Prenzlauer Allee*) –, und dunklen Vorahnungen – *»Wir sitzen alle in einem Boot kurz vor dem Untergang«* (*Wilhem-Pieck-Straße*); ein Trost bleibt indes: *»Alles stirbt! Nur die Liebe bleibt!«* (*Sredzkistraße*). Nochmals, wie kann ein Franzose nicht gerührt sein von diesem Vertrauen, das man ihm in seiner eigenen Sprache entgegenbringt: *»J'arrive trop tard dans la vie, mais la vie peut-elle commencer sans moi? – Ich komme zu spät ins Leben, aber kann das Leben ohne mich anfangen?«* (*Auguststraße*).

Ich möchte an dieser Stelle Platz machen für geheimnisvollere und persönlichere Wünsche. Was bedeutet die Frage, die uns in der *Choriner Straße* gegenüber der Schule gestellt wird: *»Warum nicht Marienkäfer?«* Ich würde auch gern den Liebenden kennenlernen, dessen Sehnsüchte sich unweit der Buchhandlung Kiepert in der *Georgenstraße* ausdrücken: *»Der Regen, die Sonne und Hilde!«* Schließlich grüße ich den unbekannten Poeten, dessen Verse eines der letzten noch stehenden Häuser der *Kleinen Rosenthaler Straße* schmücken, genau gegenüber dem elegischen Ort, wo sich der Alte Garnisonfriedhof versteckt:

Kinder und Narren
brauchen die Freiheit,
lieben die Wahrheit,
die Sonne, das Licht.

Kinder und Narren,
verlachen das Gold,
verlachen die Macht,
die mensch ihnen verspricht.

Nur Kinder und Narren
spielen mit Träumen,
sprechen mit Bäumen,
wissen, dass mensch das kann.

Nur Kinder und Narren,
leben im Märchen,
in Zauberwelten
und glauben daran.

JEAN-PHILIPPE TOUSSAINT

Bei Schweinfurths in Marzahn –
Ursula, die Sportfliegerin (1997)

Ich traf John am Bahnsteig der S-Bahn-Station Alexanderplatz, und nach
einer fast dreiviertelstündigen Fahrt durch die Außenbezirke von Berlin
im hinteren Teil eines nahezu leeren, rot und cremefarben angestrichenen
S-Bahn-Waggons stiegen wir an der Haltestelle von M. aus. Auf dem
ansonsten absolut menschenleeren Bahnsteig war ein einziger Bahnange-
stellter, der langsam wieder in sein Kabuff stiefelte, die rote Fahne und
ein Walkie-Talkie in der Hand. Wir verließen die Station und fanden
uns mitten auf einer Riesenallee unzweifelhaft Moskowiter Stils wieder,
längs der sich da und dort inmitten stoppligen unbebauten Geländes ein-
förmig graue Wohnsilos erhoben. Im Umkreis von mehreren Kilometern
gab es kein menschliches Wesen, keinen Zeitungskiosk, kein Geschäft,
kein Café, keine Schule. Keine Katze, keinen Skinhead. Nichts. An beiden Seiten des einzigen Straßenbahngleises, das dieses riesige, absolut
menschenleere städtische Gebiet durchquerte, liefen Elektroleitungen ins
Unendliche und trafen sich am Horizont. Alle fünfzig Meter etwa gingen
von der Allee im rechten Winkel kleine betonierte Wege ab, die zu den
streng reglementierten Parkplätzen der einzelnen Häuserblocks führten,
auf denen an diesem Sonntagmorgen eine kleinere Anzahl von Autos
brav nebeneinander standen. Seite an Seite marschierten John und ich
auf dem Gehweg dieser öden Riesenallee Richtung Osten, schien uns,
Richtung Nordosten (in einer Viertelstunde wäre man in Rostock, in
einer halben Stunde in Wladiwostok), an jeder Kreuzung hielten wir
an, um uns zu orientieren, bis wir schließlich die Rilkestraße gefunden
hatten. Am Ende besagter Rilkestraße, einer schlichten Sackgasse, die
ebenfalls der sideralen Leere der Gagarin-Allee verfallen war, begannen
wir den Block D zu suchen, in dem Ursula wohnte, Johns Studentin,
ziellos irrten wir vor den Eingängen der Wohngebäude umher, zunächst
John und ich zusammen, nebeneinander, dann einzeln, wandelten wir,
jeder auf seiner Seite, zwischen diesen sich gleichenden Betonklötzen,

die sich lediglich durch einige verblasste gräuliche Buchstaben hier und
da, die neben den Eingängen mit Schablonen gemalt worden waren,
unterschieden, ein gespensterhaftes E, die letzten erratischen Reste
eines halb verwischten F. Schließlich stieß ich hinter einem Spalier
aneinandergereihter Mülltonnen in einem Hof auf die letzten lesbaren
Spuren eines D (Champollion, wir waren da). Ich rief John, und wir
durchschritten den Eingang des Gebäudes, eine schlichte Betonöffnung
ohne Tür, die wir übersprangen, dabei einigen schrägen Holzplanken
ausweichend, die den Durchgang versperrten, diversen auf dem Boden verstreut herumliegenden Überresten, Holzplanken, Scherben von
Bierflaschen, die in dunklen Lachen aus Urin und Bier schwammen,
bei deren Anblick sich einem der Magen drehte. Die Briefkästen waren
heruntergerissen und lagen umgestürzt auf dem Boden, einer, isoliert,
gegen die Mauer gelehnt, quoll über von Post, von Prospekten und
Drucksachen, die einfach dort weiter hineingestopft worden waren, als
sollte er mit Werbung genudelt werden. Wir schauten uns um, etwas
hilflos, auf den Briefkästen standen keine Namen, nirgends eine Liste
der Mieter, kein Hausmeister. Glücklicherweise hatte John sich alles
notiert und sagte mir, dass Ursula im vierten Stock wohne, Wohnung
438. Wir schritten durch den Eingang und betraten das Treppenhaus,
ein weiträumiges Treppenhaus aus Rohbeton, in dem in regelmäßigen
Abständen enge Gucklöcher angebracht waren, die den Blick auf den
Parkplatz unten freigaben, und so stiegen wir hintereinander hoch,
wobei wir ein Lächeln nicht unterdrücken konnten (das sah ja nett
aus bei ihr).

Im vierten Stock vor einer intakten, fast neuen Tür mit einem Spion untersuchten wir einige Zeit den Namen, der oberhalb der Klingel
angeklebt war: Schweinfurth. Schweinfurth, ja, das war's. Das junge
Mädchen hieß Schweinfurth. John klingelte. Nach einer Weile hörten wir Schritte in der Wohnung. Ein Junge von vierzehn, fünfzehn
Jahren, der junge Schweinfurth, vermute ich, in Trainingsanzug und
grau gesprenkelten dicken Socken, öffnete uns die Tür und führte
uns in ein dunkles Inneres, ließ uns in einem Esszimmer mit Tapeten
an den Wänden warten, mit einem schönen gewienerten Holztisch
und durchsichtigen Plastikbezügen über den Stühlen, einem wuchti-
gen Schrank mit Glastüren, der eine Sammlung von folkloristischen
Puppen in Kleinformat, leere Miniaturschnapsflaschen und einige
bestickte Zierdeckchen barg. Etwas weiter entfernt, im angrenzenden
Wohnzimmer, saßen zwei Personen in Hauskleidung und Pantoffeln im

Halbschatten eines miesen Tages und schauten fern und würdigten uns kaum eines Blickes, als wir eintraten. Die Vorhänge im Zimmer waren nahezu geschlossen, lediglich ein Streifen weißlichen Lichts drang von außen herein und mischte sein Grau-in-Grau mit dem leuchtenden und zittrigen Spektrum des angeschalteten Fernsehers. Wir warteten brav im Esszimmer, John und ich, betrachteten den Boden oder die Decke, gingen zum Glasschrank und schauten uns die Puppen an. In der Wohnung roch es ein wenig säuerlich, nach ranziger Butter, Schweiß und feuchtem Trainingsanzug. Der junge Bursche, Ursulas Bruder sicher, war verschwunden, um seine Schwester in ihrem Zimmer zu holen (»Die Franzosen!« hatte er in den Flur gebrüllt), und die Dame, die im Wohnzimmer vor dem Fernseher saß, vermutlich ihre Mutter, hatte sich uns zugewandt und uns eingehend gemustert. Wir hatten ihr zugelächelt, ihr zum Gruß von fern den Kopf gesenkt. Sehr höflich jedenfalls, diese französischen Offiziere, dürfte sie gedacht haben. Nachdem sie ihren Morgenrock aus bläulichem Synthetikmousseline an der Brust zurechtgerückt hatte (wohl um bei den Freunden ihrer Tochter keinen allzu schlechten Eindruck zu hinterlassen), schaute sie uns erneut an und fragte, ob wir einen Kaffee trinken wollten, während wir auf Ursula warteten. John, der gegenüber den Anfechtungen der Welt und der Mondänität nie nein sagen konnte, nahm, unverbesserlich, wie er nun mal war, statt ihr Angebot freundlich abzulehnen und weiter brav im Esszimmer neben den Puppen zu warten, dankbar an und tat sogar, nach einer Pirouette um sich selbst, einige eckige Schritte in Richtung Wohnzimmer, trat ungeniert ein und näherte sich dem Fernseher. Ohne den Bildschirm aus den Augen zu lassen, setzte er sich sachte auf die Sofalehne, neben Herrn Schweinfurth, der sich ihm zuwandte und ihn einen kurzen Augenblick verdattert anschaute.

Nach einer Weile wollte ich mich zu John gesellen und betrat meinerseits das Wohnzimmer, diskret, ohne Lärm zu machen, so wie man eine Kirche während der Messe betritt, ging dezent an Herrn Schweinfurth vorbei, zwängte mich dabei zwischen seinen Knien und dem niedrigen Tisch vorbei, um mich etwas abseits auf einen Stuhl zu setzen, und begann mit ihnen fernzusehen, die Hände unter dem Kinn verschränkt, ein Dokumentarfilm, der abwechselnd Archivbilder und neuere Interviews mit Eisenbahnern brachte (das war jetzt mehr als einen Monat her, dass ich aufgehört hatte fernzusehen). Nach einer Weile kam Frau Schweinfurth mit dem Kaffee ins Zimmer zurück. Auf einem blass bläulichen Tablett aus Plastik, bedruckt mit einer pastellfarbenen Reproduktion

eines Stilllebens, befanden sich eine Thermosflasche mit schottenge-
mustertem Wärmer, ein leicht deformierter Tetrapak mit Milch, Zucker,
eine Keksdose sowie eine Handvoll wahllos aufs Tablett geworfener
Teelöffel. Das Kaffeeservice, disparat, heteroklit, bestand aus zwei roten
Plastiktassen, Typ Zahnputzbecher, zwei weiteren aus cremefarbenem
Plastik sowie einer schönen weißen Porzellanschale, auf die sich vage
mein Begehren richtete, während ich mich vorbeugte, um auf dem
Tisch Platz zu machen, damit Frau Schweinfurth das Tablett absetzen
konnte. Mir mit einem Blick dankend, schraubte Frau Schweinfurth
den Deckel der Thermosflasche auf und begann uns Kaffee einzugießen,
zunächst John und mir (in die Zahnputzbecher), dann ihrem Mann (in
die schöne Schale, die mir in die Augen gestochen hatte), jeweils zur
Hälfte Kaffee und Milch, den Zucker ließ sie uns selber nehmen, jeder
hatte in dieser Sache seine unvergesslichen Gewohnheiten. Ich sah ihr bei
ihren Hantierungen zu (oh, sie dürfte nicht viel älter als fünfundvierzig
sein, die alte Dame). Nachdem sie allen serviert hatte, setzte sich Frau
Schweinfurth wieder hin, machte sorgfältig über ihren Schenkeln und
ihrer Brust den Morgenmantel wieder zu und hob bedächtig den Kopf
zum Fernseher. Alle hielten wir unseren Zahnputzbecher in der Hand,
keiner redete ein Wort in diesem Wohnzimmer, sogar die Eisenbahner
schwiegen (Herr Schweinfurth hatte den Kanal gewechselt und für uns
auf Sat 1 einen schönen kleinen Film gefunden).

Immer noch sehr aufmerksam, ganz Dame des Hauses, schaute Frau
Schweinfurth von Zeit zu Zeit, ob uns auch nichts fehle, bot Kekse
an, schenkte neuen Kaffee ein. Ich hatte mich vom Sofa erhoben, um
mir einen Keks aus der großen Aluminiumdose zu nehmen, die sie mir
dargereicht hatte, und mit dem Blick dankend lächelte ich ihr genant
zu. Während wir uns so weiter anlächelten, begannen wir, versonnen
den Kopf zu wiegen, bis wir schließlich, mangels Gesprächsstoff und
den Rest eines Lächelns auf unseren Lippen als Zeuge unserer früheren Glückseligkeit, uns wieder in die minder gefährliche Betrachtung
des Fernsehschirms flüchteten. Nachdem ich meinen Kaffee getrunken
hatte, stellte ich meinen Zahnputzbecher zurück auf das Plastiktablett,
neigte mich diskret zu John und fragte ihn leise, ob er sicher sei, dass
Ursula hier wohne. Weil, andernfalls, wir ja dann hingehen könnten
(ich für meinen Teil hatte meinen Kaffee ausgetrunken). John, gleich-
mütig auf der Sofalehne sitzend, dabei ein Auge auf den Bildschirm
gerichtet, nahm den Zettel aus der Jackentasche, auf dem er Ursulas
Adresse notiert hatte, und hielt ihn mir aus der Entfernung resigniert

vors Gesicht: Ursula. Rilkestraße 14. Block D. Wohnung 438. Schließlich erhob ich mich (allmählich ging es mir ein wenig auf die Nerven,
hier rumzusitzen) und tat einige Schritte im Zimmer, hob eine alte
Fernsehzeitschrift auf, die herumlag, und begann darin zu blättern.
Ich stand am Fenster und blätterte die Seiten vor mir um, verweilte
ein wenig beim Programm von heute, um zu schauen, was wir gerade
sahen. Baywatch, aha. [...] Das war, so schien mir, eine in doppelter
Hinsicht intelligente Art fernzusehen, nicht nur tiefgreifend über das
von einem selbst ausgewählte Programm Bescheid zu wissen, sondern
es darüber hinaus auch nicht anzuschauen.

Ich hatte die Zeitschrift zugeklappt und wieder dorthin gelegt, wo
ich sie hergenommen hatte, war erneut ans Fenster getreten und wartete
nun auf das Erscheinen Ursulas. Der Hof unter mir war menschenleer,
an einer Mauer lehnte eine alte Matratze, und etwas weiter entfernt
stand ein verlassenes Fahrrad an der Außenwand eines Hochspannungs-
häuschens, an dessen Beton einige Zementausbesserungen in Form von
Schneckenschleimspuren darauf warteten, etwas akademischer bemalt
zu werden. Ein Häuserblock uns direkt gegenüber war so nahe, dass
man die laufenden Fernseher in den verschiedenen gegenüberliegenden
Wohnungen sehen konnte. Ich betrachtete alle diese laufenden Fernseher
in den kleinen Metallrahmen der Fenster, und ich konnte sogar klar
erkennen, was in den einzelnen Wohnungen angeschaut wurde, da waren jene, die sich dieselbe Serie wie wir ansahen, und jene, die sich für
eine andere entschieden hatten, jene, die Aerobic sahen, und jene, die
sich eine Hochmesse anschauten, jene, die sich ein Querfeldeinrennen
anschauten, und jene, die eine Teleshopping-Sendung gewählt hatten,
und ich dachte mit Entsetzen, dass es Sonntagmorgen war, dass es etwas
über neun Uhr war und dass es wunderschönes Wetter war.

Und als ich so weiter zerstreut all die eingeschalteten Fernsehgeräte in
den Fenstern des gegenüberliegenden Gebäudes betrachtete, wurde ich
durch den Anblick eines Fernsehers überrascht, der ganz allein in einem
menschenleeren Wohnzimmer lief, nichts ließ auf die Anwesenheit eines
Menschen neben ihm im Zimmer schließen, ein Gespensterfernseher
gewissermaßen, der Bilder in die Leere eines ärmlichen Wohnzimmers
im vierten Stock des Gebäudes gegenüber ausstrahlte, eines Wohnzimmers mit einem grauen Kanapee, das sich im Halbschatten des Zimmers
erahnen ließ. Der Fernseher strahlte dieselbe amerikanische Serie aus,
die wir bei den Schweinfurths anschauten, so dass ich, am Fenster des
Wohnzimmers stehend, wobei Bild und Ton der amerikanischen Serie

gleichzeitig, wenn auch auf verschiedenen Kanälen, gleichsam stereo-
phon, zu mir drangen, das winzige und ferne Bild vor mir hatte, auf
dem dicken gewölbten Bildschirm dieses laufenden Fernsehers im vierten
Stock des Gebäudes gegenüber, und den Ton in meinem Rücken, der im
Wohnzimmer der Schweinfurths widerhallte. Als ich schließlich meinen
Blick auf ein anderes Fenster richtete, änderte sich der Ton in meinem
Rücken nicht, es waren noch immer die deutschen Synchronstimmen
der amerikanischen Serie, die wir anschauten, welche zu mir drangen
(Herr Schweinfurth hatte die Fernbedienung und ich mitnichten die
Absicht, ihm dieses Hoheitsrecht streitig zu machen), aber zu diesem
aufgezwungenen Ton konnte ich Bilder meiner Wahl hinzufügen und
mir mein Programm nach eigenem Gusto zusammenstellen, ich musste
nur meinen Blick von einem Fenster zum nächsten gleiten lassen, um
den Kanal zu wechseln, um eine Weile bei diesem Programm, jener
Serie oder jenem Film hängenzubleiben. Blick und Gehör so zwischen
den gegensätzlichsten Programmen auseinandergerissen, wechselte ich
weiter den Sender, je nachdem, welches Fenster des Gebäudes gegenüber mir zufällig in den Blick geriet, ging etwas mechanisch von einem
Bildschirm zum nächsten durch ein schlichtes Verschieben der Pupillen
entlang der Fassade, und ich dachte, dass uns das Fernsehen doch genau
so tagtäglich die Welt präsentierte: trügerisch, indem es uns dreier der
fünf Sinne beraubte, deren wir uns im allgemeinen bedienen, um sie
in ihrem wahren Wert zu beurteilen.

Endlich war vom Flur her Lärm zu hören, und Ursula trat ins
Wohnzimmer. Ich ließ vom Vorhang ab und drehte mich zu ihr um.
Sie mochte etwa zwanzig sein, mit nackten Füßen, einem harten Blick,
mit kurzen schwarzen und ungekämmten Haaren. Einen Augenblick
blieb sie vor mir im Wohnzimmer stehen, das Gesicht nach unten
gewandt, die Augen auf den Fernseher gerichtet. Sie war noch nicht
richtig aufgewacht, ihr Gesicht noch umnebelt vom Schlaf. Sie gähnte
schließlich, drehte sich im Wohnzimmer langsam um die eigene Achse,
indem sie mit dem einen Arm am anderen zog. Magst du einen Kaffee,
Ursula? fragte ihre Mutter sie. Nein, nein, ich flieg, sagte sie. Keine
Aufputschmittel. Sie trug eine schwarze Lederhose und ein erstaunlich
dünnes weißes Trägerleibchen, unter dem sich das umschattete Ende
ihrer Brüste erahnen ließ. Von ferne schaute ich mir, etwas verwirrt,
einen Augenblick ihre Brüste an, die unter dem feingesponnenen Stück
Stoff hervorstachen, bis ich meinen Blick, nachdem ich nicht mehr
wusste, wohin damit, geistesabwesend im Wohnzimmer umherschwei-

fen ließ und mich schließlich wieder setzte und weiter in die Glotze schaute (zur Strafe).

Im Auto, das uns zum Flughafen fuhr, blieben wir stumm. Ursula, die schweigend fuhr, bekleidet mit einer Fliegerjacke mit Schafswollkragen, gähnte hin und wieder, und John, der neben ihr saß, studierte abwesend den Inhalt des Handschuhfachs, ein Tabaksbeutel, einige Navigationskarten, ein Paar dicker zusammengerollter Socken. Schließlich klaubte er eine Zeitung heraus und faltete sie mit einem Ausdruck intensivsten Wohlgefühls vor sich auf seinem Sitz auf, die Schulter kurz von einem Schauer des Wohlbehagens durchzuckt (selbst im Auto fand er, John, Mittel und Wege zu lesen, keine Ahnung, ob er daran gedacht hatte, für den Flug auch ein Buch mitzunehmen). Seit fast einer halben Stunde fuhren wir nun schon auf einer menschenleeren Landstraße, jedwedes urbane Ambiente hatten wir bereits seit langem hinter uns gelassen, auf beiden Seiten der Straße erstreckten sich riesige Rübenfelder. Dann und wann begegneten wir irgendeinem Traktor in der Ferne, zwei Bauern, die mit einem schweren Zugpferd die Straße überquerten, und ich begann mich zu fragen, wo uns die Reise wohl hinbringen mochte, ob das Fluggelände überhaupt noch in Deutschland lag (doch wenn eines in Deutschland lag, dann dieses).

Ehemaliger Nazi-Flughafen, geheime Militärzone zu Zeiten der Sowjets, tauchten seine massigen Umrisse bei einer Straßenbiegung plötzlich vor uns auf, gänzlich umgeben von einer unverputzten Steinmauer, überragt von Stacheldraht und spanischen Reitern, und etwa alle zehn Meter ein Wachtturm. Eine stille kleine Straße führte zum Haupteingang, der vergittert war und mit elektrischem Draht geschützt, mit einer Schranke und Schildern, die in mehreren Sprachen, auf russisch, auf deutsch, den Zutritt verboten. Als der Wagen vor der Schranke hielt, kurbelte Ursula die Scheibe an ihrer Tür halb herunter und zeigte dem Wachhabenden die eingeschweißte Karte ihres Flugvereins, auf der ihr vorschriftsmäßig abgestempeltes Passfoto klebte, und wir hörten das wütende Kläffen von einem Dutzend in Käfigen eingesperrter Schäferhunde, die, außer Rand und Band, sich immer wieder wie wild auf die Gitterstäbe stürzten, um sie in Stücke zu reißen. Ein junger Kerl, in undefinierbarer, etwas heruntergekommener Uniform, mit einem hin und her tänzelnden und an der Leine zerrenden Hund, einer Militärjacke und Rangerstiefeln, beugte sich zum Fenster herein. Er schaute ins Innere des Wagens, musterte uns mit einem unangenehmen forschenden Blick. Freunde, sagte Ursula mit einer Kopfbewegung in unsere Richtung. Beim Geräusch ihrer Stimme fing der Hund zu bellen an und warf sich auf den Wagen, fast hätte ihm der Wachmann mit den Rangerstiefeln einen Tritt in die Schnauze versetzt, um ihn zum Schweigen zu bringen. Lässig schritt er zur Schranke, öffnete sie und warf Ursula, als der Wagen die Schranke passierte, ein schönes besoffenes und zahnloses Lächeln zu.

Hélène Bezençon
Straßenpflaster, Wege, Orte (2008)

Wissen, warum ich das Bedürfnis habe zu überprüfen, ob die Stadt noch da ist, bevor ich zu sprechen anfange. [...]

Ich wüsste gern, warum ich dieses Bedürfnis habe. Ich meine: Bezweifle ich wirklich, dass die Stadt noch existiert? Oder, wenn nicht, wäre es nicht einfacher, diese Tatsache anzuerkennen, mich auf sie zu verlassen und von ihr auszugehen? Nicht unbedingt einfacher. Aber wäre es nicht viel beruhigender, bequemer für den Geist oder zumindest viel praktischer, effektiver, den Fuß auf eine äußere Sicherheit zu stellen, auch wenn ich dann alle Vorsichtsmaßnahmen treffen müsste, um sicherzustellen, dass der Boden Stand hält, ich dort nicht versinke, er nicht versucht, mich zu verschlingen, bevor ich es mit dem anderen Fuß wage? Mehr noch, wäre es nicht viel vernünftiger das zu wissen, was ich weiß, oder so zu tun, als hätte ich über diese Stadt ein Wissen, das sich nicht ändert, oder das mir zumindest eine gewisse Beständigkeit garantiert, solange ich darüber nachdenke, besser gesagt, das mir erlaubt, so die Hypothese, irgendwo anzufangen? Vernünftig ist nicht ganz das Wort, das in diesem Fall passen würde. Optimistisch? Voller Vertrauen? Ich werde darauf zurückkommen müssen, falls die Hypothese standhält oder falls sie mich weiter interessiert. Aber für den Moment, an dieser Stelle, ist es wirklich das, woran ich zweifle? Ist mich zu überzeugen, dass die Stadt noch da ist, wirklich das Problem, das es zu lösen gilt, und wird mir diese Lösung, vorausgesetzt ich finde sie, reichen?

Habe ich nicht ganz einfach Angst, Unsinn zu erzählen, etwas über Berlin zu behaupten, das nicht wahr ist, oder es nicht mehr ist? [...]

Ich will damit sagen: Wo liegt das Problem, wenn ich eine Baustelle von einer Straße in eine andere verlege, oder wenn ich die Zeiten ein wenig vermische, oder den Fluss dahin setze, wo er vor vier Jahren war, oder sogar, wenn ich Straßen den Namen gebe, den sie hatten, als ich das letzte Mal dort lang lief? Zunächst einmal wäre ich nicht die Erste, die das täte. Zudem ist es sehr wahrscheinlich, dass es gar niemand bemerkt, oder zu spät, wenn die Mehrzahl der Häuser schon anderswo nachgewachsen sein würde. Was kann es schon ausmachen, wenn die Realität, die ich beschreibe, niemals wirklich existiert hat, oder nicht auf diese Weise oder nicht gleichzeitig in allen Stadtteilen, von denen ich spreche? Im Übrigen, um vom Schlimmsten auszugehen, was ändert es für mich persönlich, wenn die Stadt verschwindet? Der Vertrag fordert, dass ich von einem realen Ort erzähle, aber er präzisiert nicht den Zeitpunkt, zu dem der Ort existieren muss. Soweit ich weiß, hat man die Bücher, in denen von New York die Rede ist, noch nicht vernichtet, dabei ist es zwei Jahre her, dass die *Twin Towers* gefallen sind. Also? Wovor habe ich Angst? [...]

Es ist wahr, dass heute die Baustellen der Hauptstadt und die un-zähligen Zerstörungen, die diese Baustellen voraussetzen, dazu beitra-gen, Berlin den Anschein einer bombardierten Stadt zu verleihen, oder eines Ortes, der nicht still stehen kann, oder einer Stelle der Welt, die den Anker lichten, weggehen, verschwinden könnte, ohne Bescheid zu sagen, unerwartet, egal wohin, egal wann. Die Stadt ist niemals dort, wo ich sie zurückgelassen habe, sie verändert sich, sobald ich aufhöre, sie zu betrachten. Und auch wenn diese Vergänglichkeit des Gesteins, des Ziegels und des Sandes, dieses allmähliche Verschwinden, diese Flüchtigkeit des Ortes für mich von einer unwiderstehlichen Verführung sind, lassen sie mich doch jeden Augenblick fürchten, die Stadt könnte verschwunden sein, wenn ich sie wiedersehen will, einfach so.

Oder habe ich womöglich Angst, nicht die richtigen Worte zu finden, um ihr gerecht zu werden? Oder davor zu sehen, wie sie sich entfernt oder sich auflöst oder sich in ihren Sand eingräbt oder mich lediglich vergisst, so, wie sie jeden Tag ihre vier Millionen Einwohner vergisst, und nicht mehr zu wissen, was ich sagen soll, um den Kontakt mit ihr zu halten? Ich habe womöglich Angst, nicht mehr zu wissen, wie man sie wiederfindet, was sage ich, unfähig zu sein, irgendeine Bindung zwischen mir und ihr aufzubauen, ganz gleich, welcher Wörter ich mich auch bediene, um mit ihr oder von ihr zu sprechen? Oder aber ich habe Angst, von der Welt getrennt, an nichts gebunden zu sein, im Abseits zu leben, Angst, draußen eingesperrt zu sein, oder drinnen, ganz egal, dort, wo die anderen nicht sind. Oder Angst, sie nicht mehr einholen zu können?

[...]

An der Kreuzung Acker-/Invalidenstraße muss man zum Überqueren immer lange warten, weil die Straße schmal ist und weil sie gleichzeitig fahren, in beide Richtungen, durcheinander, die Tram 13, die Autos und der Bus, der diesen Sommer die Tram 8 ersetzt.

Das, was ich nicht verstanden habe, Hussitenstraße, ganz oben, nordwärts, nachdem man an dem Dschungel der Hochhäuser aus den 1980er Jahren vorbei ist, an den Fußballfeldern, erbaut auf den Trümmern von 1939–1945, und den günstigen Wohnblocks (grob geschätzt 1960, wenn man die Qualität des Materials betrachtet, es scheint, als unterscheide sich der Westen der Stadt in diesem Punkt nicht vom Osten),

das, was ich nicht verstanden habe, ganz oben, nordwärts, hinter dem Dschungel der Blocks hier und da verstreut, wo die meisten Jugendlichen entweder sehr mager oder alle rundlich sind, und die älteren Leute in abgeschabten Hosen und Karohemden alle etwas reparieren, der eine den Holzlammellenübertopf für seine Geranien, der andere die Glühbirne eines Scheinwerfers seines noch mechanischen Autos, der dritte wiederum die Federn des Kinderwagens seiner Kinder, mit dem letzten Kleinen darin, der sich auf diese ungewohnte Weise rütteln lässt, ohne zu schreien,

das, was ich nicht verstanden habe, hinter dem von Unkraut verschlungenem Bürgersteig der Stralsunder – man hat die Türen auf die andere Seite versetzt, als man den Block auf die Trümmer gestellt hat – und noch weiter nordwärts, hinter dem Viertel, das um die AEG Elektrizitätswerke herum gebaut wurde, ein Viertel das immer noch aus dem Jahr 1890 stammt, so wie ein großer Teil der Namen seiner Straßen (Volta, Watt und die Inseln oder die Städte der Ostsee),

das, was ich nicht verstanden habe, hinter diesem Viertel, das gut zur Hälfte aus einem einzigen dunklen Steinblock gigantischer Fabriken besteht, in das der Zug des Nordens hereinfuhr und bis zu den Lagerhallen unterwegs war, ein Zug, dessen Schienen in den Pflastersteinen des Hofs verblieben sind, auch wenn die Fabrikhallen heute in unzählige Büros eingeteilt sind,

das, was ich nicht verstanden habe, Hussitenstraße, ganz oben, nordwärts, nachdem ich gezögert habe, beim Verlassen der AEG Elektrizitätswerke, dem stillgelegten Bahngleis den ganzen Volkspark Humboldthain entlang zur S-Bahn zu folgen, oder herüber zu gehen, um dann wieder auf die Bernauer herunterzukommen und bis zum Nordbahnhof weiterzugehen, das, was ich nicht verstanden habe, als ich gestern in diese Straße zurückkehrte, ist, dass dort auf einmal diese Stelle ist, wo die Häuser bis zu den Kellern fehlen.

Der Bürgersteig auf der anderen Seite der AEG-Fabriken besteht wie die anderen aus kleinen Pflastersteinen, Platten, die den Fußgängerweg markieren, und größeren Pflastersteinen an den Hauseingängen. Aber die kleinen Pflastersteine wackeln, angehoben durch die Wurzeln der großen Bäume, die in den Kellerwänden verankert sind. Die Platten, verdrängt vom Druck der Bäume, bereiten einen holprigen Weg voller Hügel und Unebenheiten. Andere Granitstücke halten sich im Gleichgewicht, gegen einen Baumstamm zum Beispiel, oder sie drohen herauszufallen. Weil der ganze Bürgersteig am Rande eines Loches liegt, das bis zum Sand geht, bis unter die Keller, das heißt, das dort auf den Erdboden trifft, wo er schon vor den Häusern war, oder vielleicht an der Stelle, wo man aufgehört hat ihn zum Bauen aufzunehmen, oder mit anderen Worten, dort, wo niemals etwas passiert ist, nicht, soweit man weiß.

Der Bus, der die Tram 8 ersetzt, hält an und die Flut der Autos dahinter mit ihm. Auf der anderen Seite zeigen mehrere Autos ihre Absicht an, rechts abzubiegen. Ich überquere die Invalidenstraße. Das folgende Viertel, kürzlich renoviert, stammt aus dem Jahr 1830.

Weiter südwärts, in der Ackerstraße, stößt man auf eine kleine Wundermischung verschiedener Epochen und Orte, untereinander zusammengehalten durch die Einheitlichkeit der vierstöckigen Fassaden, die aus dem Ende des 19. Jahrhunderts stammen muss. Hinter diesen Häuserfronten sind auf der einen Seite mehrere aufeinanderfolgende Höfe, die beginnen, den leicht spitzen Winkel der Invalidenstraße aufzuzeigen, das heißt, sie versetzen die Perspektive vom ersten Gebäude an nach hinten und reichen manchmal bis zu den Nebengebäuden der Brunnenstraße. Auf derselben Seite komme ich durch ein kleineres Haus, dessen Flügel nichts als eine Etage auf dem Erdgeschoss hat, und dessen ganzer Hof mit runden Steinen gepflastert ist, Natursteine, in denen sich der Rost des Daches eingebrannt hat, so wie ich sie in Berlin nur in den Höfen von Gebäuden aus dem 18. Jahrhundert kenne.

Auf der anderen Straßenseite erreiche ich über Baulücken, die wie Zahnlücken die Einheitlichkeit der Fassaden unterbrechen, die Grünflächen hinter den Häusern. Der Satz ist etwas kompliziert, aber ich sehe nicht, wie ich es anders sagen könnte. Außerdem stelle ich gerade fest, dass meine Füße sich jetzt problemlos von der Ferse bis zum Zeh abrollen, auch wenn mir ein wenig Steifheit in den Knien bleibt. Die erste Grünfläche ist zunächst ein Sandweg zwischen zwei Häuserfronten von vier Etagen, der zum Rindenmulchweg wird, sobald die Nebengebäude drei oder zwei Etagen haben, dann ein Fleckchen senkrecht zu den Häusern angeordnet, also parallel zur Straße, ein grünes Loch, mit Rasen, Bänken, einem kleinen Sträucherwald auf einem Sandhügel, schließlich die Sandfläche, speziell den Kindern und Schaukeln vorbehalten. (In dieser Stadt ist es für Kinder niemals zu früh den Sand kennen zu lernen.) Dieses Fleckchen endet an einer kahlen Backsteinwand von Ställen und Werkstätten, teilweise bedeckt von Weinranken.

In der Straße selbst gibt es zwei Antiquariate, die sich fast gegenüberliegen, einen Lebensmittelladen und ein italienisches Restaurant, eine Verkaufsbude für chinesische Medizin, ein von einem fluoreszierenden grünen Licht erleuchtetes Lokal, das »Freiräume« heißt, dann, genau vor dem Begegnungszentrum für Kinder, einen Platz für Konzerte in einem unrenovierten Haus, dessen Hof noch den uneinheitlichen Charme aufweist, halb bäuerlich um 1900, in den 90ern halb städtisch baufällig, wie man es in Berlin noch überall sah, als ich hier angekommen bin.

An der Kreuzung Acker-/Torstraße ist das Überqueren der Fußgänger durch Ampeln geregelt, die den Fußgängern 15 Sekunden gewähren und den Autos zwei Minuten, aber die es dennoch erlauben, die Straße zu überqueren, ohne auf der Mitte anzuhalten, was verdient, hervorgehoben zu werden, in Anbetracht der Tatsache, dass die meisten Kreuzungen der Stadt in erster Linie das Bedürfnis der Autos berücksichtigen, in großer Zahl vorbeizufahren, und dementsprechend von den Menschen erfordern, mehrmals zu warten, bis sie an die Reihe kommen.

Torstraße ist ein erfundener historischer Name, der 1996 »Wilhelm Pieck Straße« ersetzt hat, wenn ich mich nicht irre, und der auf die Zeit (1800) verweist, als die Stadtmauer hier verlief. Diese Mauer war von mehreren Toren durchbrochen. Das Hamburger Tor zum Beispiel ist fünf Minuten zu Fuß entfernt. Der Stadtplan von 1905, wie übrigens auch der von 1947, geben an dieser Stelle noch die Elsässer Straße an, zwischen Oranienburger Tor und Rosenthaler Tor, dann die von Lothringen bis zur Prenzlauer.

Ich frage mich, warum man nach dem Mauerfall die Straße von Elsass und die von Lothringen nicht wieder eingeführt hat (die Mauer von 1961, also der Fall von 1989, ja genau), während man die Straße von Danzig wieder einführte [...]. Weil Frankreich in den 1990ern bereits Teil der EU war? Oder weil Berlin vor allem die Hauptstadt Preußens bleibt und sich somit mehr darum sorgt, die Erinnerung an seine preußischen Herrschaftsgebiete zu bewahren, als an die Eroberungen Großdeutschlands?

[...]

Als ich hier angekommen bin, lief man stundenlang an den langen Sommerabenden, Linienstraße, Auguststraße, Oranienburger. Man ging nicht unbedingt irgendwohin. Man konnte, egal wo, anhalten. Überall gab es etwas zu sehen. Die Bäume, die in den Dächern sprossen. Die Häuser, deren Fassaden fehlten, das Dickicht, das man durchqueren musste, um das Gebäude dahinter zu erreichen, bewohnt, oder besetzt, manchmal beides, oder zur Hälfte leer. Die Aufführungen auf der Straße, die die Pflastersteine aufzubrechen schienen. Die Künstler der Bürgersteige. Die Ausstellungen in den Innenhöfen, die zwei Tage oder auch zwei Jahre dauerten, je nachdem, wie energisch die Improvisation vorangetrieben wurde oder wann die Renovierungsarbeiten stattfanden.

Aber es sind nicht nur die Spuren der Jahre nach dem Mauerfall, die verschwunden sind. Man sah noch ein wenig den Alltag der DDR, als ich hier angekommen bin, und es gab noch Gebäude, die aus der Zeit der Erbauung des Viertels stammten.

In der Großen Hamburger [...] die Spuren, die bis vor etwa 10 Jahren von der DDR blieben, bestanden insbesondere darin, dass man noch in den Spuren der Kugeln von April 1945 lebte, deren Einschläge die Fassaden der Häuser durchlöcherten und dabei die Ecken, die Balkone, die Fensterrahmen beschädigten. Aber man sah auch von der Straße aus, durch die Baulücken hindurch, die Nebengebäude der Fachwerkhäuser, in den mit Naturstein gepflasterten Hinterhöfen, Schuppen vielleicht, oder Scheunen, kleine einstöckige Gebäude.

Die durchlöcherten Fassaden sind renoviert worden. Der Putz ist neu, er ist vollständig, die Farbe noch nicht einmal schmutzig. Was die Gebäude hinter den alten Häusern angeht, weiß ich nicht, welche von ihnen hinter neuen Gebäuden verdeckt sind und welche abgerissen wurden.

In der westlichen Ecke der Kreuzung auf der Oranienburger gab es eine Baulücke, die man diagonal durchquerte. Der Boden war fast schwarz vor Kohlestaub. Man sah von dort aus eine ganz komplizierte Anhäufung von Häuserteilen aller Größen, Stücke von Dächern, von Schornsteinen. Ich erinnere mich nicht mehr genau an ein bestimmtes

Haus. Es war eine Gruppe, eine Unordnung, die ein Ganzes ausmachte. Eine zufällig entstandene Ansammlung, in dem Maße, wie das Viertel weitergebaut wurde und sich mehrere Jahrhunderte lang veränderte? Oder die nach den Bombenangriffen übrig gebliebenen Reste einer stattlicheren Wohnanlage?

Ich erinnere mich an einen Tag im Sommer 1995. Das ganze Viertel machte einen mitgenommenen Eindruck. Die Kanalisation der Oranienburger wurde umgestaltet. Die Ratten in mehreren Hinterhöfen flohen nicht wie üblich, als ich eintrat, sie näherten sich (neugierig? aggressiv? hungrig? ich habe nicht gewartet, um das herauszufinden). Das ganze Viertel war ockerfarben, wie Kreidestaub. Und es gab diesen Bauzaun und die beiden Häuser, die gerade gesprengt worden waren. Das heißt, nein, die beiden Häuser waren auf ihrem Fundament eingestürzt, in sich selbst zusammengefallen. Explodiert war der Ort dahinter. Ein Haufen Ziegelsteine und Schutt, der ockerfarbene Staub, der noch in der Luft schwebte, und ganz hinten rankte ein Schornsteinwald an der Brandmauer eines Hauses empor, das man stehen gelassen hatte. Unter diesen Schornsteinen gab es nichts mehr. Es blieb nur noch die Farbe der Explosion in der Luft und in den umliegenden Straßen, der typische Geruch von Abbruch, der entsteht, wenn man Ziegelwerk abreisst. [...]

Am Ende dieses Bürgersteigs befindet sich die Kreuzung des Oranienburger Tors. Ich kann den Bus nehmen, der die Tram 6 ersetzt. Oder ich könnte weitergehen, die Elsässer Straße überqueren, also die Torstraße, natürlich, die Straße der Stadttore, in die Friedrichstraße einbiegen, die auf der anderen Seite der Kreuzung beginnt, und ich könnte an drei Kilometern Geschichte und neuen Gebäuden bis zum Mehringplatz entlanggehen.

Die Friedrichstraße ist meiner Meinung nach in drei Abschnitte eingeteilt. Den Osten (1949-1990), die Mitte (jetzt), und den Westen (1949-1990). Ich merke nebenbei an, dass hier der Westen im Süden liegt. Ich meine, der politische Westen von damals und der alte geografische Süden. Oder eher der Süden, dessen Südheit noch nicht umstritten ist, oder nicht, soweit ich weiß. (Es ist ermüdend, Orientierungen anzugeben, die politisch korrekt sein sollen).

Ich erinnere mich an die Zeit, die Jahre 1996–1997, wenn ich nicht irre, als der erste Abschnitt der Friedrichstraße, ungefähr bis zum S-Bahnhof, ein Loch war, das die ganze Breite der Straße einnahm und nach Abwasser und aufgeschlitzten Gasleitungen roch. Es war nicht möglich, *Finger food* auf den Ausstellungseröffnungen zu essen, die in diesen Jahren schick wurden. Es war die Zeit, als man in Berlin noch überall Wohnwagenkolonien fand, Menschen, die in Lastwagen lebten, in Baustellenbaracken. Die aus freien Stücken auf diese Weise lebten – ich rede nicht von Arbeitern, die man in Containern einpfercht. Diese Wohnwagenkolonien hat man, allgemein gesagt, von dem Augenblick an verboten, als man diese übelriechende Baustelle einrichtete. Vielleicht zufällig. Ich meine: In beiden Fällen ging es darum, Ordnung in die Stadt zu bringen. Oder es war auf den neuen Innenminister zurückzuführen, der in der Armee eine wichtige Stellung innehatte, bevor er versuchte, Zivilisten zu verwalten.

Wohnwagenkolonien gibt es noch immer in Berlin. Ich sage nicht wo. Obwohl der Innenminister gewechselt hat. Sie ziehen ohnehin weiter. Das hängt von den Baustellen ab.

MICHÈLE MÉTAIL

Von einer Berliner Straße zur anderen:
eine Expedition (2006)

Am Ende des 18. Jahrhunderts begann der erste Berliner Weg im Dorf Pankow. Seitdem wurden rund vierzig Plätze, Alleen, Chausseen je nach der jeweiligen Situation »Berliner« getauft, umgetauft und erneut getauft. Noch immer zählt die Stadt neun »Berliner Straßen« und eine »Allee« gleichen Namens. Ist es Narzissmus, wenn die mit sich selbst zufriedene Stadt sich auf diese Weise in ihren Straßenschildern betrachtet? Oder muss man in dieser Fülle das Zugeständnis eines Zweifels sehen, einer Ungewissheit im Hinblick auf ihr eigentliches Wesen und ihre Grenzen? Genügt es, um Berlin zu kennen, eine nach der anderen diese Straßen abzuschreiten, die ihren Ursprung in den alten Dörfern haben, die das aktuelle Stadtgebiet bilden? Manche bezeichnen noch immer ein Stadtviertel: Heinersdorf, Zehlendorf, Wilmersdorf, Hermsdorf ... Jedes besitzt seine »Berliner Straße«. Wo ist also die Stadt? Wo ist eigentlich Berlin? An der Kreuzung seiner Straßen? [...]

Heute komme ich wegen des Namens, und zu meiner großen Überraschung entdecke ich Straßen, die ich zig-mal entlanggelaufen bin. Kann man kennen, ohne zu benennen? Der Blick ist plötzlich ein anderer, aufmerksamer, beobachtender. Prenzlauer Berg setzt sich nach Pankow fort, Berliner Straße, wo sich über- und unterirdische Linien kreuzen: U-Bahn, S-Bahn, Bus und Straßenbahnen. Die Straße hat eine Richtung. Auf den Emailleschildern mit einer Hausnummer zeigt ein Pfeil die Seite der aufsteigenden Zahlen an. Erotic Shop zwischen mit Graffiti übersäten Mauern. An den Fenstern der noch nicht renovierten Häuser die verrosteten Fahnenhalterungen aus den Tagen glorreichen Gedenkens. Schild. Hier lebte ... Antifaschist, tot in Dachau. Die gelbe U-Bahn kommt aus der Erde, als tauchte sie aus einer unbekannten Schicht der Stadt auf.

Berliner Straße. ©Michèle Métail.

Noch in keiner anderen Berliner Straße habe ich dieses Gefühl der Entropie gehabt. Vielfältige Welten liegen nebeneinander, parallele Bahnen, die sich niemals kreuzen. Die besetzten Häuser mit zu Vorhängen gespannten Tüchern.

Die zurückgesetzte Villa mit eigenem Garten. Die Sozialbauwohnungen, Zwei-Zimmer-Küche mit Balkon zur Straße. Die ehemaligen Mieter, die zu Eigentum gelangt sind. Es gibt noch leere Appartements in diesem Glas-Stahl-Neubau, die Investoren stammen aus dem Westen. Ein ›europäischer‹ Flohmarkt in der Industriebrache. Achtung, bissiger Hund; er bewacht nachts die Stände. Es kann regnen auf die Schuhreihen, Sportschuhe mit Schnürsenkeln oder ohne, das ändert nichts mehr an der Abnutzung durch die Zeit. Tapetenfetzen und gefliste Wände zeichnen die Form eines verschwundenen Hauses nach, vielleicht das des Wächters. Es sind noch Stellplätze verfügbar für Amateurtrödler. Auch zu mieten der Laden mit bemalter Wand. Trompe-l'oeil, auf dem das Bild der Regenrinne sich mit dem echten Zinkrohr verbindet. Die ganze Stadt ist ein Trompe-l'oeil durch die Dichte ihrer Geschichte.

Als die Straße schicker wird, werden die Restaurants italienisch. Trattoria – Terrasse – Sonnenschirme, dann der Feinkostladen. Die Flugzeuge, die gegen Ende des Tages so häufig sind, überfliegen das

Viertel in geringer Höhe. Wenn die Straßenbahn sich leert, füllt sich der Kaan Grill. Fetttriefende Fleischstreifen, abgeschnitten mit einer langen Klinge. Daneben der Asia-Snack. Billigessen unter Singles, die die Zeit des Alleinseins hinauszögern. Die Bevölkerung von Müßiggängern und Arbeitslosen, schwankender Gang, heftige Wortwechsel. Bei näherem Hinsehen würde diese Berliner Straße mich deprimieren. Die Hoffnung, die dem Mauerfall folgte, war hier vielleicht als Trompe-l'oeil gemalt. Die Hausnummern 1 und 130 liegen sich gegenüber. Man wird nie damit fertig, eine Straße zu durchlaufen.

Sie würde wie viele mit ihren kleinen Geschäften anfangen. Ich würde eifrig die Schilder und Werbeschriften lesen, um den Sprachgebrauch besser zu verstehen. Ich finde im Exil den Geschmack am Lernen wieder, wenn die Worte Widerstand leisten und man die Bedeutungslücken füllen muss. Dann würden prunkvolle Gebäude folgen, schöne Villen, wo mehrere Familien wohnten, Fachwerkgiebel und Treppenhäuser mit bunten Glasfenstern, asymmetrische Bauten, aufgewertet durch makellose Rasenflächen, ehemalige, zu strenge Verwaltungsgebäude, denen man Glas vorgeblendet hätte, mandelgrün gestrichene Fassaden, die Fensterläden heller.

Zehlendorf. Berliner Straße. Niemals hatte ich so sehr das Gefühl, ein Buch zu öffnen, wenn ich durch die Stadt laufe. Nicht eine Seite nach der andern. Hier bin ich mitten auf einer breiten, eichengesäumten Allee. Ich laufe am Falz, zwischen den Seiten. Das Panorama spielt sich an den Rändern ab, aber nichts, was dort geschieht, bedeutet etwas. Ich schaffe es sogar, den Autoverkehr auszublenden, der mir so oft die Stadt verdirbt. In meinem Gesichtsfeld fixiere ich nur die zwei Eichenreihen, die sich wegen des Blickwinkels berühren. Ich habe die Sonne im Rücken, ein überlanger Schatten geht mir voran. Trockene Eicheln platzen unter den Füßen, andere haben gekeimt, sind rotgefärbt. Der Klee, der Löwenzahn. Der abgestufte Amselgesang und dieser schwarz-beige freche Rabe, der sich nicht aufscheuchen lässt.
    Ich fixiere stur den Horizont. Diese eindrucksvolle Allee muss doch einmal nach Berlin führen! Wonach sieht wohl die Stadt aus unter einem Schäfchenwolkenhimmel? An der Kreuzung Thielallee/Dahlemer Weg ändert die Straße ihren Namen: Unter den Eichen. Hinter mir zeigt ein Schild den Anfang von Zehlendorf, vor mir Richtung Schöneberg und Steglitz, rechts nach Teltow, für Lastwagen gesperrte Strecke, links nach Dahlem. Und Berlin? Immer noch nirgendwo!

Und wieder fahre ich los. Buchholz. Berliner Straße, flüchtig gesehen zwischen Rosenthaler und Blankenfelder Straße. Zwischen Nord und Süd. Zwischen dem Osten, zu dem sie gehörte, und dem Westen, der noch nicht eingerichtet ist. Die Straße in der Mitte von den Straßenbahngleisen aufgerissen, als hätte es schon immer zwei Seiten geben müssen. Bei der Nummer 1 schützen Gitter alle Öffnungen des Gebäudes. Der Türen- und Fensterfabrikant nebenan fertigt auf Maß an, auch Wintergärten und Rollos. Jeder Bürgersteig ist mit einer Reihe Linden bepflanzt. Sie schirmen die leeren Räumlichkeiten ab, die man mieten kann, kautionsfrei. Die Brachflächen erinnern daran, dass es Gärten gibt hinter den aufgebrochenen Häusern, deren Eigentümer sich noch nicht gemeldet haben. Zimmer zu vermieten in der frisch in Gelb angestrichenen Barockvilla. Gegenüber hat ein ebenerdiges Haus gebrannt. Es ist mit Holzplatten versperrt. Ein anderes, mit Betonsteinen vermauert, ist von Graffiti übersät, die die Zwangsräumungen anprangern. Anarchie, mit der Sprühdose gezeichnet.

Doch es gibt einiges zum Aufbauen in der Straße. Die Baumaterialhändler haben schnell diese Randgebiete eingenommen, wo man für eine geringe Miete Nutzfläche findet. Elektroartikel, Heizung, Sanitäranlagen, Farben und vor allem der Händler für unbearbeitete oder glasierte Ziegel mit großer Farbauswahl. Großhandel für Friseurbedarf und Blumenmarkt, Getränke zum Selbstkostenpreis.

Die leeren Wohnungen scheinen zahlreicher als die belegten. In der Nummer 15 sind die Fenster zerschlagen. Die Holzschranke ist zusammengebrochen, und die Goldrute hat den ganzen Gartenbereich erobert, sie bricht sogar durch das Pflaster des Haupteingangs. Die angrenzende Villa 15a ist frisch restauriert und angestrichen worden in gelb-orange Tönen, ähnlich denen der Goldrute.

Eine Straße dazwischen, zwischen vorher und nachher, wie der Werbeslogan, den man unter den Kahlköpfen sieht, die wieder Haare haben. Ein Rollladen ist auf halber Strecke festgeklemmt zwischen Offen und Geschlossen, STOP, fordert ein Graffiti.

Das Gemeindehaus beherbergt ein Nachbarschaftsheim. Die Illusionenhändler haben sich die letzten Nummern angeeignet: Gebrauchte Luxuswagen und der Fernsehschirm auf der Straße: »Die Träume macht Grundig«. Die Ampel ist überdeckt mit einer orangefarbenen Plastikplane. Ein Arbeiter regelt den Verkehr mit Hilfe einer roten Fahne. Die Berliner Straße endet mit »Straßenseite wechseln«.

[...]

Nordend. Das nördliche Ende, äußerster Norden der Stadt. Ich steige an der Haltestelle »Blankenfelde Kirche« aus, nach Fahrt durch die Stadtwälder. Welche Straße führt nach Berlin? Die hier hat noch ihr altes Pflaster – *opus incertum*. Die Stadt ist ein unbeständiges Werk. Straße ohne Bürgersteig, gesäumt von Unkraut längs den Ziegelbauten eines Gehöfts oder einer Lagerhalle, Werkstatt. Ich weiß es nicht, die Mauern drehen einem den Rücken zu. Eine sehr kurze, ländliche Querstraße mit nur zwei Nummern. Ich drücke mich am Jägerzaun entlang, dann an einer langen Reihe Wellblech, die als Abgrenzung dient. Ein Hersteller von Stoffzelten ist der einzige Handwerker in der Straße. Am aktivsten sind die Vögel, die sich nach Herzenslust vergnügen. Die Geschwindigkeit ist auf 30 beschränkt. An der Kreuzung mit der Buchholzer Straße warnt das schwarze Ausrufungszeichen auf weißem Grund im roten Dreieck vor der Vorfahrtsänderung. Es tauchen aus einem Feld Goldruten auf, die im Wind wogen. Die Heuschuppen sind leer. Sie dienen als Rahmen für die Landschaft, die man zwischendurch sieht. Für die Berliner Straße ist jetzt die Einfahrt verboten, sie geht geradeaus weiter, zwischen zwei grünen Seitenrändern. Das Gras ist zu hoch, und ich laufe in der Fahrbahnmitte. Hier ist das Pflaster gleichmäßiger. Die Bäume formen ein Gewölbe am Horizont. Berliner Straße. Die Stadt ist verschwunden.

Die Straße, von Laternen gesäumt, führt durch Felder. Die Pferde und die Mietfahrräder erholen sich vom Wochenende. Montag. Die blauen Plastikmüllsäcke stapeln sich an den Ausgängen der Kolonien. Ausstellung von Modellhäusern. Hinter dem Wald wird der Bus umgeleitet wegen Bauarbeiten, er benutzt eine gesperrte Straße und überquert den Parkplatz einer Feuerwache. Es fängt an, einer echten Fahrt zu gleichen, aber der Chauffeur sagt die Haltestellen nicht an, also nur für die Eingeweihten. Man lässt sich nicht ohne Kenntnisse auf Abenteuer ein.

Ich steige an der Glienicker Kirche aus, im Zentrum eines Dorfs. Eine Frau führt einen Pudel aus, ich frage nach dem Weg. Berliner Straße? Das kommt darauf an. Wohin in Berlin? Berliner Straße. Aber es gibt jede Menge Straßen, die nach Berlin führen. Ja, aber ich suche nur die Berliner Straße. Wohin, welche Nummer? Einfach Berliner Straße in Hermsdorf. Die Frau scheint mich für eine Geisteskranke zu halten. Der genervte Hund fängt an zu bellen.

Als ich in die Oranienburger Straße einbiege, wird mir klar, dass ich weit über die Kartengrenze hinausgelaufen bin. Ich bin zum Kreis Oberhavel vorgedrungen. Ohne es zu bemerken, habe ich die festge-

setzten Stadtgrenzen überschritten. Ein ununterbrochener Autostrom
fließt in beide Richtungen. Dennoch bin ich nicht umsonst gelaufen.
Auf einem großen gelben Schild heben sich schwarze Buchstaben ab:
Berlin. Endlich. Und hier vermischen sich die Stadt und die Straße glei-
chen Namens, die letzte und entfernteste meines Parcours. Ich betrete
Berlin und reiße die Augen auf. Ich bin am Ziel. Ich werde endlich die
Stadt entdecken.

Und ich sehe zweistöckige Wohnhäuser, Einzelhäuser mit verschnör-
kelten Gittern, andere mit Fachwerk oder ganz aus Holz, ein Holzhaus,
inmitten von Bäumen, Terrassen, Mauern aus angestrichenen Ziegeln,
Hunde, die auf Überdachungen sitzen, und die, die auf mit Ahorn
und Eichen bepflanzten Bürgersteigen an der Leine geführt werden.
Ich sehe eine private Musikschule, italienische Restaurants – sehen,
schmecken, riechen, das *Dante* stellt »die Harmonie der Sinne« sicher.
Ich sehe Blumen in allen Gärten, die Sonnenblumen senken die Köpfe,
die Zweige der Apfelbäume, mit Früchten beladen, berühren fast den
Boden. Der Laubteppich wird von Stunde zu Stunde dicker. Ich sehe
ein Wirtshaus im alten Dorfzentrum und das Heimatmuseum. Meine
Heimat sind die Wörter, ihr Museum die Inschriften. Ich lese die Stadt,
ich kann nicht genug davon bekommen: das Argentinische Steakhaus,
die Heringsräucherei am Straßenrand, der Direktverkauf von Pflanzen
aus Holland. An der Nummer 145 bleibe ich vor dem letzten Haus
der Berliner Straße stehen, genau vor der Brücke, die eine Wasserfläche
überspannt. »Shin shin«, ein Chinarestaurant. »Fröhlich«, »zufrieden«,
zwei Zeichen, die die Freude benennen. Meine vielleicht, die nämlich,
Berliner Straße(n) entlangzulaufen.

JEAN-PHILIPPE TOUSSAINT

Allein unter Nudisten:
Badefreuden am Halensee (1997)

Ich hatte mich etwas abseits auf den Rasen gelegt, einige Meter entfernt von einer jungen Asiatin in weißem Hemd, weise wie eine Ikone,
ein Spiralheft in der Hand, mit dunklem zurückgekämmten Haar, das
durch ein weißes Band zusammengehalten wurde, und die, reglos, den
Stift in der Hand, offensichtlich die Süße der umgebenden Natur in
sich aufnahm, indem sie versonnen die Bäume betrachtete, die auf den
Astspitzen sitzenden kleinen Vögel, so als bereite sie sich vor, irgendein
elegisches Gedicht zu verfassen, die schüchternen, parallelen Beine, die
aus einem blauen Plisseerock hervorschauten, ausgestreckt. Im Schatten
einer großen Eiche vor uns war ein Paar dabei, auf einem Steintisch, an
dem ein nicht versetzbares Metallnetz befestigt war, unter dem Blattwerk
Tischtennis zu spielen. Außer Schuhen und Strümpfen trugen sie nichts
auf dem Leib, weder T-Shirt noch sonstige Oberbekleidung, was sie nicht
hinderte, Schläger in der Hand und Schweißband ums Gelenk, sich eine
verbissene Tischtennispartie zu liefern, wobei sie zäh um jeden Punkt
kämpften, mit dem Oberkörper nach hinten schnellten, um den Ball mit
einem letzten Verzweiflungsschlag zurückzubringen, sich dann bei der
geringsten Blöße des Gegners nach vorn warfen, um mit aller Kraft zu
schmettern, ihre Schläge dabei mit lautem Gestöhne aus Anstrengung
und Lust begleitend. Die junge Frau, die Aufschlag hatte, konzentriert
und schweißtriefend, die Sorte Frau, mit der ich mich freiwillig sport-
lich nicht gern messen wollte, von oben bis unten braungebrannt und
mit Muskeln selbst an den Innenseiten der Schenkel, brachte die Bälle
teuflisch mit einem Lop übers Netz, schmetterte, indem sie hochsprang,
und reckte, wann immer sie einen Punkt gemacht hatte, in Höhe ihres
Gesichts entschlossen die Faust. Wenn sie die auf den Rasen gefallenen
Bälle aufhob, neigte ich, wenn sie sich nach vorn beugte, sparsam den
Kopf zur Seite, um besser ihre kleine geschlitzte Furche zu sehen (alles
in allem war die Partie vergnüglich anzuschauen).

Ich hatte meine Jacke und meine Zeitung neben mich ins Gras gelegt und war dabei, nacheinander die Knöpfe meines weißen Baumwollhemds aufzuknöpfen, um halb meine Brust sehen zu lassen – es war dermaßen heiß, dass ich meinte, mir diesen leichten Verstoß gegen die städtische Kleiderordnung erlauben zu dürfen. Nachdem ich also mein Hemd halb aufgeknöpft, allerdings meine Schuhe an- und meinen Hut aufbehalten hatte, begann ich, im Schneidersitz auf dem Rasen kauernd, träge die Zeitung zu lesen. Ich las einen belanglosen kleinen Artikel über die Tour de France, die am Vortag zu Ende gegangen war, blätterte dann, nachdem ich die raschelnden großen Seiten der Zeitung langsam aufgefaltet hatte, den Kulturteil durch, las die Kritik eines Konzerts, bevor ich zum Fernsehprogramm überging [...].

Ich hatte die Zeitung wieder zusammengefaltet und mich mit nacktem Oberkörper im Gras ausgestreckt. Mit geschlossenen Augen spürte ich, wie die Sonne Gesicht und Brust streichelte, meine Schenkel brannten förmlich unter dem aufgeheizten Tuchstoff meiner Hose, und schließlich zog ich mir mittels der Füße die Schuhe aus, wobei ich mit der Zehe am Absatz drückte und mich so eines Schuhs nach dem anderen entledigte. Ohne mich aufzurichten, bei brennenden Schenkeln, löste ich den Gürtel meiner Hose, und ohne aufzustehen, mich lediglich auf dem Rücken streckend und windend, ließ ich die Hosenbeine runtergleiten, griff die Hose und legte sie neben mich ins Gras. So blieb ich etwa zehn Minuten in Unterhose im Gras liegen und dachte an nichts, bis ich mich vor lauter Hitze wieder aufrichtete. Die Tischtennispartie unter dem Baum war zu Ende, das junge Mädchen saß unweit der Tischtennisplatte auf der kleinen Steinbank und wechselte die Kleidung, zog die Socken aus und ließ ihre nackten Füße ein Weilchen an der frischen Luft atmen (sie schien zufrieden zu sein, der Typ hatte sich wohl wieder anziehen dürfen). Ich hatte mich erhoben und stand, mit Hut, auf dem Rasen. Außer dem Hut trug ich lediglich meine weite Unterhose ohne Taschen, eine dieser amerikanischen Boxershorts, die problemlos als Badehose durchgehen können, ich machte mir darum keine Gedanken, meine Kleidung war vollkommen gesittet. Ich zog die Unterhose aus. Ich spürte, wie mir einige Tropfen Schweiß langsam die Schläfen hinunter rannen. Ich bewegte mich nicht. Mir war noch genauso heiß wie zuvor, das hatte keine wesentliche Verbesserung gebracht. Eine Wespe kreiste summend um meine Backenknochen, drehte dann wieder ab. Ich hätte mir gern ein paar Tropfen Sonnenöl auf die Schultern gestrichen, auch auf die obere Brust, wo sich das Fleisch zu röten begann.

Die Japanerin, mit gekreuzten Beinen neben mir sitzend, schrieb nun in ihr Heft. Sie hob den Kopf zu mir, sinnend, und betrachtete einige Augenblicke meine Glieder, dabei weiter in Gedanken versunken, die Augen ins Leere gerichtet, schrieb schließlich einen weiteren Satz in ihr Heft. Sie arbeitete nach der Natur, wer weiß. Ich legte das zerknitterte und irgendwie, wenn man es in der Hand behielt, peinlich wirkende leichte Tuch, zu dem meine Unterhose geworden war, ins Gras, nahm meinen Hut ab und legte ihn sorgsam zu den übrigen Kleidungsstücken. Nun völlig nackt, machte ich mich zum See auf.

Bedächtigen Schritts lief ich den Rasen hinunter, fühlte mich dabei nicht ganz wohl, wusste ich doch nicht, wie ich gehen sollte, ich schwankte zwischen einem ungezwungenen Stil, die Arme weit schwingend, dessen Mangel an Natürlichkeit nur meinen ungeschickten Gang unterstrich, und einer würdevolleren Art der Fortbewegung, erhobenen Hauptes, strenger, womit auf meinem Gesicht eine Falte als Ausdruck von Härte und Verdrießlichkeit gezaubert werden sollte (während ich mich in Wirklichkeit daran ergötzte, meine nackten Füße ins lau-milde Gras versenken zu können). Mitunter verzichtete ich darauf, den direkten Weg zum See zu nehmen, wich statt dessen einer Gruppe von Personen aus, die auf einer Decke in gemeinsamer Runde Karten spielten, oder bog einen oder zwei Meter ab, um einen auf einer Luftmatratze ausgestreckten dicken Leib zu umgehen, oder machte, wachsamen Auges und Fußes, gewissenhaft einen Bogen um die symbolische Begrenzung eines virtuellen Sportplatzes, der an den vier Ecken durch zusammengeknüllte Pullover markiert war und innerhalb dessen einige Typen ausgelassen Volleyball spielten. In Höhe des Gehwegs für die Spaziergänger angekommen, verlangsamte ich meinen Gang, denn um zu dem kleinen Kiesstrand zu gelangen, wo man baden konnte, musste man ein paar Schritte in offenem Gelände machen und den Spazierweg zwischen Personen überschreiten, die zumeist bekleidet waren, Damen in Hut und elegante Herren, die gemächlich den See umrundeten, einen Schal um den Hals und Zeitungen unter dem Arm, dabei ruhige, gemessene Worte wechselnd, zuweilen blieben sie von Angesicht zu Angesicht stehen, um nachzudenken und dann irgendein neues Argument in die Debatte zu werfen, dessen Bedeutung sie durch eine geschmeidige und runde Geste mit der Hand unterstrichen. Ehrlich gesagt, hatte ich sie schon von weitem kommen sehen, aber jetzt war es zu spät, ihnen aus dem Weg zu gehen, ich war nicht mehr in der Lage, kehrtzumachen, jeder Rückzug auf das Rasengelände war unmöglich geworden, schon machte mir einer von ihnen aus der Ferne ein freundschaftliches Zeichen. »Wie geht es Ihnen, mein Freund?« fragte mich Hans Heinrich Mechelius mit einschmeichelnder Stimme, als er auf mich zutrat.

Es war Hans Heinrich Mechelius, Dichter und Diplomat, Präsident der Stiftung, die mir das Stipendium für Berlin bewilligt hatte. Er war um die sechzig Jahre alt, mit nach hinten gekämmtem vollen graumelierten Haar. An diesem Morgen trug er eine schwarze Jacke und einen eleganten Rollkragenpullover aus feiner grauer Schurwolle, dazu eine schwarze Zigarettenspitze mit einem Mundstück aus Bernstein. »Welch lustiger Zufall, nicht wahr«, sagte er, als er auf meiner Höhe angekommen war. Herzlich drückte er mir die Hand, nahm mich am Arm und stellte mich sehr liebenswürdig der Person vor, die ihn begleitete, dem Schriftsteller Cees Nooteboom, wobei er ihm, mit einer Spur von verhaltener Ironie, erklärte, ich sei jener Professor, der eine Abhandlung über Tizian in Augsburg vorbereite. Cees Nooteboom nickte höflich und tat so, als interessiere er sich für meinen Forschungsgegenstand (Tizian, ja, ja, Tizian, das verstand er sehr gut), während Mechelius uns beide aus der Distanz betrachtete, offensichtlich zufrieden darüber, uns beide vorgestellt zu haben. Er machte einen ganz munteren Eindruck, Mechelius, an diesem Morgen, der schöne sonnige Vormittag schien ihn aufgeheitert zu haben, anders als beim letzten Mal, als ich ihn gesehen hatte, wo er mir strenger vorgekommen war, liebenswürdig erkundigte er sich jetzt nach dem Stand meiner Arbeiten, dieses zufällige Treffen musste ihm als eine hervorragende Gelegenheit erscheinen, sich mit mir eine Weile über den Fortgang meiner Forschung zu unterhalten und so auf informelle Weise, gewissermaßen zwanglos, die Rolle des freundschaftlichen Beraters zu erfüllen, die er bei seinen Stipendiaten spielte. »Und wie geht Ihre Arbeit voran, lieber Freund?« fragte er mich, wobei er näher an mich herantrat und mir mit viel Takt einen Grashalm von der Schulter nahm, der dort hängengeblieben war. Einen kurzen Augenblick betrachtete er nachdenklich den Halm zwischen seinen Fingern, schnippte ihn weg und wischte sich dann hastig mit dem Daumen über die Fingerspitzen, während ich auf seine Frage zu antworten begann (zögernd, um ehrlich zu sein, ich bin immer recht zögerlich gewesen, wenn ich von meiner Arbeit erzählen sollte). Doch hier, vor ihm auf dem Gehweg stehend, bemühte ich mich, so entspannt wie möglich zu wirken, und abwesend kreuzte ich die Arme über der Brust und ließ kleinere Schwierigkeiten anklingen, auf die ich bei meiner

Arbeit stieße. Cees Nooteboom beobachtete unterdessen die Enten. Er hatte einige vorsichtige Blicke auf meine Person geworfen, während ich sprach, wobei sein Körper ständig zum See hin gewandt blieb, und nun begann er unruhig zu werden, zog seine Jacke aus und hängte sie sich über den Arm (hoffentlich zog er sich nicht auch noch ganz aus). Wie wir so auf dem Gehweg standen und Mechelius mir gerade riet, mich beim ersten Auftreten der Sonne nicht zu sehr deren Strahlen auszusetzen, landete plötzlich ein roter Wasserball inmitten des Grüppchens, das wir bildeten, und ohne seinen Redefluss zu unterbrechen, hob Mechelius ihn auf und warf ihn sachte und mit der Geschicklichkeit und Ungezwungenheit eines Ministers, der eine Bootstaufe vornimmt, zurück in die Arme des splitternackten glatzköpfigen Opas, der auf uns zukam, um sich wieder seiner Habe zu bemächtigen. Nach dieser Glanztat warf Mechelius nachlässig seinen Schal über die Schulter und nahm ein Taschentuch, mit dem er sich ausgiebig die Finger abwischte. »Was für ein prächtiger Tag, nicht wahr?« setzte er seufzend hinzu. »Beabsichtigen Sie, den ganzen Sommer über in Berlin zu bleiben?« fragte er mich. »Ja, doch«, sagte ich, »die Arbeit.« Ich kratzte mir den Oberschenkel. Ich wechselte das Standbein und stemmte auf dem Gehweg einen Arm in die Hüfte. »Ja, ja«, sagte er nachdenklich, »die Arbeit«, nahm einen Zug aus seiner Zigarettenspitze und machte einen kleinen Schritt rückwärts, um mich kurz von oben bis unten zu mustern. Er kam nicht mehr darauf zurück. Gut gelaunt schüttelte er den Kopf, er sah wahrhaftig so aus, als hätte er sich gefreut, mich an diesem Morgen getroffen zu haben. »Hätten Sie Lust, mit uns essen zu gehen?« fragte er. »Im ›Flugangst‹, zwei Schritte von hier«, sagte er, »die Veranda ist im Sommer ein Gedicht.« Ich sagte, dass dies sehr freundlich sei, aber ich hätte zu tun.

Ich machte den toten Mann im See, in etwa 20 Meter Entfernung vom Ufer, fern vom Strandgetümmel und von den Geräuschen der Stadt, die gedämpft zu mir drangen. In der Ferne, fast ganz oben auf dem Fußweg, der sich in Richtung Stadtzentrum schlängelte (wir waren weniger als fünf Minuten vom Kurfürstendamm entfernt), konnte ich noch die zwei kleinen Silhouetten von Mechelius und Nooteboom ausmachen, die sich zum Essen begaben, immer noch in intensivem Gespräch begriffen, vielleicht hatten sie an eine Unterhaltung wieder angeknüpft, die durch meinen Auftritt unterbrochen worden war, oder sie sprachen von mir (woran ich zweifelte). Ich sah, wie sie sich, die Jacken in den Händen, schweren Schritts die letzten Meter den Hang hinaufmühten, sich dabei zuweilen mit der einen Hand am Schenkel abstützten, aber weiter im Gespräch; Nooteboom lag am Ende einige Meter vorn, hatte auf der Spitze des Hügels angehalten und wartete nun auf Mechelius. So beneidenswert war ihre, Mechelius' und Nootebooms, Lage nun wieder auch nicht, verglichen mit der meinen, fand ich (so wie es manchmal besser ist zu arbeiten als essen zu gehen). Ich lag auf dem Rücken im Wasser und dachte über meine Studie nach, ließ die beiden Arme locker und leicht neben mir treiben, betrachtete mit wohlgefälliger Neugier die schlaffen Handgelenke, jeden einzelnen Finger, jedes einzelne Fingerglied, entspannt im wunderbaren flüssigen Element, in dem ich schwamm, mit ausgestreckten Beinen und oben treibendem Körper, wobei die Geschlechtsteile leicht aus dem Wasser ragten, wie ein einfach angeordnetes Stillleben, zwei Pflaumen und eine Banane, die zuweilen eine ganz sachte Brandung bedeckte. Arbeit eben.

Ich schwamm zurück zum Ufer, streckte langsam meine entspannten Arme im frischen und leicht öligen Wasser nach vorn. Ab und an legte ich einige Meter auf dem Rücken ein, paddelte geschmeidig mit den Füßen, drehte gelegentlich den Kopf, um irgendeinen unglücklichen Zusammenstoß mit einem im See dahintreibenden Reifen zu vermeiden oder mit einem Schwan (dabei besitzen sie doch Augen, die Schwäne). In der Nähe des Ufers angekommen, übermannten mich einige Skrupel, mich aufzurichten und dann mich ganz nackt unter den anderen Badenden wiederzufinden, ich schwamm schließlich bis zum Strand, ohne mit den Füßen den Boden zu berühren, robbte vielmehr in weniger als einem Meter Wassertiefe, die Hände im Schlamm und die Schultern in Höhe der Welle, praktisch Nase an Nase mit dem Dez eines kleinen Mädchens größer als ich, das nackt und mit orangefarbenem Hemdchen Ball spielte. Ich richtete mich mit den Knien im Schlick auf, stieg aus dem Wasser und hastete zu meinen Sachen auf der Wiese.

ALBAN LEFRANC / ANAËLLE VANEL

Hier passiert nie wieder etwas (2018)

– scheinen die Fassaden und die Bürgersteige der Stadt zu rufen, die Logos der einheimischen Industrie (Siemens, Miele, Deutsche Bank, Daimler AG), die da sehr weit über den Straßen hängen, noch über den Wahlplakaten auf einer Höhe von drei Metern. Wir haben unser Maß an Schrecklichkeiten schon gesehen, mehr kann man von einer Stadt nicht verlangen. Uns ist es lieber, wenn nichts mehr passiert. Danke.

Genau darunter, an der Kreuzung von Kurfürsten- und Genthinerstraße, gibt es seit einigen Wochen eine Baustelle, auf dem ehemaligen Parkplatz des Hübner-Geschäfts (*Möbel Hübner Einrichtungshaus GmbH*), zweiundzwanzig Etagen mit auf mehrere Gebäude verteilten Möbelausstellungen, am Rand des alten Westberlin. Wenn ich an den ebenerdigen, mit hartem Neonlicht erleuchteten Vitrinen vorbeigehe, sehe ich die Preise der Gegenstände, aber niemals Kunden, niemals oder fast niemals Angestellte, eine Wüste, ich erinnere mich an kein einziges Gesicht, an keinen Körper. Dennoch nehme ich mir vor, einmal hineinzugehen, das scheint möglich und sogar erlaubt, in der Genthinerstraße 41, ich umkreise die riesigen mit Heide bepflanzten Töpfe, die zu der Schiebetür führen, aber traue mich nie. Jetzt durchwühlen in unmittelbarer Nachbarschaft zu den teuren Lampen und Teppichen Löffelbagger, Erdbohrer den Boden. Fundamente auf durchbohrten Pflöcken werden gegraben, die Erde wird ausgehöhlt, ein Tiefbohrer mit Container geht die harten Schichten an.

Auf diesem Teil der Straße arbeiten seit Jahrzehnten Prostituierte. Sie suchen Schutz unter dem Vordach von *Getränke Hoffmann*, einige von ihnen scheinen blutjung, sie tragen weder hochhackige Schuhe noch extravagantes Make-up, ich sehe sie kaum an, ich erinnere mich an keine einzige Geste, kein besonderes Detail, außer an diesem Morgen an das bleiche und vernarbte Gesicht einer Frau, die auf dem Bürgersteig lief, in Turnschuhen, Jeans, Parka, und es war dieses Hin und Her auf

Blick auf die Baustelle auf dem ehemaligen Parkplatz von Möbel Hübner. ©Anaëlle Vanel.

Bürgersteig Kurfürstenstraße. ©Anaëlle Vanel.

einem Teil des Bürgersteigs, durch das sie die Fahrer und Passanten auf sich aufmerksam machte als Einsatz in einem möglichen Geschäft.

Trotz der Löffelbagger, des Bohrens der Erdbohrer, trotz der Drahtgitter am Ende der Baustelle arbeiten die Prostituierten weiter. Am Sonntagmorgen schimmern Berge von Perserteppichen in der Breitwand-Vitrine von *Möbel Hübner*, während ich auf dem Asphalt den bunten Präservativen, den Papiertaschentüchern über Exkrementen, den Schnapsfläschchen ausweiche. Ich gehe an durchwühlter Erde, an Dosen mit Rattengift vorbei. Eines Morgens sind in weniger als 24 Stunden, vermutlich in der Nacht, fast zwei Meter hohe Lattenzäune mit Sichtschutz entlang des Bürgersteigs errichtet worden, die ihn von der Straße aus unsichtbar machen. An diesem Morgen steht da das Mädchen vom Sonntag, die einen Mantel in verwaschenem Grün trägt, von genau derselben Farbe wie die Lattenzäune. Ich mache ein Photo von dem grünen Lattenzaun. Ich tausche Blicke mit dem Sonntags-Mädchen, ich möchte mit ihr reden, ich verharre zehn, fünfzehn, zwanzig Minuten, wir lächeln uns an. Nach dreißig Minuten spricht mich ein Mann an, dem ich in dieser Ecke oft begegne, und ich sage nur: »Nein, nein«. […]

Während dieser Zeit baggern hinter den Lattenzäunen, die den Bürgersteig verbergen, die Löffelbagger weiter, hinter den Absperrungen am Ende der Baustelle mit Plakatwerbung für ein »Historisches Weihnachtsfest vom 22.11. bis zum 24.12. in Friedrichshain«. Ein Ensemble von Luxuswohnungen wird aus der Erde und den Präservativen emporschießen (in einem Jahr? In zwei Jahren?), ebenso luxuriös wie der fast fertige Voltaire-Komplex gegenüber, an der Ecke von Kurfürsten- und Else Lasker-Schüler-Straße (»Wer zwingt uns dazu, in Berlin zu bleiben, in dieser kalten und so wenig erfreulichen Stadt?«, schreibt die Dichterin 1912, die Wahnsinnige, die Skandalöse, die 1945 in Jerusalem stirbt und die sogar noch dort unten ihre Skandale provozierte, indem sie sich in orthodoxen Synagogen neben die Männer setzte). Die Zeiten einer zweistelligen Verzinsung sind vorbei, aber wenigstens 3 % werden den chinesischen, russischen, deutschen Investoren versprochen, die noch nie einen Fuß in dieses Viertel gesetzt haben, sogar ein Arzt aus Kuwait hat Informationen eingeholt. Bei der Vermietung der Wohnungen sind die Zielgruppe »urbane Freigeister, weltoffene Business-Leute und Leute, die sich auf das Wichtige konzentrieren.« Die zentrale Lage der Kreuzung ist ein gewichtiges Argument, und die Investoren hoffen, dieses Viertel in ein »neues Soho« zu verwandeln, trotz dieser auf- und abgehenden Körper, trotz dieser anderen Körper, die ihretwegen anhalten. »Sie sind viel zu lebendig«, klagt Ephraim Gothe, der Meister des Werks, »sie gehorchen nicht den Gesetzen des Immobilienmarktes.«

Aber man riskiert zweifellos, allzu selbstgefällig zu sein, wenn man nur die trüben Veränderungen auflistet, die in dieser Stadt im Gange sind, als ginge es darum, die alte Leidenschaft, die ich für sie empfand, zu vergessen, sich für meine damalige Naivität zu rächen. Die Stadt behauptet sich noch, trotz allem, mit Hilfe tausend unspektakulärer Details. In diesem Dreieck südlich vom Tiergarten, das sich zwischen dem Potsdamer Platz und den U-Bahn-Haltestellen zwischen Kurfürstenstraße und Kurfürstendamm erstreckt, trotz all seiner Brüche und kaum zum Flanieren einladend, müsste man doch hervorheben, wie viel Zeit sich die Körper nehmen, um miteinander zu sprechen und sich wahrzunehmen, diese ungeschickten Seitensprünge ohne Mehrwert, um so bewegender, dass sie gerade hier möglich sind, auf diesen so überdimensional breiten, lauten und zerlöcherten Straßen. Gerade weil man ständig beträchtliche Entfernungen zurücklegen muss, um einen Freund zu treffen oder an einen x-beliebigen Ort zu kommen, entzieht sich die Zeit in Berlin unseren Berechnungen und unserer Herrschaft, höhlt sie sich aus, entleert sich aller jener Augenblicke des Wartens auf verlassenen Bahnsteigen von bewegender Schönheit. Die Werbeplakate sind hier seltener als anderswo, aus dem einfachen Grund, weil die Kaufkraft der Anwohner schwächer ist.

Das Berlin des Winters 2017–2018 zu beschreiben, das würde bedeuten, ständig hin- und herzuschwanken zwischen einer Art Wut angesichts der laufenden Zerstörung, einem Bedürfnis, auf sie aufmerksam zu machen, sie fast zu schwenken gegen die Lobhudler der Clubs und des Nachtlebens – und einem Staunen, zarter, intermittierender, unzerstörbar, trotz allem einer Bewunderung, seiner Bewohner, ihrer Fähigkeit zu Langsamkeit inmitten der irrwitzigen Hauptstadt der führenden Wirtschaftsmacht der Eurozone. Man könnte an diese so ungemein erfreuliche Tatsache erinnern, dass Berlin die einzige europäische Hauptstadt ist, die das durchschnittliche Nettoeinkommen des Landes herunterdrückt.

Einige Minuten von der Kreuzung Kurfürstenstraße / Genthinerstraße entfernt muss man nur in die Budapester Straße einbiegen, vorbeigehen an dem *Ja! Niko Ja! Lieblingsgrieche Restaurant*, dem Hotel Intercontinental (5 Sterne), der Marlene-Bar, dem Hotel Pullman Berlin Schweizerhof (5 Sterne), dem Deutschen Institut für Normung, der bronzenen Alexander von Humboldt-Statue, bevor man den Olof Palme-Platz erreicht. 1919 befand sich hier das *Eden-Hotel*, das größte Luxushotel Berlins, der letzte Ort der Gefangenschaft von Karl Liebknecht und Rosa Luxemburg.

Am 15. Januar 1919 vollendete die sozialdemokratische deutsche Republik den Akt ihrer Gründung: die Ermordung von Rosa Luxemburg und Karl Liebknecht durch Angehörige der Freikorps, befehligt von Gustav Noske, während des Kriegs Volkskommissar, vor den ersten Wahlen der Legislaturperiode. Zwei Monate zuvor waren am gleichen Tag zwei konkurrierende Republiken ausgerufen worden, die eine von den Spartakisten, die andere von dem Sozialdemokraten Scheidemann.

An dem Standort des *Eden-Hotels*, später *Berliner Volksbank*, wurde seit dem Sommer ein Bauvorhaben begonnen, das man direkt auf der diesem Ort zugeordneten Webcam verfolgen kann.[1] *The Westlight* wird ein Gebäudekomplex mit einer Grundfläche von 20000 m², mit 15 Stockwerken und 60m hoch. Auf der Homepage erscheinen Fragen wie *How much fun can work be? How many facets comprise a whole?*

Auf eben dieses Hotel spielte Paul Celan in dem Gedicht »Du liegst« an. Ich suche nach einer Tafel, die an den Doppelmord erinnert. Schließlich entdecke ich auf dem Boden eine wie zum Hohn fast unsichtbare Platte mit den Namen und dem Datum. Der Platz trägt den Namen von Olof Palme, benannt nach dem 1989 ermordeten sozialdemokratischen schwedischen Minister, als wenn ein Mord (der eines untadeligen Sozialdemokraten) einen anderen überdecken wollte (ausgeführt unter der Herrschaft anderer Sozialdemokraten).

Das Photo der *Mordfeier* erscheint zum ersten Mal am 15. Februar 1919 in *Die Rote Fahne*, in der einige Monate zuvor von den Spartakisten gegründeten kommunistischen Zeitung. Die nach der Arbeit an einem Tisch des *Eden Hotels* sitzenden Mörder blicken uns an. Sie lassen sich ablichten, sie zelebrieren den Mord, der Landwehrkanal rauscht schon nicht mehr. Auf dem Photo ist eine Person, der Jäger Runge, identifizierbar. Er war es, der Liebknecht und Luxemburg die ersten Gewehrkolbenschläge versetzt hat. Ich weiß nicht ganz genau, was ich sehe, ebenso wenig wie ich ganz genau weiß, was ich photographiere, wenn ich das *Eden-Hotel* photographiere, welche Schicht von der unendlichen Überlagerung von Schichten seit einem Jahrhundert. In jedem Augenblick springt mir die Vergangenheit ins Gesicht.

---

[1]   http://the-westlight.de/en/the-building.html.

Ich stelle mir vor, wie Fritz Lang dieses Photo betrachtet hat, dieses seltsame Abendmahl, und dass er sich zwölf Jahre später in *M – eine Stadt sucht einen Mörder* daran erinnert, wenn das Gericht der Ganoven, in einer schrecklichen Umkehrung, dem Kindermörder und den Zuschauern ins Gesicht sieht.

[...]
Es kommt der Tisch mit den Gaben,
er biegt um ein Eden –
Der Mann ward zum Sieb, die Frau
mußte schwimmen, die Sau,
für sich, für keinen, für jeden –
Der Landwehrkanal wird nicht rauschen.
Nichts
                    stockt.

Paul Celan, »Du liegst«

CÉCILE WAJSBROT

Ein Herbst folgt auf den anderen (2007/2015)

Tausende von Menschen haben sich an einem frühherbstlichen Abend auf dem Alexanderplatz versammelt und warten, es wird dunkel, als es schon lange dunkel ist, warten sie immer noch – langsam werden sie ungeduldig. Nein, dies sind nicht die friedlichen Menschenansammlungen im Herbst 1989, die in Leipzig angefangen hatten – woran das gut recherchierte und präzise Buch eines der Akteure und Zeugen dieser Zeit, Martin Jankowski, erinnert, ein Buch, das gerade erschienen ist und die Geschichte dieses 9. Oktober erzählt, »der Tag, der Deutschland verändert hat« – das sind nicht diese Menschenansammlungen, die sich bis nach Berlin, auf den Alexanderplatz, ausweiteten und die, eines Abends im November, die Mauer zu Fall brachten.

Kurz vor Mitternacht öffnen sich die Türen, gewähren der Menschenmenge Einlass in ein riesiges, gewundenes Gebäude aus rosafarbenem Beton, dessen Gestaltung im Inneren von den zwanziger Jahren inspiriert ist und dessen Mauern mit Schwarz-Weiß-Photographien dieser Zeit bedeckt sind – eine merkwürdige Vorstellung von Moderne, diese Rückkehr in die zwanziger Jahre, oder eher der Wunsch, eine Brücke zu bauen zwischen dem Berlin davor (vor was, erübrigt sich wohl zu sagen) und dem von heute? Vor dem Gebäude befindet sich eine riesige, schlaksige Statue, die Alexa heißt, genau wie der Ort, den sie ankündigt.

Die Menge stürmt in die erste, die zweite und die dritte Etage. Es sind einige Tausend, aber immer mehr Menschen kommen, strömen hinein. Sie werden nicht von dem Vergnügen geleitet, die neue Architektur und den neuen Dekor zu bewundern, denn statt durch die Themenstraßen zu bummeln – die Modeboutiquen, die Restaurants, die Möbelgeschäfte, das Kinderparadies – Alleen, die den breiten Gängen eines Ozeandampfers ähneln, anstatt also zu bummeln, drängeln sie sich vor einem großen Metallvorhang und schreien.

Sie schreien nicht »Wir sind das Volk«, als Reaktion auf die Polizei, die die Leipziger Demonstranten aufforderte, sich zu zerstreuen, und warnte, »Wir sind die Volkspolizei«, sie schreien nicht »Wir bleiben und wir fordern Reformen«, wie an die gerichtet, die zu Hunderten Ostdeutschland im Zug verließen, um über Ungarn nach Westdeutschland zu gelangen, nein, sie schreien: »Wir wollen kaufen«, »Wir haben Geld«, sie schreien »Aufmachen, aufmachen« – und es ist nicht die Berliner Mauer, vor der sie sich so versammeln, sondern der Media Markt. Um Mitternacht öffnet der Media Markt endlich – ein Großmarkt für Elektro-Artikel und Computer, für elektrische Haushaltsgeräte, eine Kette, deren größte Filiale bisher in Charlottenburg war, aber diese hier ist größer als die größte. Außerdem liegt Charlottenburg im Westen, während sich der Media Markt am Alexanderplatz im Osten befindet, auf der östlichen Seite des Platzes, dort, wo die Plattenbauten beginnen, die angeblich so charakteristisch für Ostberlin sind, sich aber nicht sehr von unseren Vorstadtsiedlungen unterscheiden. Der ehemalige Parkplatz, das Gelände, auf dem früher einige Wochen lang ein Weihnachtsmarkt und eine Kirmes stattfanden, deren magische Farben in der Winternacht leuchteten, ist ein riesiges Einkaufszentrum geworden – 180 Geschäfte auf mehr als 280.000 Quadratmetern. Ein unbestreitbarer Sieg des Konsums, die kommerzielle Wüste ist noch ein bisschen weiter aus dem Zentrum verdrängt worden.

Und sie stürzen los – überspringen die Verkaufstische, um die Mobiltelefone, Laptops, Kompaktanlagen und DVD-Spieler an sich zu reißen, die sie genauso gut am Vorabend oder einige Stunden zuvor in den über die Stadt verteilten Media Märkten oder bei Saturn, auf der anderen Seite des Platzes, gefunden hätten, die sie am nächsten Morgen oder an den folgenden Tagen am selben Ort mit etwas weniger Menschen finden würden. Aber sie wollen jetzt kaufen, sofort, in dieser Nacht, sie wollen die ersten sein – unten schließen die Türen wegen Überfüllung, niemand kann mehr hinein, während einige Opfer von Schwächeanfällen in Notarztwagen evakuiert werden. Die Leute draußen fühlen sich frustriert, ausgeschlossen, und die Polizei, innen wie außen, nutzt Megaphone, um die potentiellen Kunden abzuwimmeln.

Einige Tage später werden ebenso viele Menschen in Rangoun auf die Straße gehen, um mehr Demokratie zu fordern. Einige Tage später werden die Mönche die Klöster verlassen, die Bevölkerung der Städte mitreißen, um die Militärjunta herauszufordern. Und die birmanische Armee wird auf die Menge schießen, wie zwanzig Jahre zuvor die chinesische Armee auf die Studenten des Tien Anmen Platzes schoss – wie die ostdeutsche Armee in Leipzig oder Berlin nicht geschossen hatte.

Ein Herbst folgt auf den anderen und sie ähneln sich nicht, je nach Orten und Jahren – je nach Ländern. Und im Grunde genommen: Müsste man nicht wünschen, dass die Massen in Birma in zwanzig Jahren vor den Toren eines neuen Einkaufszentrums demonstrieren, damit sie sich endlich öffnen?

Auf der Greenwichpromenade mit Blick auf den Tegeler See
Foto: Christian Schirrmacher

U-Bahnstation Alexanderplatz
Foto: Konrad Lembcke

L(I)EBENSWERTES BERLIN

Fußgänger und Radfahrer in Berlin
Foto: fleetingpix

PHILIPPE BRAZ

Berlin-fernab-vom-Meer (2007)

6. Mai
Habe meine Zwei-Zimmer-Wohnung in der Nähe der Volksbühne in
Besitz genommen, des von Frank Castorf geleiteten (großen) Theaters.
Pompöses Gebäude im neostalinistischen Stil mit Peristyl aus dorischen
Säulen, auf dem die OST-Flagge weht. 1991 war ich schon einmal hier.
In Berlin ändert sich so viel, dass man beinahe gegen seinen eigenen
Willen Stadtplaner, Architekt wird. Die Stadt baut sich nach den mys-
teriösen Regeln eines scheinbaren Durcheinanders wieder auf, während
sich in Paris NICHTS jemals ändert. Paris ist in der Zeit von Feydeau,
Courteline, Offenbach erstarrt. Unmöglich, sich vom Zweiten Kaiser-
reich, der Dritten Republik zu lösen. Gutes Essen, Seitensprünge, die
beiden Lebensquellen der Stadt. Jeder träumt davon, selbst ein Monu-
ment zu werden, um mit der erdrückenden (unwandelbaren) Kulisse
zu verschmelzen. Die Bewohner von Paris versuchen, sich einem alten
Ideal anzupassen. Die Bewohner von Berlin konstruieren ihre eigene
Geschichte, ohne Rücksicht auf die große Geschichte. Daher mein Gefühl der Freiheit, als wäre ich in einem NEUEN LAND gelandet. [...]

15. Mai
Auf der Liegewiese an der Krummen Lanke ist fast jeder nackt, doch
die Körper sind selten schön, manchmal abscheulich. Eine fette Frau –
obwohl noch recht jung – beugt sich vor, um ihre Sonnencreme-Flasche,
die aus ihrem Badetuch herausgerollt ist, aufzuheben. Hinter den
Speckfalten ihrer Schenkel kommt ihre Vulva zum Vorschein – große
gut sichtbare Schamlippen –, sie ist den Blicken der sie umgebenden
Badegäste ausgesetzt. Kein Vergleich mit der Erregung, die die Brust
einer Schauspielerin auslöst, die man nur für den Bruchteil einer Sekunde bei der letzten Verneigung erblickt. Die Art und Weise, wie sich
einige von ihnen ganz schnell verbeugen oder die Arme vor der Brust
verschränken, in einer anrührend schamhaften Geste ... Ich vertiefe

mich wieder in meine Zeitung, mit einem Gefühl peinlich berührter Verwirrung. Ich wollte das gar nicht sehen ... Schizophrenie der Freikörperkultur: Einen toten Blick auf eine Menschheit zu werfen, die eigentlich die Natur – das Leben – feiern soll.
[...]

22. Mai

Der erste, der mir von Berlin erzählt hat, mit Liebe, Leidenschaft, Gelehrsamkeit, war Jean-Michel Palmier. Ich erinnere mich an die Gedichte Brechts, die er uns auswendig vortrug, an magische Namen, die mit großer Selbstverständlichkeit über seine Lippen kamen, Gottfried Benn, Else Lasker-Schüler, Piscator, Brentano, Klaus Mann – und so viele andere –, die er anscheinend alle persönlich gekannt, mit denen er jahrelang ständig Kontakt gehabt hatte. Jean-Michel Palmier, einer der besten französischen Kenner des deutschen Expressionismus, ist nicht nur das. Er ist ein Schriftsteller-Erwecker, ein fabelhafter Überbringer von Träumen.

Die Hackeschen Höfe: ein in die Masse von Berlin gegrabenes Labyrinth, Auslöser von Emotionen und Reflexionen. Als ich sie betrete, frage ich mich, ob ich in einem früheren Leben nicht in diesem mineralischen Irrgarten gelebt habe, umgeben von jüdischen Familien und Freunden, so stark ist das Gefühl, diesen Ort bis ins kleinste Detail zu kennen und das Echo einer verlorenen – plötzlich präsenten – Existenz zu vernehmen. Diese Überlagerung verschiedener Zeitebenen löst bei mir eine tiefe, quasi hypnotische Träumerei aus, genauso wie die Lektüre eines Shakespeare-Stücks, das die Mythen, die Antike, die Geschichte, die Leidenschaften aufwühlt ...
[...]

1. Juni

Lange Kreuzfahrt auf der Spree in Richtung Tegeler See an Bord der *Captain Morgan*. Der Theaterverlag Felix Bloch hat das Schiff für diesen Tag gemietet. Bloch war einer jener Berliner Verleger, den die Nazis erst erpresst, dann ausgeplündert haben, bevor er es im letzten Augenblick noch schaffte, sich in New York niederzulassen. Bei ihm traf man Schriftsteller, Drehbuchautoren, Librettisten, Komponisten wie Kurt Weill ... B., der uns zur Kreuzfahrt des Verlags eingeladen hat, erzählt mir, dass die Nazis in jeder Berliner Firma die Einstellung eines Mitglieds der NSDAP als »politischer« Spitzel durchgesetzt hatten. Dieser Spion erscheint bei Bloch mit einem Hitler-Porträt unterm Arm. Er möchte das Foto dieses Wahnsinnigen inmitten der Bilder all der Schriftsteller aufhängen, die die Gänge des Verlages tapezieren. Schließlich entscheidet Blochs Frau, die die Firma während der Abwesenheit ihres Mannes leitet, alle Porträts zu entfernen. Sie gibt vor, diese Sammlung löse bei ihr »Überdruss« aus. Hitler raus – nur für kurze Zeit. [...]

Üppiges Buffet im holzgetäfelten Salon des Schiffs, während die Ufer der Spree vorbeiziehen, Pappeln, die den Himmel berühren, labyrinthische Weiden. Plötzlich erscheint die weite Fläche des Tegeler Sees mit seinen verlassenen Stränden, seinen gespenstischen Rutschbahnen, den Motorbooten, die das plätschernde Wasser zerteilen, Backbord, Steuerbord. Auf der *Captain Morgan* beachtet niemand die Landschaft. Man spricht über das Theater. Die künstlerische Richtschnur ist die des »Entertainment«, des Musicals, und die geographische Achse all dieser Unternehmungen: Berlin-London-New York.

17 Uhr. Zurück in Berlin, die Gesellschaft torkelt über den Steg der *Captain Morgan* und steuert auf eine Charlottenburger Bar zu, wo die Party noch bis zum Morgengrauen andauern soll. P., B. und ich beschließen, es dabei bewenden zu lassen. [...]

15. Juni

Mit B. und P. auf dem Spielplatz in der Fehrbelliner Straße, zwei Schritte von der Wohnung entfernt. Alle möglichen Spielgeräte für die Kinder. Die Eltern des Viertels haben – in Eigeninitiative – eine für alle zugängliche Holzbaracke gebaut, wo man Gebäck und Erfrischungen zu sich nehmen kann, während man die Kleinen beaufsichtigt. Sinn für das Kollektive, der zum Teil die Stärke des deutschen Theaters ausmacht. In einem Theater in Deutschland fühlt man sich »zusammen«. Im Übrigen trägt hier die Truppe, die an einen Aufführungsort gebunden ist, den Namen Ensemble, »Zusammen«.

14 Uhr. Kleine Feier zum Ende des Schuljahrs im Kiez-Nachbarschaftszentrum. Wir gehen fast zufällig hinein, in der Untätigkeit eines beginnenden Nachmittages, wir bleiben stundenlang dort. Masken, Tänze, Lieder, splitternackte Babys in einem Wasserrinnsal ... Die Kinder erscheinen nicht wie sozial programmierte Marionetten, sondern wie menschliche Wesen mit ihrer ganz eigenen Empfindsamkeit, mit ihrer Poesie.

Seit P. in Berlin ist und ich die Stadt unter dem Blickwinkel ihrer Kindheit betrachte, bin ich erstaunt, wie klug die Spielplätze, die Museen, die Ausstellungen, selbst die Geschäfte zugunsten der Kinder erdacht wurden. Die Kinder, die wir in Berlin treffen, sind vertrauensvoll, lachen viel, leben in Harmonie mit den Möglichkeiten, die ihnen ihr Alter bietet, gehen in ihrem Kindsein auf.

18. Juni
Potsdamer Platz, unter dem riesigen Zelt, das sich über dem Sony-Center in den Himmel spannt. Dort kann man die monströse, angsteinflößende Kraft der Massenzivilisation fast mit Händen greifen. Auf vier Etagen Bildschirme in allen Größen, Touchscreens, Digitalanzeigen, Home-Cinema, Walkmen, Videospiele aller Art ... Eine hypnotisierte Menschenmasse bleibt vor von Spezialeffekten strotzenden Bildern stehen, die vorbeiziehen, ohne dass irgendein Szenario sie verbindet, Bombenangriff der Pixel und der Töne in übermenschlicher Schnelligkeit, deren Sinn sich beim ständigen Herumzappen nicht erschließt ... Das ist die Andere Zivilisation, die Cyberwelt, das Gegenteil des Theaters, der Literatur, der Geschichte ... Plötzlich wird mir bewusst, dass irgendetwas hier, zwischen all den Vitrinen, fehlt ... die Wachmänner. Die allgegenwärtigen Wachmänner, die einhergehen mit diesem Universum, in dem die (traditionelle) Kunst keinen Platz hat ... Die in Karate-Clubs ausgebildeten Wachmänner, mit ihrem Schlagstock am Gürtel, die den Rottweiler mit Maulkorb hinter ihren mit Nägeln beschlagenen Hacken herziehen ... Hier, mitten im Zentrum Berlins, keine Überwachung, kein einziger dieser Totschläger mit geschorenem Haar ... Deutschland, Land der Zivilisation ... Ich hoffe, noch für sehr lange ...
[...]

21. Juni
Schon fast Nacht über der riesigen Stadt, die zu unseren Füßen funkelt, dort unten Kreuzberg, auf der anderen Seite Tempelhof ... Ich empfinde eine seltsame Vertrautheit mit dieser Stadt, wie bei einer Heimkehr nach Jahren des Exils. Ich erkenne diese Stadt wieder. Ich erkenne mich in ihr wieder.

29. Juni
Letzte Vorstellung von Kresnik an der Volksbühne vor seinem Aufbruch nach Bonn. »Garten der Lüste« gestern, heute »Goya«. Da

wird geschlagen, geblutet, gekämpft, gefickt ... Als einer der Tänzer
mit geschorenem Schädel einen Hasen mit seinen Zähnen zerfetzt und
das Fell vor sich wieder ausspuckt, verlassen zwei Zuschauerinnen
den Saal. Die Basstöne der Musik gehen an die Nerven. Tanztheater
wie ein Schlag ins Gesicht. Theater, wie man es nur in dieser Stadt zu
sehen bekommt ...

In der Kantine der Volksbühne kommt nach der Aufführung eine der
Tänzerinnen an meinen Tisch, eine schöne Italienerin mit klarem und
offenem Blick, die die Nacktheit des Tänzers mit einem Theaterkostüm
auf der Bühne vergleicht ...

30. Juni
Nach einigen Wochen bewege ich mich kaum noch weg von Berlin-
Mitte und Prenzlauer Berg, dem ehemaligen Ostberlin ... Hier gibt es
alles: die Volksbühne, das Deutsche Theater, das Gorki Theater, den
Prater, die Museumsinsel, die Kulturbrauerei, die engsten Freunde, die
hervorragenden Cafés, die Erinnerungen an die verschwundene Welt
der Juden ...

Eines Tages werde ich zurückkehren, um mich für immer in dieser
Stadt niederzulassen. Ich werde dieses Viertel wählen, mit meinen
beiden Lieben, meinen Freunden in Reichweite der Tram, frei (so frei
wie möglich), im Einvernehmen mit diesem Ort-Mittelpunkt-der-Welt,
werde ich altern, umgeben von Lachen, Büchern und Schönheit.

CHRISTIAN PRIGENT

Die Süße Berlins (1999/2015)

Weshalb lebt man eigentlich – es sei denn, um des Broterwerbs willen –
in diesen aggressiven Großstädten? Doch nur, um dort sinnlich die
körperliche, bildliche, architektonische, politische und sexuelle Dichte
der Widersprüche des lebendigen Lebens (eben dieses wortreichen,
kranken, konfliktträchtigen, begehrenden, angsterfüllten, kurz: dieses
lustvollen Lebens) zu erfahren.

Man begibt sich doch nicht in die Großstädte, nur um dort eins zu
werden mit der aktivistischen Manie des Getöses, der Raserei und der
glanzvollen Theateraufführungen. Man sucht dort die beunruhigende
Fremdheit, die sich zwischen dem kulturellen Raffinement (angesagtem
Kulturleben, Wirbelsturm der Ablenkungen, alarmierenden Höhepunk-
ten der politischen Diskussion), der unkontrollierten Zirkulation von
Hassausbrüchen, Ambitionen, sozialen Konflikten und der meditativen
Gleichgültigkeit gegenüber den Gerüchten der Zeit, der gegen mondänes
Geschwätz abgeschotteten kreativen Schweigsamkeit bewegt. Man sucht
dort die überbevölkerte Einsamkeit, die Brutalität der einbetonierten
Horden. Man wünscht sich ebenso, gut sichtbar und verfügbar, die
symbolische Sublimierung der Stadt (Musik, Filme, Bücher). Und dar-
über hinaus wünscht man sich eine Form von gemeinschaftlicher Lie-
benswürdigkeit, einen Zauber, einen zarten Wohlgeschmack. Man lässt
sich dort also nieder, um Leib und Seele zu stählen in dem irrwitzigen
Gegensatz von zitternder Verausgabung und dem Kalkül ökonomischer
Einbehaltungen – man kommt dorthin, um unter dieser unmöglichen
Spannung, an der das Leben sich erstrafft, Leid und Lust zu empfinden.

Kurz und gut, in der Stadt wollen wir den Geruch von Menschheit
schnuppern. Er ist berauschend. Zuweilen auch muffig. Weshalb man
hofft, besser zu atmen. Und so liebt man an der Stadt vor allem das,
was die Stadt gar nicht ausmacht: flüchtig entworfene Grünflächen,
skizzierte Herbarien, knauseriger Ersatz für Buschwerk und Tümpel,
undeutlich vor dem Straßenpflaster geschützte Flussufer. Also ein biss-

chen symbolisches Land. Warum dann nicht gleich das echte Land? Daraufhin ruft man, wie betäubt von einem unerwarteten Begehren: *O fliehen dorthin, fliehen!* Aber in der wirklichen Ländlichkeit stellt sich ganz schnell, man kennt das ja, das magenstärkende Genervtsein von der stummen Welt ein, von dem zum Spaß betriebenen Gartenbau, mit einer durch untätige Gewächse und schlichte Viecher verseuchten Lethargie. Kurzum: Dem zwischen all den botanischen Verzückungen lauernden Todestrieb. Als Reaktion darauf gärt in uns eine Sehnsucht nach Krach, Unanständigkeiten, nach verkommenen Lüftchen, frivolem Zusammengepferchtsein, Tresengesprächen, zwielichtiger sexueller Erhitzung unter aggressiven Neonröhren. Banalitäten – sicherlich. Aber durchaus nützlich, sie sich in Erinnerung zu rufen, wenn man darüber beunruhigt ist, sich *nirgendwo* wohlzufühlen, das heißt, wenn man sich darüber wundert, Mensch zu sein: zertrennt, für immer zerstückelt. Und wenn man sich fragt, weshalb man sich in Berlin, wo doch so gewaltsam zertrennt und zerstückelt wird, nicht schlecht fühlt.

Céline sagte: »Regen, Sonne oder Schnee, Berlin hat nie jemanden zum Lachen gebracht«. Er irrte sich. Er war ganz und gar seiner Wut verfallen, alles schwarz zu malen. Sein sarkastischer Genius riss ihn ganz und gar mit. Er sah sich von allen Seiten umzingelt vom Gewimmel der Ratten auf dem sinkenden Nazi-Schiff. Sein Kopf war noch voll vom Tosen der Apokalypse, sein Körper zusammengekauert in den Bunkern der zerschmettert am Boden liegenden Hauptstadt, seine Glieder gefroren vom kalten Wind des öden, brandenburgischen Flachlands aus *Norden.* Da gab's nichts zu lachen, schon wahr. Sie sind zahlreich, die, die nicht gelacht haben. In der von dieser Stadt inspirierten Literatur gibt es eine deprimierte (wenn nicht grausame und blutrünstige) Tradition. [...]

Trotzdem wurde in Berlin auch viel gelacht. Und zwar nicht nur das schrille Gelächter in den satirischen Kabaretts der Zwischenkriegszeit (zur Zeit von Walter Mehring, Kurt Tucholsky, Ernst Busch, Werner Finck im *Kleinen Theater*). Auch nicht bloß das gezwungene Lachen politischer Verzweiflung, die sich in Selbstironie verwandelte. Es gibt nämlich auch ein Lachen, auf jeden Fall ein Lächeln aus Freude darüber, in einem so angenehm zu bewohnenden urbanen Raum zu leben. [...]

Man kann sich darüber natürlich dumm und dämlich lachen. Sei gegrüßt, verführerisches Berlin! Die Seen! Die Strände! Die Wälder! Oh Natur, oh deutsche Mutter! Prosit, feuchtes Berlin (dies soll, so sagt man, der Stadt den Namen gegeben haben), Stadt der Flüsse, der

Spaziergänge, der Seebäder, der Hygiene: authentisch! gesundheits-
fördernd! Man kann sich diesen Ekstasen der Touristen-Stadtführer
hingeben. Man kann sogar gleich nachschieben und sich herumren-
nend an Ufern oder auf Trampelpfaden wiederfinden, in Nike-Schuhen
und fluoreszierendem Jogginganzug, den Kopf völlig dicht von einem
Saunatraum, inmitten einer Meute von Tripplern mit Gliederarmband
und bodygebuildeten Surferinnen, wie in Kalifornien. Ja, dies alles gibt
es in Berlin, genauso wie im *Central Park* oder im *Bois de Vincennes*.
Nicht mehr und nicht weniger. Weder liebenswürdiger noch weniger
lächerlich im Tiergarten als in Manhattan, in Treptow als im *Bois de
Boulogne*.

Berlin pflegt den alten Traum einer auf dem Land erbauten Stadt
oder den eines ländlichen Gebiets, das still und heimlich wieder in das
Zentrum der unmenschlichen Stadt zurückverpflanzt wurde. Dieser
Traum ist hier offensichtlich lebendiger als anderswo. Zuallererst wird
er von jenen Schwingungen am Leben erhalten, die das Herz eines jeden
Deutschen erbeben lassen, sobald in seiner Reichweite auch nur die
Zitterwelle des Wortes *Natur* erbebt (sogar die Nazis hatten Seelen-
Aufwallungen, wenn sie an diesem magischen Wort herumkauten). Und
es ist offensichtlich, dass dieser Traum seine Kraft aus der Tatsache
schöpft, dass die Stadt unlängst von jenen Mächten des technischen
Zeitalters, gebündelt in dem Feuer und Stahl der modernen Waffen,
praktisch dem Erdboden gleichgemacht wurde; dass sie in der notwendigen Hast architektonischer Anarchien wieder aufgebaut wurde; und
dass man sie vierzig Jahre lang mit dem klaustrophobischen Halseisen
der Mauer umschloss, das sie von den bezaubernden Infektionsherden
des ländlichen Raums isolierte.

Nun also, Wasser, ja, Strände. Im Sommer gefällt sich Berlin adami-
tisch auf Sand oder Gras. Deshalb viel rosiges Fleisch am Ufer der
Nudistenseen (Plötzensee, Halensee, dem Teufelssee am Fuße des Teu-
felsbergs – der Berg des Teufels, ein nach dem Krieg aufgeschütteter
Trümmerhaufen, auf dem man im Winter Ski fährt). Sogar auf den
Wiesen der Gärten und Parks mitten in der Stadt (Hasenheide, Tiergarten). Die Fleischmassen fallen ganz nett zusammen. Die Hinterteile sind
bleich, die Bäuche verraten das Bier und die Wurst, die Herren tragen
Tätowierungen und die jungen Damen die feministische Beinbehaarung.

Es gibt sogar Weiden und Felder. Mit Bauernhöfen, herausgeputzt
als Konservatorien des ländlichen Lebens. Der Muster-Bauer. Der ethi-

sche Landarbeiter. Das erquickte bukolische Herz. Makellose Füße in Holzschuhen. *O fortunatos nimium agricolas!* Und der gesunde Fraß! Extravolles Vollkornschwarzbrot und naturtrüber Rhabarbersaft für die macdonaldisierten Großstadtbewohner. Saubere Schweine und ehrwürdige Puten für die ökologische Erbauung der Asphaltkinder. Überall lauert es in Berlin, das patriarchalische Revival, die Sehnsucht nach den agrarischen Würdenträgern. Und das Grün, das echte Süßgras, der geheiligte Baum, die romantische Linde. Unmöglich, für längere Zeit in Frieden die giftigen Dämpfe von Industrie und Autos einzuatmen. Man wird aufgefordert, Wurzeln zu schlagen und sich mit Sauerstoff vollzupumpen. Dies verhindert jedoch weder die heftige Luftverschmutzung noch die Smogwarnungen (drei Stufen, auf der letzten ist man polizeilich eingeschlossen im Erstickungstod). Noch verhindert es, dass man wohl weiß, dass das, was man in Deutschland »Wälder« nennt, wie beschaffen immer ihre Ausdehnung, ihre Tiefe und ihre Artenvielfalt auch sein mögen, eigentlich eher so etwas wie frisierte und sterilisierte Parks sind, auf jeden Fall nicht so viel »Natur«, wie man uns glauben machen möchte.

All dies stimmt. Und kann einem auf die Nerven gehen. Doch die Gegenmeinung ist ebenfalls ein Klischee. Verdrießliches Berlin, die Penner am Hauptbahnhof, die endlos grauen Straßen, der feindselige Eisenschrott der S-Bahn, die hingeschluderte Architektur, die klaustrophobische Megacity. Berlin Bronx. Die fiebrige Stadt, die schreit, wie in einem Gedicht von Walter Mehring: »Keine Zeit! keine Zeit! keine Zeit!« Die eisige, hässliche, verrostete, verwüstete, von Autos, Lastwagen und Zügen überlastete Stadt. Die Stadt der Bullen, voller Quälereien und Gewalttaten. Die kakophonische Industrie. Und die riesigen Kaninchenställe von Marzahn oder vom Märkischen Viertel. Berlin Sarcelles oder La Courneuve. Berlin moskowitische Vorstädte. Berlin römische *borgate*. Das ist ebenso wahr. Berlin erzeugt beliebig viele Klischees.

Das muss man einfach hinnehmen. Und sich, was auch sonst, den kleinen Eindrücken hingeben. In dieser Stadt, mit dieser Stadt leben. Ohne sich allzu sehr von der mal Angst einflößenden, mal beschwichtigenden Bilderwelt beeindrucken zu lassen, die einem aufgezwungen wird von der Geschichte, Ideologie, Politik, ökologischen Utopie oder ganz einfach von dem touristischen Verlangen, in dieser Stadt genau diese pittoresken, immer schon untertitelten und vorsortierten Hochglanz-Bilder zu finden.

Es gibt eine *Süße* des Berliner Lebens. Diese ist zuallererst, zwangs-läufig, die Tochter dieses lockeren Gewebes aus Seen, Stränden und weitläufigen Parks, dessen sich das ökologisch-touristische Klischee bemächtigt, ohne jedoch ihre Verführungskraft zu schmälern. Dieses Gewebe, verknüpft mit der gewaltigen Ausdehnung des Flurbuchs, lo-ckert in Berlin das beengende Netz, löst die verblüffende Verkehrsdichte und dämpft die Hektik der städtischen Aktivitäten. Das ist nicht zu leugnen, offensichtlich.

Diese Süße ist eine Atmung, die von einer verstockten Gleichgültig-keit ist angesichts der Wunden der Geschichte, der Ruinen der zerstörten Stadt, des Lärms der Geschäftigkeit, der beflissenen Aktivismen, der Gewöhnlichkeiten und der knallbunten Farben des opulenten Babylon. Zunächst sind wir zum Beispiel (Blick nach Innen) in Schöneberg oder Kreuzberg, in einer Altbauwohnung (davon gibt es noch einige, und sie haben nichts mit den Pariser Preisen zu tun). Draußen strenger Winter, vor allem im Hinblick auf Lichtlosigkeit. Nicht besonders viel Schnee. Frost, ja. Aber immerhin nicht Sibirien. Doch das brutale Überstülpen der Nachtmütze um drei Uhr nachmittags kann den Mann hinter seinem Schal durchaus schroff werden lassen. Drinnen ist es komfor-tabel, gemütlich. Man hat zwei oder drei Zimmer von einer großen Eckwohnung des wilhelminischen Berlins abgetrennt. Hohe Decken, Stuck, solides, gewachstes Parkett, schwere Türen, Doppelfenster, um den kalten Nordwind zu foppen. Die Wände sind weiß-banal-chic. Zwischen jedem Zimmer gibt es eine für den Staubsauger nicht sehr praktische Holzschwelle. Die Küche so geräumig wie eine Fabrik, weil die preußische Hausfrau viel herumwerkelte und die moderne gerne viel Platz für ihre ökologischen Pflanzungen in Töpfen hat. Vom Ende des Flurs, Mädchenzimmer (Zimmer des Dienstmädchens) genannt, wurde die Hälfte abgetrennt, um daraus ein Duschbad zu machen, aber man kann daraus auch ein gemütliches Büro machen, vorausgesetzt, man fährt beim Tippen auf seinem Mac seine Ellenbogen nicht allzu sehr aus. Und die typischer-geht's-nicht-mehr Öfen aus glasiertem Steingut, so groß wie Schränke, benötigen gerade mal vier Holzscheite, um langsam und sanft zu heizen. Dort lässt es sich leben.

Oder aber (Blick nach draußen), man frühstückt üppig (Aufschnitt, Eier, Käse, Obst und eine Kanne Blümchenkaffee) in einer Kneipe am Heinrichplatz, am Paul-Lincke-Ufer oder am Südstern. Das ist gesellig-zivil. Gerne auch nonkonformistisch und kosmopolitisch, dann ist die Klientel freundlich-öko-alternativ oder schwarzgekleidet-intellektuellwie-immer oder motorradfahrer-mäßig-komplett-in-Leder oder post-punkmäßig-heftig-gepierct. Es gibt Spiele für die Kinder, Tageszeitungen wie Fledermausflügel in eine lackierte Stange geklemmt, und unzählige Prospekte für die Events der Aussteiger-›Szene‹. [...]

In dieser Stadt, in der noch Wim Wenders und Volker Schlöndorff arbeiten, in dieser Stadt, die zwangsläufig die Erinnerung an die UFA bewahrt, an Fritz Lang, an Murnau, an Pabst, an Lubitsch, an Max Reinhardt, an Sternberg (sie alle haben in Berlin gedreht), in dieser Stadt, in der man heute die historischen Filmstudios von Babelsberg besichtigen kann, wird man diesen Genuss in den durchgesessenen, kaputten Sitzen eines altmodischen Kinos suchen. Nicht in einem Kassenschlager-Parkhaus wie dem *Zoopalast*. Ebenso wenig in den Plenarhallen des Zentralkomitees auf der Karl-Marx-Allee (im *Kosmos*). Eher im *Arsenal* (in Schöneberg), wo die deutsche Kinemathek seinerzeit Vorstellungen organisierte, und das ins Sony-Center am Potsdamer Platz umzieht. Oder auch in der *ufaFabrik* (Viktoriastraße), die sich in den alten UFA-Studios niedergelassen hat. Oder in dem uralten *Moviemento* (Kottbusser Damm). Oder im *Sputnik* (Wedding). Oder im *Xenon* (Kolonnenstraße). Unlängst hat mir auch das *Thalia* in der Treptower Straße gut gefallen: Gemütliche Nachttischlampen schmückten jeden Sitz, und ein verführerischer Aschenbecher war in die Armlehne eingelassen. Aber der Ort der Wahl für Nostalgiker ist ganz sicher ein winzig kleiner und staubiger Wandschrank, mit einer mit alten Kameras, kaputtem Spielzeug, vergilbten Plakaten und Filmrollen vollgestopften Abstellkammer davor. Er nennt sich *Berliner Kinomuseum*. Man findet ihn auf der Großbeerenstraße, in Kreuzberg.* Man durchquert die Abstellkammer, man lässt sich im Wandschrank nieder. Ein geheimnisvoller Telefonhörer ist an dem Türrahmen angebracht, durch den man zu den Toiletten gelangt (werden damit beim Erlöschen der Lichter die prostatakranken oder zerstreuten Pisser zusammenge-trommelt?). Ein alter, faltenzerfurchter Filmvorführer, mit Pomade im Haar und elegant von Schals umschlungen, spielt in Endlosschleife *M – Eine Stadt sucht einen Mörder, Dr. Mabuse der Spieler, Metropolis, Die freudlose Gasse, Der General* oder Walt-Disney-Produktionen der Hochphase, das heißt aus der Zeit vor der Farbe und dem veristischen Niedergang des Zeichentrickfilms. [...]

---

* Leider gibt es dieses Kino nicht mehr (Anmerkung von 2014).

Und dann ist da noch das kühle Gras, im Schatten von Kiefern, Eichen und Linden, am Ufer eines Sees, Lietzensee in Charlottenburg oder Schlachtensee in Zehlendorf, der plötzlich eine Lücke ins Stadtgefüge reißt oder in das Fließen des Waldes eingeschnitten ist, die sich ihrerseits in die Undurchdringlichkeit der Bebauung eingeschlichen hat. Die Junifrösche quaken in den Teichen von Glienicke. Ein sanfter Lufthauch strömt die Ufer entlang zwischen neonfarbenen Joggern, heiteren Radfahrern, Familienpicknicks und dem abdominalen Herausquellen des Biers. Enten, Boote, Badende. Und die bleiche Masse der Lichtstrahlen, die von den Blättern zum Schwingen gebracht werden. Das bringt eine etwas aus der Zeit gefallene Zeit zum Tanzen.

In diesen Enklaven ist man weit entfernt von den morbiden Berlin-Bildern: Die verlorenen Kinder vom Bahnhof Zoo, Christiane F., die Drogen, der plumpe Leder-SM-Sex, die herzzerreißenden Ruinen, das materielle, seelische, sexuelle Elend, das aus den Hinterhöfen im Wedding oder in Berlin-Mitte herausdringt, die Allgegenwart der Polizei, der arrogante Ansturm der Spießer-Limousinen, die Ausbrüche von fremdenfeindlichem und rassistischem Hass, die sicherlich brutaler sind als vor kurzem, wenn auch zweifelsohne weniger brutal als früher, die Holzkreuze für die von Vopos getöteten Flüchtlinge, auf den Straßen Kreuzbergs die großmäulige Aggressivität der Aufmärsche (rote Flaggen, Revolutionsgesang per Megaphon, Polizeischutz) der kurdischen kommunistischen Partei.

All dies existiert im Hintergrund, unauslöschlich. Jenseits der Vorhänge aus Kiefern und Birken vernimmt man das Dröhnen der Stadt, undeutlich, aber allgegenwärtig, drückend, unerbittlich. Gedämpft, gewiss, durch den Atem der Seen. Und dennoch drohend, quälend. Und plötzlich seinerseits begehrenswert – in seiner Eigenschaft als Rahmung jener krankhaft verbissenen Vitalität, die dieser Art von nostalgischem Ausnahmezustand, wie sie das Intermezzo im Wald eröffnete, Grenzen setzt.

Der Kontinentalfrühling lässt die Süße dieser Stadt mit einer triumphalen Geschwindigkeit erstrahlen. In den Städten am Ozean sind wir voranschreitende, zögerliche, sich widerrufende Frühlinge gewohnt. Sie setzen sich nur langsam durch. Sie legen Pausen ein, vollziehen Rückwärtsschritte in den Winter, kleine, vorsichtige, vorsommerliche Sprünge, schnell wieder in ihre Schranken verwiesen, *Entrechats* in gemischtem Klima, in einer namenlosen Jahreszeit, einem Brei aus kalten Regen-

schauern, schon wärmender Sonne, Restnebeln und verfrühter Vegetation. In Rom: Nichts oder fast nichts dergleichen. Ich erinnere mich,
ich mochte das nicht sonderlich, als ich dort lebte (»Zu viel Norden in
mir«, wie André Breton sagte); die Vegetation (Kienholz und Steineichen)
verändert sich kaum; man wechselt von einer leicht frischen Feuchtig-
keit zu einer leicht warmen Schwülfeuchtigkeit, mit fast unmerklichem
Übergängen.

In Berlin: Unerwarteter Ausbruch, lautstarke Ankündigung. Es
taucht abrupt auf, innerhalb weniger Tage. Eine jähe Kehrtwende, ein
plötzliches Ausbrechen aus dem langen, finsteren, windigen, kalten
Winter. Eine Art belaubt-erblühter Enthusiasmus bricht plötzlich aus.
Großer Aufgalopp der Knospen. Zeitrafferartiges Auseinanderfalten
des Blattwerks. Pathetische Abfolge des Aufblühens. Delirierendes
Aufwallen der weißen und rosafarbenen Kastanienbäume. Der weite,
leere Winterhimmel füllt sich plötzlich mit Blättern und Vögeln, seine
leuchtende Textur bekommt heftige Schattierungen, eine überschwäng-
liche Masse Grün, davon besessen, alles in Glückseligkeit zu versetzen,
knetet die säuerlichen alten Wolken durch und dickt die Luft sinnlich
ein. Dies ist der *Stoff* des Berliner Frühlings: Eine Textur, ein Fleisch,
eine Haut, eine pneumatische, sinnliche, zu schmeckende Dichte. Auf
jeden Fall etwas Greifbares: Ein neues Firmament. Und – sofort – die
Freude an den großen Parks und den zahllosen Kindergärten.

Wir schreiben den 30. April 1986. Winter kaum vorüber (vor ein
paar Tagen lag noch Schnee), wird aber schon energisch verscheucht
von starker Sonne, fröhlicher Luft, von Raketen aus aufbrechenden,
aufblühenden Kokons und Knospen. Kleiner ökologisch verantwor-
tungsloser Franzose, der ich bin, kaum in der Lage, an die unsichtbare
chemische Gefahr zu glauben, fordere ich naiv die Bequerel gesättigten
Wolken heraus, die der Steppenwind nach der Explosion von Tscher-
nobyl (am 25. April) nach Berlin getragen hatte: Ich bade im eisigen
Wasser des Plötzensees, in Reinickendorf. Im Sand des Strandes noch
die Kälte, der Schnee, der graue Nebel. Aber er erwärmt sich mit einer Art sanftem Gemurmel. Das Wasser umschlingt dieses Gemurmel,
das nach und nach die Atmosphäre erfüllt. Das Bier steht klar und
ruhig auf dem Holztisch einer nahe gelegenen Kneipe. Die Würstchen
liegen auf dem Grill eines Imbissstands. Plötzliches Hereinbrechen
friedlicher Fahrradhorden. Die Autos, plötzlich zahlreicher und öfters
mit aufgeklapptem Verdeck, strömen herbei. In ihnen Menschen, die
sich, kaum aus ihren winterlichen Tüchern geschält, innerhalb weniger

Tage verkleiden als Sommerurlauber mit offener Hemdsbrust. Man sieht die Tätowierungen erneut erblühen. Die Mädchenbrüste hüpfen unter leichten T-Shirts. Die Schenkel werden gelüftet. In den riesigen Laubenkolonien (eine Art Arbeitergärten), die über die ganze Stadt verstreut sind (80.000 Parzellen – nicht nur am Stadtrand, sondern auch entlang der S-Bahn-Gleise), machen sich die Amateurgärtner in Shorts wieder daran, Pflanzholz, Heckenschere und Harke (und den Bierflaschenöffner) spielen zu lassen. Man macht sich an die Pflege seiner Nutzpflanzenbeete. Und man meint geradezu den Gesang der unweit als Graffiti verewigten enthusiastischen Hymne »Ja zum Grün!« zu vernehmen. Straßencafés stürzen auf den Gehsteig, der noch vor kurzem geschwärzt war vom dreckigen Schnee, Eisfetzen, Staubwolken angereichert mit zweifelhaften Wässern. An den Stränden des Wannsees eilen die nackten Körper unvorsichtig und – das muss gesagt werden – ein wenig bibbernd mit der unvermeidlichen Gänsehaut, der unmittelbar bevorstehenden Ankunft der Hitzewelle des schwülen kontinentalen Monats Juni entgegen. Überall ein endemisches Aufwallen der Sexualität. Beinahe möchte man das Lied aus *Kuhle Wampe* summen: »Das Spiel der Geschlechter erneuert sich / Jedes Frühjahr / Die Liebenden finden sich zusammen ...«. Dieser Frühling, der im Wissen um seine Vergänglichkeit umso zügelloser und geschwätziger ist, spült wollüstige Körper in die Stadt, ein Körpermaterial, eingehüllt in die Zartheit des frischen Blattwerks. Lange hält es nicht an. Bald: Gewittrige Schwüle, drückende Hitze, Eintrübung der Grüntöne. Dann ist der Sommer da, oft drückend, ziemlich oft regnerisch, stickig. Aber dieses lebhafte Vorüberziehen von einigen flüchtigen Wochen bringt die Mauern der Stadt dazu, all diese Süße zu verströmen, mit der sie schwanger geht – und die dem Leben dort häufig einen besonderen Zauber verleiht.

Also: *Schöneberg, Monat Mai* oder Köpenick im August. Man schwimmt, frei von jeglichem ideologischen Schamgefühl in dieser ausgehöhlten Süße. *Aufklärung für Kinder*, wie Walter Benjamin in Erinnerung an seine frühen Berliner Jahre sagte. Oder man saugt, nach einem Frühstück im Grünen im Stil von Renoir, die Luft dicht über dem Wasser ein, wo man ein kurzes Schwimmerchen macht: Die Süße der *Berliner Luft, Luft, Luft*, die Marlene Dietrich besang. Dies ist nicht nur glückliche Rührseligkeit, reines Klischee touristischer Einfallslosigkeit. Denn es beseitigt nichts von der misstönenden und lebendigen Brutalität der Stadt: Sie ist zum Greifen nah, Schrein und

Gürtel. Sie überragt, bedroht, verführt, enthält und bindet die Süße, die auch in ihrem Herzen ist.

Nicht weit entfernt steht außerdem ein Fahrrad, das sich, wenn man faul ist, in der U-Bahn unterbringen lässt (die Berliner U-Bahn sieht diesen ökologischen Sachverhalt in ihren hinteren Wagen vor). Mit dessen ruhiger Gangart kehrt man, dahinrollend auf den das Stampfen der Autos wie auch das wutentbrannte Regenschirmtreiben der aufmerksamt auf die Zebrastreifen achtenden Großmütter missachtenden Radwegen, in das echte, das absolut moderne, das lärmend aktive, das desaströs stressige, aber genussvoll misstönende Leben zurück.

»Nur im ewigen Gelärme«, sagt Kierkegaard, »kann man Genuss erfahren«. Aber das ewige Gelärme der sinfonischen Groß-Stadt (ich erinnere mich an den Film *Berlin: Die Sinfonie der Großstadt*, 1927) lässt sich nur spüren und bringt nur dann Genuss, wenn seine Pausen und Ruhemomente inbegriffen sind. Das Getöse von Berlin bringt Genuss, weil kontrapunktischen Pausen und Momente der Ruhe hier zweifellos länger, dichter und süßer sind als anderswo.

JEAN-YVES CENDREY

In Le Corbusiers Wohnmaschine (2013)

Aber machen wir da weiter, wo ich stehengeblieben bin: im Corbusier-haus, diesem transatlantischen Bienenstock mit tausenden Boxen, der bewegungslos auf dem ihn umgebenden Wald treibt, je nach Blickwinkel düster oder farbenfroh, ganz aus brutalem Beton, aus dem ich als falsche Schmarotzerdrohne meinen Honig sauge.

Da vom Auftraggeber in seiner utopische Dimension beschnitten, ist es zwar nicht ganz so ausgefallen, wie von Le Corbusier beabsichtigt, doch noch immer ist es das Genie des Alten, was diesen Ort so genial macht.

Ich habe dort schon einige meiner Romanfiguren, Turid und Matthias aus *Honecker 21* oder den französischen Schmarotzer aus *Japan wie meine Westentasche*, untergebracht, die sich dort im Großen und Ganzen alle durchaus wohlgefühlt haben, und ich selbst bin trotz all der Jahre glücklich, amüsiert und immer wieder aufs neue überrascht, hier oben zu wohnen.

Viele von denen, für die das ebenfalls zutrifft, können sich bestenfalls vorstellen, auf einer Rollbahre mit den Füßen nach vorn wieder auszuziehen, nachdem sie geräuschlos über die Unendlichkeit des aschgrauen Linoleums von einer der inneren Straßen geglitten sind, unter dem grauen Himmel der Eternitplatten und den fahlen Streifen stilechter Neonröhren, nachdem sie zum allerletzten Mal mit einem der drei schweren Fahrstühlen aus Stahl gefahren sind, die Zugluft takten, die einer mittelalterlichen Festung alle Ehre machen würde, nachdem sie etwas aufgeschreckt worden sind während der Durchquerung des Foyers, einer weitläufigen Halle, gefliest mit verschieden großen schwarzen Steinen, die Schleuse zwischen einer fünfzig Jahre alten Modernität und einer friedhofsähnlichen Überholtheit, deren verglaste Doppeltüren sich hinter den Leichenbestattern selbsttätig wieder schließen, lichtdurchlässige Vorhänge, die sich vor einer erloschenen Existenz automatisch zuziehen und sich ebenso automatisch wieder öffnen, um den Weg für den Krimskrams frei zu machen, den die Erben schnell loswerden wollen, an einem Donnerstag, dem Sperrmülltag, wenn Altlasten den Abgang machen.

In der Tat, es wird enorm viel gestorben im Corbusierhaus – die Reihen der überwiegend aus betagten Witwen bestehenden Urbevölkerung lichten sich munter, und eine Schar kosmopolitischer Neuankömmlinge fügt das soziale Mosaik dieses Ortes neu zusammen.

Als ich damals eine Schreibstube, zugleich auch ein Atelier für meine wilden Kritzeleien suchte und sich mein Begehren auf diesen trägen Kasten richtete, überraschte ich meine Frau Marie damit sehr, die mich keineswegs verdächtigte, mir eine Junggesellenwohnung zulegen oder mich der Gerontophilie hingeben zu wollen, die aber verblüfft war angesichts der Unmenge gehbehinderter alter Damen mit zitternden Hündchen in gestrickten Überwürfen, der vielen Rollatoren und der Krankenhausatmosphäre in der Wohneinheit *Typ Berlin*, wo einige Etagen wirklich Palliativstationen zu beherbergen schienen, wo zuweilen, wie wir später erfuhren, die Verstorbenen noch lange zu den Lebenden gezählt wurden, bevor man ihre Tür auf- und in die Privatsphäre ihrer improvisierten Verwesungskammer einbrach, blinde Passagiere auf einem maroden Container in den Nebeln Brandenburgs.

Ich löschte das Licht.

Schalte meine Schreibtischlampe aus (bleiche Büste einer muskulösen männlichen Gliederpuppe, mit einem komischen *Sixties*-Lampenschirm und dennoch von einem beunruhigenden Realismus, mit gelenkigen und geöffneten Händen am Ende von Armen, so dezidiert in meine Richtung ausgestreckt, dass ich eine gewisse Angst nicht loswerde – oder sollte sie etwa *a contrario* von einem latenten homosexuellen Begehren herrühren? – ebenso wie Mérimées Alphonse von seiner Venus von Ille umarmt und erwürgt zu werden). Ich gebe dem Halbdunkel ein paar Sekunden, um sich zu verdichten, dann hat man die Gewissheit, vom Panorama betört zu werden, das mich jeden Tag aufs neue entzückt, wie den französischen Schmarotzer, der sich von der Ostseite des Corbusierhauses folgendermaßen von Berlin ergreifen lässt: »eine schemenhafte, zerquetscht wirkende Form, deren schmutzigrosafarbene Kappe aus Luftverschmutzung, die sie sich in der Dämmerung aufsetzt, ich nicht mehr erkennen konnte, genauso wenig übrigens, wegen des Nebels, den Fernsehturm, der, wie eine Stecknadel mit rotem Kopf auf einen Stadtplan, auf den Alexanderplatz gespießt ist. Aber hier war, fast zum Greifen nahe, hohl und anmutig, mein lieber alter Funkturm

aus Stahl, mit seinem Heiligenschein aus grünem Licht, der zinnober-
rote Neonblitz der *Innova*, und etwas Außergewöhnliches, Prächtiges,
Rotes, so rot, dass es dem gerade zu einer Reise Aufbrechenden, der
darin nur sterbendes Feuer oder geronnenes Blut sähe, Angst einjagt,
die ungeheuerliche Scheibe eines Mondes voller Beulen und Furchen,
dessen zittrige Kreislinie einen menschlichen Ursprung zu bezeugen
schien, gleich einem ockerbraunen Globus auf einer Felswand, der die
Bewegung des Bewunderers verstärkte.«

Ich bewunderte.

Ich weiß nicht mehr, was es an diesem Abend mit dem Mond auf
sich hatte, ob der Himmel trocken war und die Stadt aufleuchten ließ
wie ein provinzielles Tokyo, ob der Funkturm grün oder blau oder in
seinem liebsten Orange leuchtete, ich weiß nur noch, dass ich gar nicht
anders konnte, als zu bewundern …

Diese wild zusammen gewürfelte Unendlichkeit liebe ich so sehr,
dass ich manchmal eine letzte Zigarette auf dem Balkon rauche, Zeit
genug, um zu beobachten, wie sich in der Kurve der S-Bahn zwei auf
ihren Schienen dahinächzende Glühwürmchen kreuzen, das eine in
Richtung Spandau, das andere Richtung Ostkreuz und darüber hinaus.

CÉCILE WAJSBROT

Im Kant Café (2007/2015)

Im *Kant Café* sitzt ein Mann, den seine Freundin gerade lächelnd geküsst hat, bevor sie ging, und der auf der Terrasse die *Frankfurter Rundschau* liest, eine linke Tageszeitung.

Eine Japanerin, die eine Sonnenbrille trägt und einen Salat isst und einen Apfelsaft trinkt und einen Text liest, den sie in ein großes schwarzes Heft mit festem Einband geschrieben hat – ich stelle mir vor, sie könnte Banana Yoshimoto sein, von der man nicht mehr viel hört, deren *Kitchen* ich aber so gemocht habe, diesen kurzen Text, in dem die Küche genauso wichtig ist wie die Liebe, der das Leben in einfachen Worten schildert, auch den Tod, in einfachen und berührenden Worten, aber selbst wenn ich nicht lesen kann, was sie schreibt, so sehe ich doch, dass es keine japanischen Schriftzeichen sind, dass es Deutsch ist, also ist sie es sicher nicht, aber vielleicht Yoko Tawada, die mal auf Japanisch, mal auf Deutsch schreibt, seltsame Texte, die in Zügen spielen, unwahrscheinliche Dialoge und Erscheinungen, Verschwinden…

Im Kant Café gibt es einen Jungen, der gerade gekommen ist und ein *heroic fantasy*-Buch liest, es gibt drei Männer und den Sohn des jüngsten, der ein Eis isst, sich mit Schokolade vollschmiert, während sein Vater eine kleinformatige deutsche Zeitung liest, eine jener Zeitungen der Boulevardpresse (wie wir vom Boulevardtheater sprechen), während der Freund des Vaters, der eine weiße Schirmmütze mit aufgedruckter schwarzer Lilie trägt, eine kroatische Zeitung liest und der älteste von den Dreien überhaupt nichts liest, und ein anderer, der dazugekommen ist, ebenfalls nichts liest, dafür aber mit dem Handy telefoniert.

In der Sonne sitzen zwei Frauen, die gerade um die Rechnung gebeten haben, Mutter und Tochter, die Mutter mit weißem Haar und die Tochter mit Sonnenbrille, und beide haben einen Milchkaffee getrunken, das traditionelle Getränk in Berlin, wie dieses Café typisch ist für den Westen der Stadt und den alternativen Geist, der hier zu Mauerzeiten herrschte – die beiden Frauen entfernen sich, die Mutter am Arm ihrer

Tochter, einen Stock in der anderen Hand – ein Milchkaffee, der wie
ein Relikt aus alten Zeiten wirkt im Vergleich zum Latte Macchiato,
der in den angesagten Vierteln serviert wird, in einem hohen Glas,
dieselbe Sache oder beinahe, aber mit einem italienischen Namen und
etwas teurer, wie die roten Sitzbänke entlang der Wände leicht antiquiert
wirken, wie die Tische und Stühle aus Holz, die Wölbung des Tresens
und sein etwas verblasstes Rot, und wie die Bilder an der Wand, die
schemenhaft gezeichnete Menschen zeigen, wie sie in einem Café sitzen.

Im Kant Café sitzt ein Franzose, der *Libération* und *Le Monde*
liest, aber auch eine deutsche Zeitung, oder vielleicht ist er auch ein
Deutscher, aber da es zwei zu einer Zeitung steht, entscheide ich mich
für den Beweis über die Sprache und setze auf Frankreich. Als ich
meinen Blick abwende, hält er ein Buch in der Hand, dessen Titel ich
nicht entziffern kann, ich bin zu weit weg und die Fensterscheibe trennt
uns – er sitzt draußen, ich drinnen –, aber das nicht wie die deutschen
Taschenbuchausgaben aussieht – es ist merkwürdig, wie jedes Land
seine Layouts, seine Typografien und Formate hat.

Dort sitzt eine türkische Familie, Vater, Mutter und Tochter, die
Rühreier und ein Käsefrühstück bestellt hat, die große Schwester kommt
dazu, mit blauen Plastiktüten aus einem großen Kaufhaus in der Nähe,
Karstadt, aus einer zieht sie eine Puppe für ihre kleine Schwester, während der Vater aufbricht.

Der Junge hat seinen *heroic fantasy*-Roman gegen ein Mathebuch
eingetauscht und löst darin Aufgaben mit einem Freund, der inzwischen
gekommen ist, zwei Männer in Schwarz mit Sonnenbrillen diskutieren
miteinander, fünf junge Mädchen, die um einen runden Tisch sitzen,
essen zu Mittag, Banana Yoshimoto oder Yoko Tawada hat ihr Heft
beiseitegelegt und darauf ihr Handy und liest in einem Buch, das so
aussieht wie ein Wörterbuch, zwei Spalten pro Seite und fettgedruckte
Wörter, ich sehe den Umschlag, ja es ist eine Art Wörterbuch, es heißt
Sag es auf Deutsch.

Der kleine Junge hat sein Eis aufgegessen und spielt mit einem Zug,
der nur aus einer Lokomotive und einem Wagen besteht.

Im Kant Café, wo sich in den 70er Jahren bestimmt Frauengruppen
versammelt haben, ist es nicht die zukünftige Generation, die die Welt
auf den Kopf stellen wird – das kleine Mädchen begnügt sich mit seiner
Puppe und der kleine Junge mit seinem Zug.

Im Kant Café telefoniert der Franzose mit seinem Handy und die Japanerin beobachtet die beiden diskutierenden Freunde, schaut dann auf die Uhr und bittet um die Rechnung.

Im Kant Café liest ein alter Mann in einem orange-rosafarbenen Hemd und einem Blouson in verblichenem Rot eine Art Auto-Zeitung.

Ein Paar, das einen Milchkaffee trinkt, studiert den Liniennetzplan der U- und S-Bahn.

Der Franzose hat um die Rechnung gebeten, die das Buch verdeckt, das aus der Taschenbuchreihe der *Éditions de Minuit* stammen könnte und von dessen Titel ich das Anfangswort zu erraten glaubte, »Ich«, er verdeckt das Buch mit der deutschen Zeitung. Ich wüsste gern, weshalb er auf Französisch seriöse Zeitungen liest – er ist jetzt aufgebrochen mit der Literaturbeilage von *Le Monde*, seinem Buch von *Minuit* und den anderen Zeitungen – warum er auf Französisch seriöse Zeitungen liest und gleichzeitig eines der schlimmsten Exemplare der deutschen Presse – von der Sorte, die Morde ganz groß auf der Titelseite bringt.

Im Kant Café dürfte ich, wäre ich Photographin, die Gäste nicht photographieren, oder ich müsste sie um Erlaubnis bitten. Doch weil ich schreibe, muss ich um gar nichts bitten, und mit Worten ist es anders als mit Bildern, niemand achtet auf sie.

Im Kant Café vergeht die Zeit genauso schnell wie anderswo, und ich muss gehen – ich bitte um die Rechnung.

8. Juni 2007

Das Olympiastadion
Foto: Georgie Pauwels

SCHATTEN – GESPENSTER

Das Denkmal für die ermordeten Juden Europas
Foto: Adrià Ariste Santacreu

RÉGINE ROBIN

Die Schattensucherin (2003)

Einer Stadt habhaft werden über ihre Falten, ihre Graffiti, ihre täglichen geistreichen Sprüche, ihre Geheimnisse, über das, was unter den welken Blättern kauert.

Über den Birken im Hof, ein zartroter Himmel am Ende des Winters und in den Wolken, wie ein barocker Glanz, eine beunruhigende Spur von pudrigem Blau.

Nur Graffiti sorgen dafür, dass die Stadt lebendig bleibt.

»*Don't Disturb History*«, irgendwo am Potsdamer Platz.

Auf einer Mauer der Rosa Luxemburg-Straße: Stalingrad. »*Dank der Roten Armee Für des Sieg über die Deutsche Barbarei!*« Das Wort »*Barbarei*« wurde weggekratzt.

Auf dem Karl Liebknecht Haus, im Februar 2003: »*Kein Blut für Bush und Saddam Hussein! Sagt nein zum Krieg gegen den Irak!*« *Den Krieg verhindern bevor er beginnt.*

Die Schatten der Vergangenheit verliehen der Stadt mit ihren zerbrochenen Statuen auf den Plätzen, ihren Mauerstücken, ihren verwitterten, wie von Aussatz befallenen Fassaden etwas Gespensterhaftes. Die Schatten wurden verjagt. Man findet weder kleine Minzezweige mehr in den Mauerrissen noch Brachen. Berlin geriert sich als ›normale‹ Stadt, aber die Gespenster hören nicht auf, sie heimzusuchen und still zu klagen.

Am Ende der Richard-Sorge-Straße wurde in den Ruinen der Kneipe ein Krimi gedreht. Im gnadenlosen Licht der Scheinwerfer verschwand die Stadt hinter ihren Ruinen wie unmittelbar nach dem Krieg. Der Taxifahrer, der mich nach Hause brachte, fragte sich, ob er einen Albtraum hätte. »Das ist das Berlin meiner Kindheit«, sagte er mir mit einem merkwürdigen Lächeln.

Beim Aufbruch, auf dem Weg zur U-Bahn, entlang des Rosengartens, zwischen der Karl-Marx-Allee und der Auerstraße, ein sehr junger Mann, der von einer Antikriegsdemonstration kommt, von dieser gewaltigen Versammlung ab dem Alexanderplatz, die mehr als 500 000

Personen zusammenbringt, ein junger Mann ganz allein mit seiner vor schwarzem Himmel entrollten roten Fahne.

Es waren dies leere, bleiche Tage, ohne Anfang oder Ende, rhythmisiert allein von dem Licht des Tages, an dem sich die bleiche Sonne nur momentweise dazu herablässt, sich zu zeigen. Es waren Tage der Leere, der Untätigkeit. Ich vertrödelte meine Zeit in der S-Bahn, der U-Bahn, ohne zu wissen, wohin ich fuhr. Ich lief in mehr oder weniger verlassenen Straßen herum oder, im Gegenteil, in solchen, die voller Partygänger waren; seelen- und gedächtnislose Straßen, in denen ich mich nur sehr mühsam zurechtfand. Es herrschte die große Stille des winterlichen Berlin, einer Stadt, die sich unter ihrer Schneedecke verlangsamt bewegte. Es waren fahle Tage, mit Kneipen und Kinos als einzigen Zufluchtsorten. [...] Selbst die winzigen Anzeichen des ›wahren Lebens‹ machten mir zu schaffen: Nachbarn, die in einer Wohnung genau über meinem Appartement einzogen und die dabei viel Krach machten, Straßenarbeiten, junge Leute, die beschwipst in der Tram heimfuhren, während ich versuchte, eine Zeitung zu lesen, die beiden Hauskatzen Oskar und Emma, die mir folgten, wenn ich des Nachts nach Hause kam, die schnell durch den Innenhof liefen und sich miauend auf der Fußmatte niederließen, der Briefträger, der Klempner, der kam, um die Heizungen zu reparieren, der Angestellte, der den Zählerstand ablesen wollte, alle diese Bewohner, die ganz einfach den Berliner Alltag lebten und die dort nicht wie ich in der Schwebe verharrten. An anderen Tagen wiederum wollte ich nichts anderes als eine Touristin in der Stadt sein. Die Museen besuchen, den Pergamonaltar, Nofretete wiedersehen, in die Philharmonie gehen, wo Barenboim oder Rattle auftraten, das Mozart-Festival in der Lindenoper nicht verpassen. Doch sehr schnell holte mich das Bedürfnis wieder ein, im *Kaiser's* um die Ecke einzukaufen. Ich musste zur Post, meine Schuhe besohlen lassen, Reinigungsmittel in der Drogerie Rossmann oder Schlecker kaufen, meine Brötchen in der Bäckerei in der Richard-Sorge-Straße. Ein Anschein wirklichen Lebens. Weder Touristin noch Berlinerin, im Schwebezustand. Ein Fast-Leben.

Ich folgte seltsamen Wegen. Manchmal setzte ich mir zum Ziel, dem Verlauf der Mauer zu folgen; obwohl nicht viel davon übrig geblieben war, so war ich doch jedes Mal überrascht von der Bedeutung dieser schlecht verheilten Narbe. Zuweilen, an der Stelle der alten Trennlinie, Leere, Brachflächen oder Parks, Pfade, eine Lücke, etwas, was überdeutlich das Auseinanderklaffen markierte. Im Norden soll ein *Themenpark* zum Alltagsleben in der DDR geschaffen werden. [...]

Bleicher Himmel, Ocker, die gelben Rosen am Hofeingang.

Bei der Rückfahrt, an der Endhaltestelle Warschauer Straße, beim Überqueren der Spree, rosafarbener und schwarzer Himmel; der Fernsehturm wie ein langer zerbrechlicher Stiel im Perlmutt des Himmels.

Zurückbleiben bitte! [...]

Der betörende Duft der Linden nach dem Regen in Dahlem.

Die Rosen von Potsdam.

Die Vögel im Hof meines Wohnhauses in Friedrichshain, in den Birken, den Platanen und den Kastanienbäumen.

Na, und diese große Freiheit. Es ist nicht ganz genau so gekommen, oder? Geschrieben in Großbuchstaben in Karlshorst, auf der Wand eines Sommertheaters in der Nähe des Biergartens, wo noch die Bierseidel beben.

Die Spree an der Oberbaumbrücke, wenn die U-Bahn mit ihren gelben Waggons plötzlich am Horizont auftaucht. Alle diese frischen Berliner Vormittage. Meine Gänge. Ich verbrachte mein Leben damit zu warten. Auf die Straßenbahnen, die U-Bahnen, die Busse. Ich verfügte über Unmengen toter Zeit. Ich brauche diese tote Zeit, eine Zeit, in der alles in der Schwebe scheint. Mein Gauklerinnen-Leben. Die Artistin arbeitet ohne Netz. [...]

Eine Stadt über ihre Abfälle zu erfassen, ihre Reste, das, was man auf der Straße liegen lässt. Ich hob alles auf: U-Bahn-Kartenabschnitte, Seiten von zerrissenen Zeitungen, Kippen, winzige Gegenstände, die selbst die Trödlerin nicht mehr wollte, Verschlüsse von Bierflaschen, Fetzen von U-Bahnplänen, Kinokarten. Ich steckte alles in einen Plastikumschlag. Ich hatte einen für die tagtägliche Sammelaktion während dieses Februars: Berlin unter Plastik.

Auch meine Belege von Restaurants und Cafés hob ich auf, Quittungen, die ich auf Blätter klebte. Und plötzlich kam es mir wie eine Erleuchtung. Neulich, nachdem ich meine Papierschnitzel aufgeklebt hatte, lasse ich meinen Blick absichtslos auf eine dieser Seiten fallen. Plötzlich war es wie in einem Film. Mein Leben in Berlin, mein gesamtes Leben war da aufbewahrt, festgehalten auf diesen ungeschickt beklebten Blättern. Das, auf das ich meinen Blick hatte fallen lassen, enthielt vier Quittungen, deren Anordnung die Form eines Astes andeutete. Der längste war der Beleg einer Mahlzeit im Café Einstein Unter den Linden im Ostteil der Stadt, wo ich mit einem Freund zu Mittag gegessen hatte, eine einfache Mahlzeit und eine köstliche Erinnerung. Der lange, gelbe Zettel ist umgeben von den Spuren einer Cola, die ich im Café im Hackeschen Markt getrunken habe, und eines Wodkas, getrunken in einem Café im Prenzlauer Berg. Und schließlich stammte der letzte Zettel von einem Frühstück am selben Tag, in einer Kneipe am Alexanderplatz. Wenn ich mit einem virtuellen Klick die Datei »Dokumentation und Papierwaren« suche, die ich nach dem selben Schema einrichte, indem ich auf große Blätter die Spur meiner Bücherkäufe nachzeichne, dann sähe ich, dass ich in der Papierabteilung des KaDeWe ein violettes Heft gekauft habe und in einer Buchhandlung der Knesebeckstraße, meiner Lieblingsbuchhandlung in Berlin, ein knappes Dutzend Romane. Das ganze Berlin und ein Teil meines Lebens sind auf diesen Seiten versammelt: die große Kälte des Winters, das Bedürfnis, mich in allen Kneipen auf meinem Wege zu verkriechen, in denen ich in meinen Heften Notizen mache, meine Aufenthalte in U-Bahnstationen. Jeder Tag trägt so die Prägung meiner Gänge, meiner Ortsveränderungen, meines Auf-der-Stelle-Tretens, meiner Einkäufe, meiner Postgänge, Briefmarkenkäufe, die ich auf meinen Kalender klebe, um ihn zu schmücken, Postsendungen, meiner Buchkäufe, meines Schweifens durch diese Stadt, in der ich seit mehr als zehn Jahren meine Melancholie zum halben Sold pflege. Wenn die Sängerin Régine ihre *Papiers d'Arménie* hatte – das war, glaube ich, ein Chanson von Gainsbourg – so hat die in jeder Hinsicht bescheidenere andere Régine ihre »Lebens-Quittungen«.

Ich klebe meine kleinen Papierfetzen ein. Ich stelle mir vor, das ganze Jahr wird auf diese Weise abgesteckt. Ich klebe, nummeriere meine Seiten, digitalisiere sie, gebe sie in meinen PC ein. Ich könnte auf diese Weise meine Autobiographie erstellen. Jeder Monat wird so beschrieben, mit einem Geflecht aus ausgewählten Tagebuchseiten, Gedichten meiner Lieblingsautoren und, weshalb nicht, sobald ich die Technik beherrsche, Auszügen aus Chansons oder klassischen oder zeitgenössischen Musikstücken. Jedes Jahr ein Band. Zehn Jahre meines Berliner Lebens auf kleinen Papierfetzen. Zettel, die ebenso viele proustsche Madeleines wären, die in dem Augenblick ihrer Betrachtung Emotionen, Erinnerungen, die Suche nach dem, was an diesem Tag wohl in Berlin geschehen ist, auslösen würden. Eine Autobiographie in Form von Quittungen. Lebensquittungen. Ein ungewöhnliches Berlin.

Auf der Rückfahrt, verschwommene Bilder von Flieder, Erinnerungen an späte Frühlinge, Windböen, herbstliches Gestammel in den Birken, des Nachts große Beruhigung unter bleichen Himmeln oder große schwere Himmel, von Ästen versperrt. Meine Berliner Sehnsüchte. Die gelben Rosen am Hofeingang, der Landwehrkanal und die Spree. Alles leuchtet wieder in der Sonne, hat klare Umrisse. Keine Geschichte mehr. Immerhin, da und dort ... Die Plakette zu Ehren von Rosa Luxemburg, das Gebäude, in dem die Werke der »entarteten Kunst« angehäuft wurden. Manchmal schillert die Vergangenheit unter den Gewässern oder im Schatten der Linden oder Kastanien.

Ich weiß nicht, ob es in Berlin ein Fundbüro gibt, ob wie anderswo man dorthin geht, um einen Schirm, eine Geldbörse, einen Photoapparat wiederzubekommen oder seine in irgendeiner S-Bahn-Station, zwischen zwei Wolken, was weiß ich, vergessenen Träume. Als die U-Bahn an Dahlem vorbeifuhr, waren es Erinnerungen des letzten Sommers, Rosen und Dahlien, die sich bogen, langsam entlang der Umzäunungen in einem Gewirr von Grün herabtropften.

Zurückbleiben bitte! ...

Berlin eignet sich besonders gut für diese Faltungen der Zeit: ein Plakatfetzen, der zu einer Kundgebung aufruft, deren Datum verblichen ist und auf dem eine Bierreklame an die Stelle des Ortes der Kundgebung tritt, vielleicht sechs Monate später. In der Nähe des Brandenburger Tors hat das berühmte »Keine Kohlonie« teilweise dem »Wir verbinden« Platz gemacht. Überlagerung der Botschaften, der Zeiten, der Orte, bei Gleichgültigkeit der Vorübergehenden oder in einer Momentaufnahme, eingefangen von einem Dichter, einem Fotografen oder ganz einfach von einem Passanten, dessen Blick auf einer grauen Mauer verharrt. [...]

Blaue Schatten. In der Stille des Innenhofs, unter den Birken und Eichen, wurde ein großer Tisch gedeckt. Man trank dort Bier und las dabei seine Zeitung, glücklich, die Geschichte auf Entfernung gehalten. Nicht die geringste Erinnerung mehr an die Massenverhaftungen der Reichskristallnacht, kein Echo der Bombardierungen mehr. Der Vogelgesang und die Rosenstöcke, der üppige Sommer. An was dachtest du damals? Sicher an das Leben, das weitergeht, in einem Berlin, aus dem sich die Erfahrung der Vergangenheit entfernt hat.

Edgar Morin

Schichten des Todes unter einer springlebendigen Stadt (2013)

Das Wetter war sehr schön, der Himmel sehr klar, wie bei meinem ersten Aufenthalt inmitten der Ruinen. Doch gab es keine Ruinen, weder in der Friedrichstraße noch Unter den Linden. Überall Schaufenster im westlichen Stil mit den »kosmopolitisierten« Namen, die in allen Städten der Welt verbreitet sind – Valentino, Chanel und anderen. Ich ging in Richtung Brandenburger Tor. Die Bauarbeiten für den Bau einer neuen Untergrundbahn verbargen stellenweise den Mittelstreifen der Straße. Das Mercedes-Schaufenster war ansprechend, und außerdem grenzte an die Autoausstellung im Innern ein Café, das sich nach draußen fortsetzte. Ich setzte mich, um einen Espresso zu trinken, hier jetzt ebenso verbreitet wie im verwestlichten Rest der Welt, und dessen Arabica-Aroma angenehm war. Ich ging weiter zum Brandenburger Tor. Zu meiner Rechten entdeckte ich eine prächtige französische Botschaft, die in ihrem alten Erscheinungsbild wiederaufgebaut, aber von modernen Anbauten flankiert war. Gegenüber das *Adlon*, wieder zum Luxushotel geworden, mit Portiers in Uniform. Ich machte mir nicht klar, dass in Berlin die Entfernungen größer waren als in Paris, und ich ging weiter, die breite Ebertstraße entlang zum Potsdamer Platz, dem ehemaligen Herzen Berlins, den ich im zerstörten Zustand kannte, vor kurzem (2004) wieder aufgebaut, mit hypermodernen Gebäuden, deren Anordnung ich aber seltsam fand. Man hatte mich auf ein oder zwei architektonische Meisterwerke hingewiesen, die ich nicht identifizieren konnte an dieser merkwürdigen Kreuzung, die sich immer noch Potsdamer Platz nannte. Nach einigen Schritten auf der Leipziger Straße, die nach 1946 von der DDR in Kargheit wiederaufgebaut worden war, fand ich das Gebäude nicht wieder, in dem sich 1945 die Stadtverwaltung des Ostens niedergelassen hatte und wo ich ich weiß nicht mehr wen getroffen hatte. Ich fand die Karyatiden und die Atlanten mit den enormen Muskeln nicht wieder, die so taten, als würden sie das Gewicht der Gebäude stützen. Bewegt schlug ich die Wilhelmstraße ein, zur DDR-Zeit ein *no man's land* in Mauernähe, und die jetzt verschwunden zu sein schien. Sie hatte sich in eine völlig neue Straße mit bürgerlichen Wohnhäusern verwandelt. Hitlers Reichskanzlei war verschwunden, geschleift, von der DDR ins Nichts aufgelöst, *no man's land* geblieben in der Zeit der Mauer, dann, nach der Wiedervereinigung, durch x-beliebige Bauten ersetzt. Ein nüchternes Hinweisschild auf dem Bürgersteig erinnerte daran, dass sich dort das Kanzleipalais befunden hatte. Ebenso keinerlei Spur vom Außenministerium.

Erschöpft kehrte ich in mein Hotel zurück, gerade rechtzeitig zum Abendessen der Jury, an dem ich teilnehmen musste. Am folgenden Tag, nach der Sitzung der Jury, die mich in den Mittleren Osten eintauchen ließ, wollte ich wieder mein Berlin durchstreifen. Ich ging die Friedrichstraße aufwärts bis zur Spree, deren Melancholie ich immer gemocht habe, folgte der Uferstraße bis zur Museumsinsel, ging an den Museen entlang, dann, Unter den Linden angekommen, ging ich bis zum Alexanderplatz. Ich kehrte wiederum erschöpft zurück, nachdem ich eine Zeit lang Unter den Linden in einem Straßencafé gesessen hatte.

Ich hatte eine reale Stadt durchschritten, eine Stadt voller Leben und Betriebsamkeit, aber in mir blieb das Geister-Berlin der Ruinen real, und die reale Stadt erschien mir in gewisser Weise geisterhaft. Oder besser, es bewegte mich sehr, in mir die Gegenwärtigkeit meiner endgültig toten Berlins zu spüren, mit einem jenseitigen Leben, wie in diesem Schattenreich der Griechen, in dem Odysseus dem Achilles begegnete.

Bei aller Freude über die Vitalität und die Jugend des heutigen Berlins empfand ich doch Trauer über die verschwundenen Berlins, und bei aller Trauer spürte ich doch, dass sie irgendwie lebendig in mir waren. [...]

Berlin, unter Hitler eine angeblich arische Stadt, ist kosmopolitisch und multikulturell geworden. Sie ist Heiterkeit nach soviel Ernst, Weisheit nach soviel Wahn. Sie legt auch neue Verrücktheiten in ihren Freiheiten an den Tag. Für die Jugend von überall her ist sie Verlockung und Lebensfreude.

Die von der kosmopolitischen Jugend aufgesuchten Straßen sind springlebendig, voller kleiner Restaurants jedweder Herkunft, sogar neuseeländischer. Jeden Sonntag zieht der Mauerpark, eine sehr ausgedehnte Grünfläche in Prenzlauer Berg im Nordosten von Berlin, Tausende an, junge Leute, Freaks, Bärtige, Tätowierte, Möchtegern-Bohémiens, Paare mit Kinderwagen, einige Vierzig- und Fünfzigjährige, mit den verschiedensten und manchmal seltsamsten Visagen und Klamotten, die umhergehen, im Gras lagern, sich auf die Bordsteine setzen. Am Sonntag meines Besuchs spielt ein Orchester, das einem Film von Kusturica entsprungen scheint, rasend wild Balkanmusik und reißt einige von uns, darunter auch mich, zum Tanzen mit. Es gibt ein Amphitheater mit Sitzreihen, wohin man zu Karaoke-Darbietungen kommt. Auf der ganzen Parklänge durchstreift eine dichtgedrängte Menschenmenge einen riesigen Flohmarkt mit drei bis vier Reihen. Wie auf einem Flohmarkt findet man hier alles, aber auch Biowürste und vegetarische Würste, auch deutsche, russische, amerikanische Soldatenhelme. Diese riesige Ansammlung ist eine Art Berliner Woodstock, jedoch verstreut statt auf ein einziges Orchester konzentriert. Dort versammelt und vermischt sich das ganze nichtbürgerliche Universum von Berlin, das aus den verschiedenen Vierteln kommt, eine ganze Gegenkultur, die überlebt und wieder lebt. [...]

In dieser großen, so gegenwärtigen und anscheinend vergangenheitslosen Metropole ist die Vergangenheit in Wirklichkeit auf einige wenige Orte konzentriert: auf die erhalten gebliebenen oder restaurierten Kirchen, auf einige schöne Bauwerke französischen Stils aus preußischer Zeit, das Schloss Charlottenburg (und außerhalb der Stadt das Schloss Sanssouci in Potsdam), auf das Mahnmal für die Juden und die Synagoge aus dem 19. Jahrhundert, die 1993 wiederaufgebaut wurde, auf die Museen, die dem geteilten Berlin gewidmet sind, auf den restaurierten und mit einer neuen gläsernen Kuppel versehenen Reichstag, auf die paar wilhelminischen Bauwerke oder Museen, den Dom, dessen eindrucksvolle Kuppel rekonstruiert wurde, einige Kirchen, darunter die Hedwigs-Kathedrale. Im Gegensatz zu Rom oder Paris birgt der Stadtkörper von Berlin nur Bruchstücke der Gegenwart seiner Vergangenheit.

Eher finden sie sich in seinen kleinen, über die ganze Stadt verstreuten Friedhöfen. So gibt es in der Friedrichstraße den Friedhof der französischen Hugenotten, die nach der Aufhebung des Edikts von Nantes eingewandert sind. Die französischen Namen sind verschwunden, ihre Gräber wurden später durch deutsche Gräber ersetzt. An diesen Friedhof grenzt ein anderer, sehr grüner, sehr laubreicher, wo sich, fast verborgen von der üppigen Vegetation, beiderseits von einem kleinen Obelisken die bescheidenen Gräber zweier Geistesgrößen befinden, Fichte und Hegel. Etwas weiter zwei Beete, jedes von einem polierten Steinbrocken überragt, die letzte Bleibe von Bertolt Brecht und Helene Weigel.

Es gibt auch einen jüdischen Friedhof, dessen Gräber nicht von den Nazis zerstört wurden, und einen sowjetischen Friedhof, auf dem die Toten der Schlacht um Berlin beerdigt sind.

Und doch verbleibt ein außergewöhnliches Zeugnis der DDR, ein langes Bruchstück der Mauer, East Side Gallery genannt, weil es zu einer Art Gemäldegalerie geworden ist. Es verläuft längs der Spree diesseits der Oberbaumbrücke und der Warschauer Straße. Auf dieser Mauer reihen sich auf der einen Seite vor allem Graffiti, auf der andern vor allem Fresken in den verschiedensten Stilrichtungen, manchmal mit der Signatur ihrer Schöpfer; einige davon sind von erstaunlicher Kreativität, viele Hymnen an die Freiheit, eines, ein viel photographiertes, ist eine riesige farbige Vergrößerung eines Mundkusses nach russischem Brauch, der aber hier wie ein obszöner Kuss zweier alter Liebender wirkt, Breschnew und Honecker. Großartig ist die spöttische Verwandlung dieser Mauer des Schreckens in eine Mauer der Hochstimmung. [...]

In gewisser Weise ist das vereinte Berlin verwestlicht, aber vom Osten bleibt nicht nur viel in den Gebäuden, sondern vor allem in den Gewohnheiten, besonders in der Ernährung, und in den Mentalitäten. Im Osten bleiben die Erinnerungen; die an verlorene Sicherheiten mischt sich mit der Dankbarkeit über gewonnene Freiheiten. In den Restaurants des Westens schwinden Wurst, Gulasch, Eisbein, westliche und exotische Gerichte nehmen zu. Die italienischen Restaurants scheinen sogar die deutschen zu verdrängen. Der Westen liest eher den *Tagesspiegel*, der Osten die *Berliner Morgenpost*.*

Für mich bleiben die tote Stadt von 1945 und die beiden 1989 gestorbenen Städte gegenwärtig, in meinem Gedächtnis überlagern sie sich und sind oft präsenter als die gegenwärtige Stadt. Welche Schichten des Todes unter einer so lebendigen Stadt! Und es ist nicht der ferne und mythische Tod einer antiken oder mittelalterlichen Zivilisation. Es sind ganz neue Tode, noch im Gedächtnis der Menschen vorhanden. Beim Umhergehen in dem so lebendigen Berlin Unter den Linden trage ich in mir die Geister des Ruinen-Berlins und der beiden neben- und gegeneinander liegenden Berlins, Planeten aus zwei weit auseinanderliegenden und feindlichen Sonnensystemen und dennoch miteinander verwachsen.

Richtig kannte ich im Übrigen nur das Berlin-Mitte des Ostens und den Kurfürstendamm, Dahlem und Grunewald im Westen. Ich entdecke es jetzt umfassender, aber unvollständig.

---

* Vermutlich ist hier die *Berliner Zeitung* gemeint.

Bisweilen sehe ich mit der Spree, mit Unter den Linden, Grunewald, Kreuzberg eine wunderbare Stadt, dann wieder in den langen traurigen Reihen gleichförmiger Bauten eine graue, seelenlose Stadt. Die Poesie Berlins ist von der Art der Sonnenfinsternisse, sie erscheint hier und verschwindet dort.

Ich gehe und ich schaue. Ich sehe die Gesichter der Jungen, der Alten, der Frauen, und unweigerlich werde ich von einem eigentlich ganz banalen Gedanken über die menschliche Formbarkeit ergriffen. Was denn, die jungen Leute heute, »grün«, unangepasst, rot, demokratisch, humanitär, wären vor siebzig Jahren fanatisierte junge Leute in brauner Uniform gewesen, voller Verachtung für den Nichtarier und voller Hass auf Juden? Die guten Leute, die anständigen demokratischen, friedlichen Frauen von heute sollen vor siebzig Jahren betört gewesen sein von den wahnhaften Parolen des Führers? Diese demokratischen Intellektuellen und Hochschulmenschen von heute sollen die Tugenden und die Größe des Dritten Reichs bejubelt haben, wie es die meisten der Kantianer taten (die zahlreicher als die Existentialisten Hitler-Anhänger waren)? Und viele der Ex-Nazis oder Pro-Nazis von 1933 bis 1945 waren vor 1933 selber überzeugte Sozialisten, Kommunisten, demokratische Internationalisten.

Marie NDiaye
Stolpersteine, Stolpersteine (2011)

Denn mein Kind hat mich angesehen und gesagt
setzen wir uns auf dem Spielplatz an der Zillestraße auf eine Bank
und schauen wir den Kleinen mit dem blassen Haar zu
denen kein fürchterliches unsühnbares Vergehen den leichten Kopf
beschwert
die helle Stirn umwölkt
und wir sind aus unserem gelben Haus herausgetreten
die große deutsche Sonne durchflutete die Straße
an diesem Nachmittag des sechsten August zweitausendundacht
und unsere Füße glitten über die drei Pflastersteine aus Messing
Stolpersteine
unsere arglosen Füße in ihren Sandalen
glätteten polierten die Namen von Julius Wellenstein Anna
Wellenstein und Franz Wellenstein
die im gleichen blendenden Licht der großen deutschen Sonne
ebendieses gelbe Haus verlassen hatten
eines Augustnachmittags im Jahr neunzehnhundertdreiundvierzig
unsere unschuldigen Füße reiben jeden Tag diese drei
Messingpflastersteine der Wellensteins blank
die man vielleicht von ihrem gelben Haus
direkt zum Gleis siebzehn des Bahnhofs Grunewald brachte
an einem erstickend heißen Nachmittag eines von der großen Sonne
Preußens gedehnten Augusts
Stolpersteine Stolpersteine

Bei wem wohnen wir hat mein Kind mich gefragt

ist es die Wohnung der Wellensteins in der die Waggons und die Lok

meiner kleinen Holzeisenbahn kreisen

und ließen sie ihre nackten Füße über die glatten warmen
Bodendielen gleiten

durch die Scheiben hindurch bestrahlt von der großen Berliner
Augustsonne

Bei wem wohnen wir

und wer war das Kind dessen Größe an seiner Zimmertür festgehalten
wurde

man sieht noch die Markierung eine Kerbe im Holz

wer dieses Kind dessen Name auf dem Messingstein steht

aber nicht mehr auf der Tafel im Hausflur stiller Portier

wer ist es und beschützt es mich

fragt sich vielleicht mein Kind

oder bringt es mir einen bitteren und kalten Hass entgegen

wenn es von da wo seine ruhelose kleine Seele umherirrt

die Waggons und die Lok meiner Holzeisenbahn

über den Dielenboden seines warmen Zimmers rollen hört

Stolpersteine Stolpersteine

[...]

Bleibtreustraße 10/11 (2007/2015)

Mehrmals bin ich an diesem Haus vorbeigegangen, Bleibtreustraße, bin auch davor stehengeblieben, um die Tafel zu lesen, auf der steht, hier lebte von 1936 bis 1938 die Dichterin Mascha Kaléko, zum Exil gezwungen durch das Deutschland von damals, und die dann die anderen Länder nennt, in denen sie gelebt hat, Amerika und Israel. Das Deutschland von damals – das ist doch gut ausgedrückt, oder nicht? Die Tafel ist von 1990, und seitdem ist die Sprache deutlicher geworden – oder handelte es sich vielleicht um einen poetischen Effekt? Ich hatte, gleich nach ihrem Erscheinen, eine Auswahl ihrer Werke gelesen, ich kannte ein wenig ihre Gedichte und fand diese Tafel bewegend, trotz des Euphemismus, ein Leben als Irrfahrt, von Stadt zu Stadt, von Land zu Land, zusammengefasst in wenigen Zeilen, – ganz zu schweigen von dem Aufbruch aus Polen im Alter von sieben Jahren, von der Ankunft in Marburg, und, vier Jahre später, 1918, in Berlin. Bleibtreu, der Straßenname, bedeutet *bleib treu*.

Aber vor kurzem bin ich dorthin zurückgekehrt, nachdem ich eine Biographie gelesen hatte, die ihre Irrfahrt detailliert nachzeichnet – die Haustür stand offen, und man sah den alten Eingangsbereich, den Anfang einer Holztreppe. Plötzlich war die Tafel nicht mehr nur eine Tafel – die Erinnerung an den Namen einer verschwundenen Person –, sondern ein Zeichen, die greifbare Spur eines Lebens.

Mascha Kaléko kehrte 1956 zum ersten Mal nach Berlin (und Deutschland) zurück. Als sie sich noch einmal ihre alte Wohnung ansehen wollte und der jetzigen Mieterin erlärt hatte, sie habe dort früher gewohnt, verweigerte diese ihr den Zugang. Bleibtreu, *bleib treu* – wem oder was? Mascha Kaléko hatte dort mit ihrem Mann gelebt, Saul Kaléko, und ihrem Sohn, Evjatar, aber der Sohn stammte nicht vom Ehemann, und es kam erst zu einer Scheidung, dann zu einer neuen Hochzeit mit dem Geliebten und Vater des Kindes, Chemjo Vinaver, der bis zu seinem Tod 1973 ihr Lebensgefährte bleibt – Mascha Kaléko stirbt wenig später, 1975. Und es war hier, an dieser Adresse, Bleibtreu-straße 10/11 – denn diese Berliner Straße teilt sich nicht in eine Seite mit geraden und eine andere mit ungeraden Hausnummern, sondern die Nummern folgen aufeinander, was hier öfter vorkommt –, an dieser Adresse war es, wo ihr Privatleben ins Wanken geriet, angekommen mit Saul Kaléko, brach sie wieder auf mit Vinaver – und diese Adresse war die letzte in Deutschland, in Berlin.

Während der Kriegsjahre, nachdem sie versucht hatte, in Kalifornien zu leben, und nach New York zurückgekehrt war, schrieb Mascha Kaléko ein Gedicht, *Minetta Street*, mit den folgenden Versen:

> »Wenn einst, in friedlicheren Zeiten
> Die Länder um das Vorrecht streiten,
> (Scheint die Besorgnis auch verfrüht):
> ›Tja, welches von M. K.'s Quartieren
> soll die ›Hier wohnte‹-Tafel zieren . . .?‹ –
> Ich stimme für Minetta Street.«

In der Tat existiert eine Tafel in New York, die fünf Jahre nach der von Berlin angebracht wurde. Es gibt auch noch dieses Gedicht, das in den posthum veröffentlichten Werken erschien:

> »Hier war mein Glück zu Hause.
> Und meine Not.
> Hier kam mein Kind zur Welt.
> Und mußte fort.
> Hier besuchten mich meine Freunde.
> Und die Gestapo.«

Ein Gedicht mit dem Titel *Bleibtreu heißt die Straße.*

Das Berlin, das Mascha Kaléko zwanzig Jahre später – und vor allem einen Krieg später – vorfindet, hat sich verändert. Das Romanische Café am Kurfürstendamm, in dem sich in den zwanziger Jahren Künstler und Schriftsteller trafen, gibt es nicht mehr, es wurde durch die Bombenangriffe von 1943 zerstört – und eigentlich hatte es moralisch schon zehn Jahre davor aufgehört zu existieren, seit der Machtübernahme der Nazis –, und viele andere Orte sind nur Trümmerhaufen, inmitten derer einige Gebäude wie durch ein Wunder, durch Zufall überlebt haben, darunter die Bleibtreustraße 10/11. Und das Berlin von heute ist nicht mehr wirklich jenes, das Mascha Kaléko vorfand. Auch wenn es den Savignyplatz, von dem sie in einem anderen Gedicht spricht, noch gibt, einen Steinwurf von der Bleibtreustraße entfernt, scheinbar unverändert, auch wenn der Kurfürstendamm noch immer eine Touristenmeile ist, so hat sich seit dem Fall der Mauer doch das Zentrum in den Osten verlagert, und diese Gegenden von Charlottenburg haben etwas Provinzielles, eine etwas verstaubte Ruhe, die zu sagen scheint, dass sie im Windschatten der Geschichte gelebt haben.

Doch die Tafeln sind da, um zu bekunden, dass die Stadt nicht mehr das ist, was sie einmal war, weiße Tafeln mit blauen Sätzen, die über die jetzigen Bewohner die von früher legen, die fliehen und weggehen mussten – wenn sie das Glück hatten, dies noch zu können –, jene, die damals und danach schrieben, diejenigen, deren Bücher auch heute noch die Regale der Buchhandlungen füllen – weil die Zeit ihnen treu geblieben ist.

CLAUDE LANZMANN

Zerbrechliche Erinnerungswunder (2009)

Ich liebte und liebe Berlin noch immer, und ich werde mit dem Rätsel, das die Ex-Hauptstadt des Reiches und heutige Hauptstadt des wiedervereinigten Deutschlands für mich darstellt, niemals an ein Ende kommen. Ich kann Stunden in der Paris-Bar oder im Café Einstein sitzen und unermüdlich das Schauspiel der jungen deutschen Paare – die liebenswürdig, frei und ernst sind – mit den Bildern meiner Erinnerung an früher vergleichen. Seit 1948 bin ich viele Male nach Berlin zurückgekehrt, und einige Jahre nach dem Mauerfall bin ich bei einer Bootsfahrt auf der Spree von der Architektur des neuen Berlin gepackt worden, die leicht, luftig, erfinderisch ist und dem aus Ruinen bestehenden Berlin, das ich einst gekannt habe, sowie dem Wiederaufbau, dessen Zeuge ich war, trotzt, als ob die Geschichte dieser Metropole einen unaufhörlichen Neubeginn auferlegt habe. Viel früher, gleich 1989, hatte ich das Bauhaus-Archiv am Landwehrkanal entdeckt, in den man nach ihrer Ermordung den Leichnam Rosa Luxemburgs geworfen hatte. (Mein Freund Marc Sagnol, ein großer Fährtensucher jüdischer Spuren [...], war der Erste, der mir die Stelle zeigte, wo einst ihre Leiche unter der Oberfläche trieb; ich begebe mich nach wie vor, ohne den genauen Grund zu begreifen, bei jedem meiner Berlinbesuche dorthin, es ist wie eine innere Verpflichtung, der ich mich nicht entziehen darf.). Ich entdeckte auch andere unbebaute Stellen, weite, verlassene Flächen im Herzen Berlins entlang der einen oder der anderen Seite des Mauerverlaufs. Während der endlosen Jahre des Kalten Kriegs war ich wiederholt mit einem Passierschein durch Ostberlin gewandert, hatte diese Orte jedoch nie gesehen, weil sie an die Mauer grenzten und zur verbotenen Zone gehörten. Diese diffusen, leeren Stätten waren nun aber, das ist mir damals bewusst geworden, jene des Naziregimes. Hätte ich sie gesehen, bevor ich *Shoah* drehte, wäre ich gewiss nicht imstande gewesen, sie als solche zu erkennen. Der Name Prinz-Albrecht-Straße sprach zu mir, es war hier und in der unmittelbaren Umgebung, wo sich die Gebäude des Naziterrors, das Reichssicherheitshauptamt, das Auswärtige Amt, die Gestapo, die Zentrale des hitlerschen Totalitarismus, befunden hatten. Wenn man in einem dieser unbebauten Gelände ein paar Stufen nach unten ging, gelangte man zu einer kleinen unterirdischen Ausstellung, einer Zimmerflucht von nur wenigen, keineswegs großen Räumen mit Fotografien, von denen manche wohlbekannt sind, andere wieder nicht, alle mit harten sachlichen Erläuterungen versehen. Die Stätte heißt »Topographie des Terrors«. Ich fragte mich, welchen Deutschen dieser Einfall gekommen war, und fühlte, ohne sie zu kennen, heftige Zuneigung. Die Vergangenheit wurde durch diese paar offenen Säle im *no man's land*, auf das niemand Anspruch erhob, wo alles möglich schien, wieder lebendig. Ich verstand damals, dass Berlin eine Stadt ohnegleichen ist, weil man quer durch die urbane Landschaft die gesamte Vergangenheit unserer Zeit wie in geologischen Querschnitten entziffern und ihre verschiedenen Schichten bestimmen kann – das kaiserliche Berlin, das wilhelminische Berlin, das Nazi-Berlin, das Berlin der Alliierten, das rote, kommunistische Berlin –, Strata, die nebeneinander bestehen, sich verbinden, zu etwas für die Geschichte des zwanzigsten Jahrhunderts Einzigartigem verschmelzen. Für mich gab es hier eine Art Erinnerungswunder, ein zerbrechliches freilich, das es um jeden Preis zu bewahren galt. Wenn die Planer und Architekten des neuen Berlin ihre Verantwortung gegenüber der Geschichte erfüllen wollten, dachte ich, dann dürften sie nicht daran rühren, sondern müssten, im Gegenteil, im Mittelpunkt der Stadt eine Leere bewahren, ein Loch, das ich bei mir das »Gedächtnisloch« nenne. Ich entsinne mich eines Kolloquiums, wo ich mich lange drüber ausgelassen habe, allerdings ohne jede Hoffnung, denn die Bauträger haben stets das letzte Wort, und die Konjunktur siegt immer. Heute besteht mein erträumtes »Loch« nicht mehr, es ist zum neuen Potsdamer Platz mit seiner in die Zukunft weisenden, oft bewundernswerten Architektur geworden.

In Wahrheit liebe ich Berlin seit meinem ersten Jahr dort, als ich meine Angst vor dem Osten überwand.

Volksbühne und Räuberrad
Foto: spinhall

ZUFLUCHTSORT BERLIN

Oranienstraße. »Search & Destroy«
Foto: Sascha Kohlmann

KITS HILAIRE

Kreuzberg war das Zentrum der Welt (1990)

Als ich vierzehn war, war Berlin das Modell für alles und jedes. Der erträumte Ort. Im Innern kaputt, ringsum zubetoniert, von einer mit Stacheldrahtzaun bedeckten Mauer umringt. Die einzige Möglichkeit.

Die Berliner waren Vorbild für alles. Das Modell, die Struktur.

Frankreich schien mir die Vorstadt von Berlin zu sein. Die Kusine aus der Provinz, ein wenig ranzig.

Die Franzosen kamen mir klein vor, auf einen lächerlichen Nationalismus beschränkt, parodistisch französisch.

Frankreich: berechnend, intolerant und kleinlich. Frankreich existierte nicht.

Kreuzberg war das Zentrum der Welt. Der einzig mögliche Ort, die einzig lebbare Wirklichkeit. Die einzige Luft, verdorben, atembar. Ich behielt diese Luft dort so lange wie möglich in Erinnerung.

Und als ich fünfzehn wurde, hieß es für mich: Berlin oder der Tod.

Kreuzberg 79.

Die Straßen bevölkert von schwarzen Engeln, angekettet, mit Nägeln beschlagen, verblichen, zum Ebenbild der Mauer entstellt.

Ein Viertel aus lärmigen Elendswohnungen, reserviert für die türkischen »Gast«-Arbeiter, wie es in der deutschen Sprache so schön heißt, eingeladen, um dazubleiben, im Abseits, an die Mauer gestellt. Eltern, Möbel, Kinder, auf morschen Brettern zusammenlebend.

Ein Bezirk, der für die deutschen Asozialen reserviert ist, für jene, die von Sozialhilfe und von Schnaps leben, für die Alten, die in ihrem Bett vor Kälte sterben, und die Kohle dort drüben ist so weit weg, zu weit weg diesmal.

Ein vergessenes Viertel am Rand.

Ein von Hunderten von Engeln wieder eingenommener Bezirk, die gekommen sind, um das Ende der Welt zu feiern und auf den Ruinen dieser Welt zu tanzen.

Der Eindruck einer nicht wieder gut zu machenden Niederlage der Menschheit. Ein großes Chaos, schrecklich und wunderbar. Vor diesen Ruinen alles, was möglich ist. Alles kann existieren. Endlich befreit von der Natur. Endlich befreit von der Vernunft. Nichts in diesem Kriegsdekor ist vernünftig.

Das Ende der Welt. Erwachsen. Der Beginn von etwas anderem, in einem anderen Universum.

Kreuzberg 79. Die auf die Spitze getriebene Romantik im Maßstab eines Viertels, das so groß ist wie eine Stadt mit zweihunderttausend Einwohnern.

Straßen, Häuser, Brücken, eine ganze Struktur, die einer bestimmten Jugend nachgebildet ist. Die Bilder erkennen sie wieder, sie existierten schon vorher, in ihr.

Alle Brüche und Sprünge, alle aufgerissenen Türen, alle schwarzen Innenhöfe, zugemauerten Fenster, dieses niedrige, so dicke Licht, dass man es umarmen kann, dieses weggeworfene, zerknitterte, zerstörte Dekor. Die Adoleszenz.

[…] Kreuzberg mit fünfzehn. Traum und Alptraum endlich wahr geworden.

[…]

In Kreuzberg vergisst man, dass anderswo etwas anderes existiert, dass es anderswo die Natur, die normalen Leute gibt.

Man hört sogar auf, in die andern Viertel der Stadt zu gehen.

Zuletzt glaubt man, unsere Normalität sei die allumfassende. Man verliert das Gefühl für die Außenwelt. Für das Jenseits der Mauer.

Man vergisst alles andere, die Welt um die Insel herum. Man glaubt nicht mehr daran. Man denkt nicht einmal an sie.

Wir sind behütet. Um zu uns zu gelangen, muss man Grenzposten überwinden, Kontrollen über sich ergehen lassen, Ostdeutschland durchqueren. Nichts Einfaches, nichts Natürliches. Eine Mauer, Stacheldraht.

Wir sind in einem befestigten Schloss, umringt von Gräben voller Krokodile. Um nach Berlin hineinzukommen, muss man die Zugbrücke benützen.

Nichts kann uns hier erreichen. Wir fühlen uns wohl. In Sicherheit.

Wir glaubten es. Wir glaubten daran vor dem Bruch, dem Riss, der offenen Bresche, der inneren Blutung.

Wir vergaßen alles. Wir waren außerhalb der Welt.

– In Berlin kannst du morgens um vier Uhr nackt herumspazieren, eine Feder im Hintern, sogar blau angemalt, wenn du willst. Die Leute kümmern sich nicht darum, sagte Pia, es ist ihnen egal, das ist Frieden und Ruhe. Hier haben wir Frieden und Ruhe. [...]

Wir glaubten, die Mauer würde ewig bestehen. Wir glaubten uns unsterblich. [...]

– Heute hat es ein Erdbeben gegeben.

Ich habe die Tür zugeschlagen. Andy hat mich angeschaut.

– Die Mauer ist gefallen, sagte ich, die DDR öffnet ihre Grenzen. Sie haben es im Radio gesagt. Berlin ist offen.

Er ist im Sessel erstarrt. Hat mich angeschaut, hat seinen Augen nicht getraut. Hat das in seinem Leben noch nicht erlebt. Schweigen.

– Es ist wahr, sagte ich, sie haben es im Radio angekündigt.

Schweigen. Ich stand aufrecht, an die Tür gelehnt. Die Tür zitterte.

– Im Radio, vorhin.

Am 9. November 1989. Es war dunkel. Wir sind hinausgegangen. Beide. Wir sind marschiert, durch die Straßen marschiert. Man erkannte die Straßen nicht mehr. Sie hatten ein fremdes Gesicht angenommen. Feindlich.

Die meisten Leute wussten es noch nicht. Man sah es ihren Gesichtern an. Sie wussten von nichts. Sie gingen in Frieden.

Wir sagten kein Wort.

Nur gehen. Wie betäubt.

Die Stadt war wie ihr Schatten. Der wattierte Schatten ihrer selbst. Sie verlor ihre Konsistenz.

Wir sind in Richtung der Mauer zurückgegangen. Wir mussten dorthin gehen. Es sehen. Zuschauen, wie schmerzhaft es auch sein würde. Wir sind der Mauer entlanggegangen. Hier wussten es die Leute, sie lachten, gingen zum Moritzplatz, zum Grenzposten, sie lachten, waren zufrieden. Nicht alle.

Auch viele Schatten, ähnliche wie wir, im Schatten der Mauer, in der Zersetzung dieses Traumes einer Stadt, in Richtung des Grenzpostens. Ein ganzer Aufmarsch von Schatten in Trauer.

Hunderte auf dem Moritzplatz versammelt, Hunderte, die lachten, die sangen und tranken. Schweigend, mit bedrückten Gesichtern.

Wir sind auf das Dach des Grenzpostens gestiegen. Die westdeutschen Polizisten sprachen in Megaphone. Verlangten von uns, hinunterzugehen, bitte.

Wir sind dort geblieben. Wir haben sie kommen sehen, all diese langen Autoschlangen. Mit ihren Zweitaktmotoren, alle gleich. Wir konnten nicht mehr atmen, hatten Tränen in den Augen.

Sie waren die Ersten. Mitten in der Nacht, auf die Radiomeldung hin, hatten sie alles stehen und liegen lassen, um mit ihren eigenen Augen zu sehen, ob es wahr war, ob sie wirklich hinausgehen und wieder heimgehen konnten, nur um die andere Seite zu sehen.

Alle diese Trabis, die die Grenze überquerten, ununterbrochene Schlangen von Trabis, glückliche Ostdeutsche, in Tränen, mit den Augen blinzelnd, kaum erwacht nach all diesen Jahren, manchmal auch beunruhigt, verwirrt von diesem Empfangskomitee in Kreuzberg.

Die Schatten, die Leute, die mit Sektflaschen gekommen waren, die überrumpelten ostdeutschen Bürger ...

Wir sind weggegangen. Wir sind wiederum marschiert, schweigend, unter dem violetten Himmel, wie es ihn nur in Berlin gibt. Umkehren. Im Kreis herum.

Als es so etwas wie Tag geworden ist, sind wir stehen geblieben.

– Was soll aus uns werden?

– Ich weiß es nicht, sagte Andy, ich weiß nicht.

[...]

Ich gehe hinaus. Allein.

Leute haben Kerzen angezündet. Wie eine Gedenkstätte. Kleine Flammen in der Nacht. Sie klopfen kleine Mauerstücke ab. Für ihre persönliche Sammlung, das Bücherregal im Wohnzimmer, unter dem Vorwand, es seien Andenken.

Ich hebe abgesprungene Stücke vom Boden auf. Es sind Westdeutsche, die die Mauer zertrümmern. Sie sind zu fünft. Drei Männer und zwei Frauen. Die Männer hämmern, die Frauen schauen zu.

– Warum macht ihr das? frage ich die Männer. Ihr seht doch, dass sie so kaputtgeht. Sie schauen mich lächelnd an, freundlich. Warum kommt ihr zu uns, um eure Bedürfnisse zu befriedigen, frage ich, gibt es denn bei euch nichts zu zerschlagen? Ist es so toll dort drüben, so toll, dass ihr nach Kreuzberg kommen müsst, um eine Mauer zu zerschlagen? Gibt es bei euch daheim keine Mauer? Nichts umzuschmeißen, nur Gutes?

Sie sind sehr erstaunt. Über diese Rede, über meinen französischen Akzent.

– Wie, wendet sich einer der Männer an mich, wie bei euch, wen meinst du mit euch?

Er sieht sehr genau, er hört ja, dass ich nicht Deutsche bin.

– Hier sind wir in Kreuzberg. Ich versuche, ruhig zu sprechen, ohne die Stimme zu erheben. Das ist Kreuzberg, ihr habt hier nichts zu suchen. Das ist unsere Mauer. Wir wollen sie behalten. Ich schlage auch nicht mit einem Hammer auf die Bäuche eurer Frauen. Ihr seht doch, ich bleibe ruhig. Also, verschwindet von hier, lasst uns die Mauer.

Die Frauen haben entsetzte Schreie ausgestoßen. Die Männer zucken die Achseln. Sie erklären den Frauen, wie gestört ich sei. Einfach verrückt. Aber so klein, auf jeden Fall nicht gefährlich. Einen Hammer habe ich nicht.

Sie fangen wieder an zu hämmern.

Sie hören mir nicht zu, als ich sie bitte, aufzuhören.

Ich nehme einen Stein, den sie herausgehauen haben, drücke ihn fest an mich. Er ist sehr schwer.

– Er gehört mir.

Ich entferne mich rücklings, den Stein in meinen Armen.

Sie protestieren ein wenig, aber da sie umgänglich sind, lassen sie ihn mir. Überglücklich, mich los zu sein.

– Warum hast du nicht sofort gesagt, dass du ein Stück möchtest.

– Hier, schreit ein anderer, willst du noch mehr?

Er wirft mir kleine Mauerstücke zu.

Ich lege den Stein hin. Ich hebe sie alle auf. Alle. Sie lachen laut, zu laut für meine Ohren. Eine Frau sagt, dass sie mich in Ruhe lassen sollen.

Ich stecke die kleinen Stücke in meine Tasche.

Ich gehe nach Hause, die Arme und die Hände vom Stein zerkratzt. Viel zu schwer für mich.

[...]

Dann gehe auch ich eines nachts mit dem Hammer in der Hand hinaus, und ich schlage so fest ich kann, mit meiner ganzen Kraft, gegen die Mauer. Ich hämmere, ich zerschlage, ich zerreiße die Mauer. Ich sehe nichts mehr, nicht die Leute ringsum, nicht den violetten Himmel. Ich höre den Lärm in meinem Kopf nicht mehr. Ich hämmere. Wütend. Hämmere auf die Mauer ein, auf mein Leben, auf den kommenden Tod, auf das Erwachsenwerden, auf alle Zerstörer der Mauer, alle Zerstörer der Hoffnung, auf die Welt um uns, die uns verschlingt, auf die Umgebung, auf den Verlust des Inneren, auf alle diese heimlich nachts gemalten Fresken, auf den freiwilligen Wehrdienst in Berlin, auf alle Nachtlokale, alle Rockgruppen, auf Schikse, der tot ist, auf Andy, Sonia, auf die Mauer, die man von der anderen Seite aus hätte bauen sollen, auf Olga, auf die

Republik Kreuzberg, auf die schwarze Fahne, ich hämmere, ich hämmere auf die zerstörte Mauer, zerstört von all den Leuten.

Ich hämmere auf den zerstören Traum. Auf die Liebe für immer. Das ewige Leben.

Eine Frage des Überlebens oder des Todes. Der kollektive Suizid. Die Wut und der Frieden. [...]

Normalerweise begegne ich Wolf nur in den Bars. Manchmal kreuzen sich nachts unsere Wege. Dann sprechen wir vom Weggehen.

Vor dem Sturz der Mauer sprachen wir uns über die Enge aus, die immer gleichen Kreise, die immer gleichen Leute. Manchmal andere Konstellationen, aber immer die gleichen Leute.

Wir wollten flüchten, zu andern Ufern aufbrechen. Betonierten, aber offenen. Wir sprachen über Spanien. Madrid, Barcelona, eine andere Metropole, anderswo, aber denkbar. Bestimmt.

Wir trieben das Spiel, uns Angst zu machen, als ob wir wegfahren würden, und dann gingen wir am frühen Morgen auseinander. Beruhigt.

Jetzt sprechen wir über die Invasion, über alle diese Leute, die ganze, sich ergießende Normalität, die uns auseinandertreibt. Die aus uns Außenseiter macht, eine Minderheit in den Straßen von Kreuzberg. Fast wie überall.

Auch nachts in den Bars wirken wir wie vereinzelt. Nur einige Anhaltspunkte in der Masse. Eine geplatzte Zelle.

Jetzt sprechen wir über Flucht. Dieses Mal zwangsläufig. Dieses Mal werden wir weggehen. Wir sind unerwünscht. Wir sind es immer gewesen, aber man ließ uns in Ruhe, im Schatten der Mauer, weg von den Blicken. Abgestellt, ans äußerste Ende zurückgedrängt.

Aber die Mauer hat keinen Schatten mehr, nur noch Löcher, durch die der eisige Wind, der überall sonst weht, mit Wucht eindringt.

Kreuzberg heute ist ins Zentrum des vereinigten Berlin geschleudert worden. Es kann im Zentrum kein Getto geben. Berlin kann weder uns noch die Türken im Zentrum brauchen. Schon sind die Spekulanten da, schon steigen die Mietzinse, schon kommt die Mittelschicht. Weist uns die Tür.

Das vereinigte Berlin findet wieder seine wirtschaftliche und politische Daseinsberechtigung.

Berlin nun den gleichen Gesetzen unterstellt wie die andern Städte Deutschlands. Schluss mit der kulturellen Hauptstadt. Nur noch Hauptstadt.

Kein künstliches Herz mehr nötig. Sie schaltet ab, sie verleibt sich ein. Die wiedervereinigte Stadt kann diesen offenen Bauch nicht ertragen. Keine Gebärmutterverpflanzung mehr, keine Organverpflanzung, die Babys aus dem Reagenzglas werden ausgestoßen.

Zerstreut euch in alle Winde, macht Platz.

Wir haben die ganze Zeit damit verbracht, in den Bars miteinander zu reden, Wolf und ich, immer unterwegs. Davon, wegzugehen, Berlin zu verlassen, aber es war aus Spaß, man verlässt Berlin nicht, Berlin wirft einen hinaus.

[...] Das Ende der Mauer. Die Zerstörung von Kreuzberg, der zwangsläufige Sprung in die Welt der Erwachsenen, in die Welt der Naturgesetze. Der Count-down hat begonnen.

Julien Santoni

Biberpelz, die Volksbühne und die Currywurst-Bourgeoisie von F-Hain (2008)

Am nächsten Tag rufe ich die brünette Hilda an, damit sie mich mit dem Eigentümer der Wohnung zusammenbringt, von der sie mir erzählt hat. Im Handumdrehen kommt der Deal zustande. Das Zimmer geht auf einen kleinen ruhigen Innenhof. Ich ziehe sofort am Käthe-Kollwitz-Platz ein. So viel Zeug habe ich nicht, nur das Nötigste mitgebracht, ein bisschen wie ein Zigeuner auf der Flucht ... Westberlin verlasse ich ohne Bedauern ... zwar im Regen, wahrscheinlich pisst es in diesem Drecksland jeden Tag, aber mit Sonne im Herzen.

Der Osten ist 'ne ganz andere Nummer. Alle diese von Einschüssen von 1945 durchsiebten Gebäude, das hat was; man sieht immer noch mit Gras bewachsene Ruinen an den Kreuzungen, es wirkt wie eine ländliche Hiebwunde, »*Narben der Geschichte*«, so der Wohnungseigentümer ... Und hier vernarbt die Geschichte nicht so schnell.

In Prenzlauer Berg sind alle mit einem Leinenbeutel unterwegs zur Maloche oder zum Einkaufen, ich tu es ihnen gleich, das sieht einheimisch aus. In Ostberlin fährt man Rad, man ist Künstler, »Künstler« auf jeder Etage, man ist *frei, frisch, gesund, intellektuell* ... Prenzlberg, F-Hain, das ist die Avantgarde, man ist links, aber das wird nicht lang dauern ... aus Prinzip ... es überträgt sich nach dem Osten, und dann noch die Künstler, die verdienen trotzdem irgendwann ordentlich Kohle, dann sprießt überall ein bisschen was von der Jacadi-Sorte, die Ryke-straße wird im Handumdrehen ethnisch-spießig werden ... es verändert sich stündlich. Hilda sagt, man merkt es mit der Zeit nicht mal mehr. Bald kann man keinen Unterschied mehr zwischen dem Kollwitz- und dem Savignyplatz erkennen, dem piekfein-bürgerlichen Schickimicki des Westens. Da klingt bei euch vielleicht nichts an, geneigte Leser, aber das sind durchaus Überlegungen von Relevanz.

Tagtäglich stösst man auf neue Klempnerbuden, die Rohrteile alten Stils verkaufen, *Jugendstil* und *Biedermeier* ... Designer, die verstimmte

Flügel ausstellen, Massagestudios, Saunen, Solarien, Cocktailbars *made in Singapur* mit vergoldeten Buddhas, die unter smaragdfarbenen Sonnenschirmen auf dem Gehweg tronen ...

Kurz und gut, das Berlin von 1989, die große Revolution, das Ungestüm des Proletariats, mufft nach Leiche im Lodenmantel. Sogar in F-Hain hat man schon die Ankunft der Currywurst-Bourgeoisie mitbekommen. Das ist eine urdeutsche Spezies, das ist nicht der Pariser *bobo*, sie ist ungezwungener, betucht, dafür aber hässlich ... Ratatouille will sie zubereiten und *Bruschette*, weil Knödel nicht sonderlich chic sind, aber im Grunde liebt sie eigentlich nichts so sehr wie Färsenleberklößchen und Salzkartoffeln ... und das mit einer Bananen-Salami-Pumpernickelstulle und Heringen in rosa Mayonnaise, süß wie Bonbonpüree ... Ich erfinde nichts.

Aber direkt nach dem Mauerfall hätte ich Berlin schon gern erlebt, das wahnsinnige Abenteuer ... Wenn Hilda mir erzählt, wie es in der Volksbühne zu Kresniks Zeiten abging, sie schwört, das war nicht von schlechten Eltern. Sie war in Bremen, Berlin, das heillose Tohuwabohu ... das muss schon was gewesen sein, das Tanztheater von Väterchen Kresnik. Ein wildes Drunter und Drüber ...

Hilda hat Frida Kahlo getanzt, wie sie, befestigt an den Stahlstangen des Unfalls, einen Karren mit blutigen Neugeborenen zerstampfte, sie durchschnitt die Stränge des Herzens, zerpeitschte das Kleinhirn eines Lamms und übertrug schwarzes Blut in ihr Gelähmten-Stützkorsett ... Sie hat mir Fotos gezeigt. Sie ist so schön wie vor zwanzig Jahren, die brünette Hilda. Sie haben auch *Ulrike Meinhof* aufgeführt, die Verbrecherin, die Verrückte mit den zerbrochenen Spiegeln, die sich in Stammheim im Brand des *Kapitals* umbrachte ... Na ja, ich erfinde ein bisschen was dazu, ich flüchte mich in die Fantasie, voller Bedauern, diese Wunderwerke nicht selbst gesehen zu haben.

Laut Hilda hätte heute niemand mehr die Eier, das zu machen, was Kresnik gemacht hat. Außer Biberpelz in seinen besten Tagen, aber seine Inszenierungen fangen auch an, verschnarcht zu werden. »Das ist wie das Tacheles«, Trödelnippes, Secondhand-Revolution, Leichenmuseum, ein glanzloses Schicksal. »Ramsch, alles ... Ramsch ...«, Trödel, ein Markt der Altertümer ... die Revolution bringt Kohle ein, das ist alles, was zählt. Supermercato. Es könnte sich Sotheby's nennen, Jacke wie Hose, aber sie wollen es lieber weiter »Tacheles« nennen. Für die Touristen. Das ist der 89er-Friedhof, mehr nicht.

Hilda wohnt nicht weit von mir, an der Prenzlauer Allee. Ich hänge viel bei ihr rum und sie bei mir. Sie hat zu allem eine Meinung. Sie sagt, dass ich mich nicht unterkriegen lassen soll, dass ich in einer Truppe arbeiten sollte. Biberpelz lädt nie zum Vorsprechen ein, er durchkämmt lieber die kleinen Theater und bietet irgendwelchen Typen aus einer Laune heraus eine Gelegenheit, manchmal wirbt er Leute auf der Straße an, weil er ihre Visage gut leiden kann oder ihr Auftreten, und dann ist der Typ wieder Elektriker und eines Tages wird er unerwartet in eine Produktion hineinkatapultiert, als Mandolinenspieler oder Tangotänzer. Für die Tussis ist es noch einfacher, sie erzählt mir alle Bettgeschichten aus der *Volks*. Hilda lässt sich seit Jahren von Biberpelz beäugen, aber sie weiß, dass das Idyll schnell vorbei sein würde und ihr Leben danach die Hölle wäre, also spielt sie mit ihren Vorzügen, ohne ihm jemals Hoffnung zu machen ... es scheint zu funktionieren, sie steht immer noch in seiner Gunst.

Sie rät mir auch, zu Castings zu gehen, aber das ist völlig nutzlos. Ich bin sogar ziemlich zufrieden, nicht genommen zu werden, um Esel oder Pinguine auf Rollschuhen geben. Ich wäre sogar ein bisschen zu stolz, um solchen Schrott zu machen.

Vor allem wenn mir Hilda von dem Stück erzählt, dass der kleine Biberpelz gerade inszeniert und in dem sie mitspielt ... das hört sich hundert Mal spannender an, als in einem Abklatsch von *Holiday on Ice* als Winnie Puh rumzugurken. Er hat einen österreichisch-ungarischen Dramatiker ausgegraben, einen gewissen Kauweizer, der in der 1920er Jahren ein kaum beachtetes Stück geschrieben hat, *Der Meister der Stadt* ... Revolutionen, Elend und Diktaturen. Biberpelz hat bei seinem Bühnenbildner für diese barbarische moldawische Hauptstadt, verwüstet von einer Nachkriegslepra, in der es plötzlich nur so wimmelt vor Peepshows und den Generälen Kaiser Wilhelms, ein an Berlin erinnerndes Bühnenbild geordert. In einer gedächtnislosen Ruinenstadt stürzt man im Morgengrauen die Statuen des sowjetischen Kommandeurs. Ohne Frage ... Damit ist Berlin gemeint. *Lebewohl, Lenin!* Ein Hoch auf die preußischen Generäle! Tatsächlich posieren sie heute im bronzenen Gehrock an jeder Ecke von Berlin. Das ewige Preußen ist momentan auf dem Vormarsch. Die Stadtverwaltung denkt zweifellos, das sei besser als der sozialistische Abschaum und all diese verreckten Kommunisten ... dass es die Wunden heilen wird, weil dies Größe und Geschichte ist, die wahre, die heroische. Von wegen.

»*Diese Stadt hat keinen Meister* ...« Hilda spricht die letzten Worte im Stück.

Bevor ich nach Berlin gekommen bin, dachte ich, der Herr der Stadt wäre Baal, der große Plünderer, der Anarchosyndikalist, der mit der Kippe im Maul auf die Goldverzierungen des alten Europas spuckt ... dass er der Geist wäre, der immer wieder sagt: »Halt! Ich scheiße auf eure Schätze, Todesbeutenschmarotzertaugenichtse, Nuttenficker, aufgetakelt für die Reisen nach Kythera ... Ich bin das Chaos, verpisst euch, Finanzleute, Museumswärter, Liebhaber von gammeligem Pökelzeug ...«

Und ich stellte mir vor, wie Baal mit angeheitertem Gemächt kräftige Schläge gegen die Flanken der Museen austeilt, um sie einstürzen zu sehen, sie kaputt zu machen, die Säulen zu zerfetzen, die Predellen, Kuppeln, Wandteppiche, alles ... Ich dachte, er wäre, auf riesigen Kränen hockend, der einzige Gott der Stadt ... dickbäuchig und lachend, an den Sehnen aus Metall, am Glas, am Beton hängend ... dass er überall wäre ... in den Sozialwohnungen ... auf der Karl-Marx-Allee ... im Schnaps des Arbeitslosen ...

CÉCILE WAJSBROT

Beruhigendes Chaos (2005)

Ich habe niemanden über meine Abreise benachrichtigt, sonst hätte ich vielleicht nicht den Mut gehabt aufzubrechen. Es musste sofort geschehen, und als sich das Ziel aufdrängte, holte ich mir eine Fahrkarte – eine Hinfahrt für den Nachtzug am gleichen Abend. Ich musste keine Koffer packen, nahm kaum etwas mit, einen kleinen Rucksack. Was die Wohnung betraf, die laufenden Geschäfte und Beziehungen, ich ließ alles unverändert zurück.

Ich habe zu lange gewartet.

Ich gehe weg.

Ich verschwinde.

Verschwinden – dieses Wort gefiel mir schon immer. Schon als ich Zeitung las, blieb ich an den Geschichten hängen, in denen die Menschen keine Spuren hinterließen, und ich fragte mich: Wie schaffen sie das, wie halten sie durch, denn es reicht nicht zu verschwinden, man muss verschwunden bleiben.

Der Nachtzug rollte und rollte, fuhr immer schneller, zu schnell, im Regen, im Nebel, wie würde er sich bis zur Ankunft auf den Schienen halten, er würde umkippen, entgleisen und mein Verschwinden unbemerkt bleiben inmitten Dutzender, Hunderter anderer, durch diesen Zug getarnt als Unfall. Ich schob meinen Rucksack unter den Liegeplatz, es waren noch zwei andere Personen im Abteil, meine Gedanken flossen so schnell wie der Zug fuhr und folgten seinen Beschleunigungen und Verlangsamungen, seiner Schräglage, mein Rucksack war klein und nicht einmal voll – man braucht wenige Dinge zum Leben [...]

– Und Sie?, hatten sie gefragt und wussten nicht, dass sie die erste Frage in meinem neuen Leben stellten.

Da ich nicht antworten konnte, dass ich dabei war zu verschwinden, hatte ich gesagt:

– Ein paar Tage Urlaub.

– Fahren Sie das erste Mal nach Berlin?

Ja, und es ist auch das erste Mal, dass ich verschwinde, fragen Sie mich nicht, warum dorthin, es ist Zufall, die Mauer – die Geschichte.
– Sie haben Glück.

Ja, das Glück, ein für alle Mal einen Schnitt zu machen, die Last fallen zu lassen, die meine Schritte beschwert.

Und der Zug kam zuweilen an einem Bahnsteig zum Stehen, ich schlief nicht, aber ich brachte es auch nicht über mich aufzustehen, um die Namen der Bahnhöfe zu erspähen, die umliegenden Gebäude oder die Vororte der Städte, nur um zu versuchen, etwas zu erraten, nein, ich blieb liegen, die Vorhänge waren zugezogen, die Rollos herunter-gelassen, und wenn sich Umrisse im Halbschatten abzeichneten, blieb die Nacht genauso undurchschaubar wie mein weiteres Leben. [...]

Wir näherten uns, bald würden wir ankommen, ich würde Ballast abwerfen, allmählich würden mich die Bedrängnisse verlassen, der Tag brach bereits an und die Stadt zeigte sich, am Rand der Wälder, ein paar Häuser, dann graue Gebäude, die sich ähnelten – die Eintönig-keit des Lebens, aber mit etwas Besonderem, einem Stil, einer eigenen Stimme, schwierig zu definieren, die ich lernen würde zu erkennen, ich versuchte hinzusehen – ich war aufgestanden und auf dem Gang war ich die einzige, die die Landschaft in mich aufnehmen wollte und dabei dachte, die Nacht hat etwas Beruhigendes und der Morgen etwas Anregendes, eine Hoffnung, auf den Bahnsteigen, an denen wir entlangfuhren, warteten Menschen und bereiteten sich auf den Beginn des Tages vor, mit Aktenkoffern, abgenutzten Schulranzen oder prall gefüllten Taschen, und wir überholten sie, überholten ihr Leben ohne hinzusehen, fuhren woanders hin, noch weiter weg.

In dieser Welt war alles an seinem Platz. Sie gingen zur Arbeit, ihre Züge kamen, sie stiegen ein, setzten sich, schlugen ihre Zeitungen auf, und sie tauchten in die Nachrichten des Tages ein.

Immer mehr Gebäude, die immer zahlreicher werdenden Bahnsteige, die Gleise, es gab Fernzüge, Regionalzüge und die Züge der Stadt, die S-Bahn, jeder Zug wiedererkennbar, jeder in seiner eigenen Form und Farbe, sie fuhren in ihrer Geschwindigkeit, kreuzten sich harmonisch. Ich betrachtete sie, entzückt von ihrer Choreographie, ich hatte gut daran getan zu kommen, diese Stadt zu wählen, die Häuser standen eng aneinander, die Stadt verdichtete sich, manche Gebäude glichen Denkmälern, die mir bald vertraut sein würden, deren Namen ich aber noch nicht kannte. Ich hatte Lust, sie kennenzulernen, das Neue zog mich an, die Bewegung, die ich verspürte, den Schwung, alles war neu, im Entstehen begriffen, fließend, und in dieses Fließen konnte ich mich einfügen, es gab Raum, Platz – ich kam an. [...]

Ich fahre Richtung Alexanderplatz – ein zerstörtes Zentrum. Früher gab es hier enge Straßen und Stundenhotels, Massen von Arbeitern, das Leben der Vororte, beunruhigende Selbstjustiz – und den Schatten, die Bedrohung, die Gewalttätigkeiten.

Der Krieg hat fast alles zerstört, aber es bleiben der Bahnhof und die Schienen von Ost nach West, das Quietschen der Straßenbahnen, es bleiben die Züge, die vorbeifahren, weiter in die Ferne, solche, die anhalten, damit die Reisenden der Städte zu- oder aussteigen können, es bleiben die Verkehrsmittel, mehr nicht.

Deshalb komme ich hierher, alles ist wiederaufgebaut oder ist im Aufbau begriffen, wenn sich Epochen überlagern, sind sie jüngeren Datums, und außerdem ist es ein Ort, an dem nichts ans Ziel kommt.

Lange Wohnblocks oder beliebig zusammen gewürfelte Hochhäuser, wie aus einem Flugzeug abgeworfen, ohne einen für mich erkennbaren Plan – dieses Chaos beruhigt mich, denn es entspricht mir. Hier gibt es Geschäfte, um einzutreten, herumzuirren und zu suchen, ohne zu finden – hier ist der Platz für die Leere. [...]

Ich liebe den Alexanderplatz, weil die Menschen dort weder reich noch arm sind, sie sind ganz einfach, weil sie nicht dort wohnen, sie fahren vorbei. Ich betrachte ihre besorgten Mienen, und ich habe den Eindruck, ich bin wie sie, oder sie sind wie ich, einsam und anonym.

Ich habe eine Hin- ohne Rückfahrkarte gelöst, – es gibt keine mögliche Rückkehr – und wenn der Mieter, den ich ersetze, zurückkommt, werde ich sehen – in meinem neuen Leben regiert der Zufall. Ich möchte nichts mehr wollen, denn ich habe nur unmögliche Dinge gewollt.

Also gehe ich zum Alexanderplatz und verliere mich in der Menge, um niemandem zu begegnen. [...] Der Alexanderplatz saugt mich auf, mit seiner Banalität, seiner fehlenden Schönheit, ich bin dort, wo ich sein soll, an meinem Platz.

In der Mitte ragt ein Stamm aus glattem Beton empor, überwölbt von einem Satelliten aus Metall, der sich um sich selbst dreht und des nachts blinkt und Funken in die Stille sprüht. Das ist der Fernsehturm, eine Relaisstation, Stolz der Wissenschaft zu einer Zeit, als die Menschen noch an etwas glaubten, an die Sendungen und Verbindungen, aber für mich ist er ein Wächter, der in das Unendliche zeigt, der mich zugleich beängstigt und beruhigt. Wenn ich diesen Turm sehe, dann weiß ich, hier bin ich am richtigen Ort.

PATRICK MODIANO

Diese Stadt ist so alt wie ich (2010)

Es war Sommer in Berlin. Bis spät in die Nacht fuhren die Straßenbahnen in einer weiten Kurve auf die Kreuzung Zionskirchstraße/Kastanienallee. Sie waren fast leer. Bosmans dachte, er müsste bloß auf gut Glück
in irgendeine einsteigen und schon käme er zu Margaret. Er würde das
Gefühl haben, in die Vergangenheit zu reisen. Alles war einfacher, als
er geglaubt hatte. In Paris hatte er wohl versucht, LE COZ und dann
MARGARET LE COZ einzutippen, doch ohne Ergebnis. Im Halbschlaf
waren ihm Sätze eingefallen, ähnlich jenen, die einen in Fiebernächten
bruchstückhaft verfolgen: »Also sind Sie in der Bretagne geboren?« –
»Nein. In Berlin.« Auf der Tastatur hatte er MARGARET LE COZ mit
BERLIN verknüpft. Eine einzige Antwort auf dem Bildschirm: MAR
GARET LE COZ – Ladijnikov Buchladen. Dieffenbachstraße 16. 10405
Berlin. Telefon/Fax +49.(0)30.44.05.60.15. Er würde nicht anrufen. Er
würde nicht eine dieser leeren Straßenbahnen nehmen, die durch die
Nacht fuhren. Und auch nicht die U-Bahn. Er würde zu Fuß gehen.
    Er war am frühen Nachmittag vom Prenzlauer Berg losmarschiert,
mit einem Berlin-Plan in der Tasche. Er hatte sich den Weg mit einem
roten Kugelschreiber eingezeichnet. Manchmal verlief er sich. Als er
die Prenzlauer Allee hinuntergeschlendert war, hatte er sich gesagt, er
könnte eine Straße links nehmen, und das wäre eine Abkürzung. Er war
zu einem Hain voller Gräber gelangt. Auf dem Mittelweg dieses Waldfriedhofs überholte ihn ein radfahrendes junges Mädchen mit einem
Kind auf dem Gepäckträger. In der Karl-Marx-Allee fühlte er sich nicht
wirklich fremd, trotz der viel zu breiten Straße und der Betonklötze, die
aussahen wie riesige Kasernen. Aber diese Stadt hat mein Alter. Auch
ich habe im Verlauf all der Jahrzehnte versucht, rechtwinklige Straßen,
schöne gerade Fassaden, Wegweiser zu bauen, um den Sumpf und das
Durcheinander der Herkunft zu verbergen, die schlechten Eltern, die
Jugendsünden. Und trotz allem stoße ich von Zeit zu Zeit auf ein ödes
Gelände, das mich plötzlich die Abwesenheit von jemandem spüren

lässt, oder auf eine Reihe alter Häuser, deren Fassaden die Wunden des Krieges tragen, wie ein Schuldgefühl. Er brauchte nicht mehr auf den Plan zu schauen. Er ging geradeaus, er überquerte die Eisenbahnbrücke, dann eine andere Brücke über die Spree.

Und wenn das ein Umweg war, so hatte es keinerlei Bedeutung.

Entlang des Görlitzer Parks saßen junge Leute an den Tischen der Cafés, mitten auf dem Trottoir. Fortan sind Margaret und ich bestimmt die ältesten Bewohner dieser Stadt. Er ging durch den Park, der ihm zunächst wie eine Lichtung vorkam, dann über ein endloses ödes Gelände. Einst war hier ein Bahnhof, von dem Margaret vielleicht abgefahren war im Nachtzug. Doch woher wusste er das? Ihm schwirrte der Kopf. Er folgte jetzt dem Kanal, unter den Bäumen, und er fragte sich, ob er nicht am Ufer der Marne war.

Er hatte eine kleine Brücke überschritten. Vor ihm eine Grünanlage, auf der Kinder spielten. Er setzte sich an einen Tisch auf der Terrasse einer Pizzeria, von wo er die Brücke sah, die Häuser und Bäume, die den Kanal säumten auf der anderen Seite. Er war zu viel gelaufen. Ihm taten die Beine weh.

Am Nachbartisch saß ein etwa dreißigjähriger Mann, der eben ein Buch mit englischem Titel zugeschlagen hatte. Bosmans fragte ihn, wo die Dieffenbachstraße sei. Sie lag gleich hier um die Ecke, die erste links.

»Kennen Sie die Buchhandlung Ladijnikov?«

Er hatte seine Frage auf englisch gestellt.

»Ja, sehr gut.«

»Führt eine Frau diese Buchhandlung?«

»Ja. Ich glaube, sie ist gebürtige Französin. Sie spricht deutsch mit einem leichten französischen Akzent. Es sei denn, sie ist Russin …«

»Sind Sie ein Kunde von ihr?«

»Seit zwei Jahren. Sie hatte die alte russische Buchhandlung in der Nähe vom Savignyplatz übernommen. Dann ist sie hierher gekommen.«

»Und warum heißt diese Buchhandlung Ladijnikov?«

»Sie hat den Namen der alten russischen Buchhandlung, die noch aus der Vorkriegszeit stammte, einfach behalten.«

Er selbst war Amerikaner, lebte aber seit einigen Jahren in Berlin, nicht weit von hier, im Umkreis der Dieffenbachstraße.

»Sie hat immer sehr interessante Bücher und Dokumente über Berlin.«

»Wie alt ist sie?«

»In Ihrem Alter.«

Bosmans erinnerte sich nicht mehr, wie alt er war.

»Ist sie verheiratet?«

»Nein, ich glaube, sie lebt allein.«

Er war aufgestanden und drückte Bosmans die Hand.

»Ich bringe Sie zu der Buchhandlung, wenn Sie möchten ...«

»Ich gehe nicht gleich hin. Ich bleibe noch ein wenig hier, in der Sonne.«

»Wenn Sie weitere Auskünfte brauchen ... ich arbeite an einem Buch über Berlin ...« Er überreichte ihm eine Visitenkarte. »Ich bin fast immer hier im Viertel. Bestellen Sie der Buchhändlerin schöne Grüße von mir.«

Bosmans folgte ihm mit den Augen. Er verschwand an der Ecke Dieffenbachstraße. Auf seiner Visitenkarte stand der Name Rod Miller.

Bald würde er die Buchhandlung betreten. Er würde nicht genau wissen, wie er das Gespräch anknüpfen sollte. Vielleicht erkannte sie ihn nicht. Oder hatte ihn vergessen. Im Grunde genommen hatten sich ihre Wege nur für ganz kurze Zeit gekreuzt. Er würde sagen:

»Ich soll Ihnen schöne Grüße von Rod Miller bestellen.«

Er folgte der Dieffenbachstraße. Ein Platzregen ging nieder, ein Sommerregen, dessen Heftigkeit nachließ, während er im Schutz der Bäume weiterlief. Lange Zeit hatte er gedacht, Margaret sei tot. Es gibt dafür keinen Grund, nein, es gibt dafür keinen Grund. Selbst im Jahr unser beider Geburt, als diese Stadt vom Himmel gesehen nur mehr ein Trümmerhaufen war, blühte Flieder zwischen den Ruinen, versteckt in den Gärten.

Er war vom langen Gehen müde. Aber dieses eine Mal spürte er ein Gefühl innerer Ruhe und die Gewissheit, genau an den Ort zurückgekehrt zu sein, von dem er eines Tages aufgebrochen war, an die gleiche Stelle, zur gleichen Stunde und in die gleiche Jahreszeit, so wie zwei Zeiger sich auf dem Zifferblatt treffen, wenn Mittag ist. Er schwebte in einer leichten Benommenheit und ließ sich einlullen vom Kindergeschrei in der Grünanlage und dem Gemurmel der Stimmen um ihn herum. Sieben Uhr. Rod Miller hatte ihm gesagt, sie bleibe bis spätabends in der Buchhandlung.

Oscar Coop-Phane

Berlin Techno (2013)

Berghain, Panoramabar
Wenn man aus der U-Bahn aussteigt, glaubt man erst mal, man befindet sich in einem Industriegebiet. Es ist jede Menge Platz, ein paar Baracken und Buden stehen herum, aber auch einige ganz normale Gebäude, an denen seltsame dicke rosa Rohre entlangführen. Man hat dann noch einen kleinen Fußmarsch vor sich. Einen so aufregenden wie unangenehmen Fußmarsch. Man stellt sich innerlich darauf ein, bei Tageslicht keinen Fuß mehr vor die Tür zu setzen, weil man tanzen will bis zur totalen Erschöpfung. Gleich geht die große Party los. [...]
Von Weitem hört man schon einen robotischen Sound, einen hämmernden Rhythmus.
Der Club erweist sich als Betonklotz, so ergraut, dass er geradezu beige wirkt. Es ist ein ehemaliges Heizkraftwerk. Ein kolossales Gebäude. Die Gäste werden am Eingang selektiert, die Auserwählten werden durchsucht. Auf einem Schild steht in fünf Sprachen, dass Fotografieren verboten ist. Es herrscht militärische Strenge.
Ein riesiger Vorraum dient als Garderobe. Er ist auch zum Ausruhen gedacht, es gibt Sofas zum Hinsetzen. Die Musik ist gedämpft, hier kann man sich noch unterhalten. An einem Ende des Raums führt eine Stahltreppe nach oben.
Wenn man hinaufsteigt, steht man in der großen Halle. Links die Toiletten, rechts eine verlassene Bar. Die Tanzfläche ich riesig, ganz hinten erkennt man den DJ. Die Druffis toben im Stroboskop- und grünen Neonlicht. Der Lärm ist brutal. Das Publikum hautsächlich gay. Viel Leder und jede Menge Oberlippenbärte. Das Berghain.
Über eine weite Stahltreppe gelangt man in die Panoramabar eine Etage höher. Der Raum ist nicht ganz so beeindruckend. Schönes Licht, die Musik hier ist besser zum Tanzen geeignet. Links in einem Trakt befinden sich die Toiletten. Unisex, und es gibt keine Spiegel dort. Man steht da und wartet, bis man drankommt, bis eine Kabine frei wird.

Dann geht man rein, allein oder mit einer Frau oder mit einem Mann oder manchmal auch zu acht. Man zwängt sich zusammen in die engen Kabinen, konsumiert Drogen und muss dabei gar nicht groß aufpassen, dass keiner was merkt. Den Typen von der Security ist's egal, wenn man zu mehreren aufs Klo geht, Hauptsache, man macht die Tür zu.

Ein langgestrecktes Metallwaschbecken, die Wasserhähne sind in einer Linie aufgereiht. Man spritzt sich ein bisschen Wasser ins Gesicht und füllt die leeren Bier- oder Club-Mate-Flaschen.

Am Klo ist auch die Musik nicht so laut. Man hört die unterschiedlichsten Sprachen. Mit der Zeit wird man vertraut mit diesem Gewirr. Sonntags trifft man immer dieselben Leute. Auch für Tobias gibt es zu den Sonntagnachmittagen im Berghain keine Alternative. Er kommt immer hierher und hat seinen Fun.

Das tanzende Partyvolk wendet sich dem DJ zu. An den Wänden hängen großformatige Bilder. Die Decke ist mit bunten Würfeln geschmückt. Eine beeindruckend festliche und melancholische Atmosphäre. Die Menge wogt im Rhythmus, aber man kann ihr auch leicht entfliehen, am Rand ist noch genügend Platz.

Die eine Seite besteht aus einer breiten Fensterfront, an der jedoch kein Licht von draußen ins Innere dringt, weil sie von Rollläden geschlossen gehalten wird. Manchmal allerdings öffnen sich die Lamellen für ein paar Sekunden, ein kleiner Überraschungsmoment. Die Freude ist jedes Mal riesig, wenn das Tageslicht kurz aufflackert, wie ein Lichteffekt, und dann die Musik ein- und das Zeitgefühl wieder aussetzt.

II

Armand mischt sich unter die Tanzenden. Was sollte er auch sonst machen? Wen könnte er ansprechen? Er schaut sich ein bisschen um, studiert die Bewegungen der Leute. Er prägt sich die ein oder andere ein und übernimmt sie, integriert sie in seine Bewegungsabläufe, in den Stil, den zu praktizieren er sich bemüht. Eine Armhaltung, von vorne nach hinten schwingen, er kommt sich vor wie bei einem Wettlauf, bei dem ihm keiner zuschaut. Hier braucht man Kondition, Armand kämpft mit der Zeit, als habe er ein Ziel vor Augen, als müsse er bloß noch die letzten Kilometer fressen. Das Ecstasy, das er sich noch geschwind besorgt hat, hilft natürlich, aber mitunter verrinnt die Zeit doch ganz schön zäh. [...]

Armand fühlt sich recht einsam. Aber die anderen um ihn herum sind es auch. Und so bewirkt die Menge, dass er die Last der Einsamkeit gar nicht so spürt. Er ist allein, und deswegen tanzt er weiter. All die farbigen Lichter. Es blinkt rot, blau, gelb. Ein Jahrmarkt der Gefühlswelten. Armand tanzt und schaut dabei ins Licht, den Blick nach oben gerichtet, ein Lächeln umspielt seine Züge. […] Er hat seinen Spaß, wie alle hier. Es ist schon Mittag.

Nach ein paar weiteren Tracks geht er aufs Klo, um eine leere Flasche, die am Boden herumlag, mit Wasser zu füllen. Am Waschbecken spricht ihn ein Typ auf Deutsch an. Armand versteht kein Wort, er bittet den Typen, noch mal auf Englisch zu wiederholen. Der Typ ist Tobias, er wiederholt, aber auf Französisch. Armand sieht müde aus, Tobias bietet ihm Speed an.

Armand weiß noch nicht, dass man im Berghain Drogen und Glückseligkeit ohne böse Hintergedanken miteinander teilt. Du siehst müde aus. Schau, ich hab Speed. Komm mit. Drogensolidaritätsgemeinschaft.

Tobias und Armand schließen sich in einer Kabine ein.

»Bist du schwul?«

»Nein.«

»Ich schon, aber mach dir keine Sorgen, du bist nicht mein Typ. Du bist zum ersten Mal hier, oder? Zumindest hab ich dich noch nie gesehen. Das ist nämlich eine ziemlich überschaubare Szene hier, die Druffis.«

»Die was?«

»Die Druffis. Das ist ein liebevoller Ausdruck für die Party-People und Freaks, die hier so rumspringen.«

»Ja, also ich bin erst heute morgen in Berlin angekommen, also …. das heißt gestern.«

»Hier, nimm das, dann gehen wir tanzen.«

[…]

Sie tanzen noch ein paar Stunden, verlieren sich in der Menge und finden sich wieder. […] Es ist heiß, von den Scheinwerfern trieft der Schweiß, das Licht fluoresziert fast. Der treibende Rhythmus ist der einzige Gebieter dieser verlorenen Seelen der Panoramabar, er steuert ihre Bewegungen, einen roboterartigen Tanz mit krampfhaften Verrenkungen. Das unendliche Vergnügen ist vielleicht ein bisschen synthetisch, aber doch so wirklich, dass man sich höchstens darüber aufregen kann, was dieses Vergnügen ausmacht. Denn nichts ist berauschender als das Sich-Auflösen in der Menge, der Menge der Einsamen, der Druffis, wie sie Tobias nennt. Die Mädels sind unkompliziert, und sie sind schön. Manchmal lächeln sie einen an und küssen einen einfach. Die Herzen vibrieren mit den Bässen, man spürt, man lebt intensiver, inmitten der Menge. Alle lassen scham- und sorglos ihren Gefühlen freien Lauf. Man stellt unverhohlen seine Neigungen zur Schau; bringt sein Vergnügen zum Ausdruck. Manche reißen die Arme hoch, andere fangen an zu kreischen, manchmal. Wer Ketamin genommen hat, bewegt sich wie in Zeitlupe, wie in einem Aquarium, wer Amphetamine genommen hat, erlebt alles wie im Schnelldurchlauf. Egal, alle wollen bloß ihren Spaß. Und es gibt niemanden, der ihnen das verübeln könnte.

Armand und Tobias stehen am Klo vor den Waschbecken. Sie reden. In der WG, in der Tobias wohnt, ist ein Zimmer frei. Sie könnten ja nachher mal zusammen hingehen. Wenn er möchte, kann Armand da einziehen.

[...]

Armands Glücksgefühle lassen allmählich nach. Ihm ist kalt, er zittert am ganzen Leib. Eine Welle der Müdigkeit schäumt in ihm auf. Die Wirkung der Drogen entweicht aus seinem Körper. Von den Vergnügungsmolekülen im Stich gelassen, hält er nach Tobias Ausschau, damit sie endlich gehen, das Zimmer anschauen, ja, Armand will nur noch das Zimmer anschauen und schlafen [...].

Er muss Tobias finden. Am Klo gibt's Gedrängel. Dieses Mädchen mit den vielen Tattoos wäre vielleicht ganz hübsch, wenn sie nicht so viel in der Luft herumkauen würde, wodurch ihr Kiefer unvorteilhaft hervortritt. Ein Typ, ein kleiner blauer Glatzkopf, stößt ständig seinen Kopf gegen die Wand Es sind wunderliche Szenen, die sich abspielen. Der Typ knallt echt seinen Kopf gegen die Wand. Ein anderer, ebenfalls Glatzkopf, steht neben ihm und lächelt, er ist irgendwie halb Männlein, halb Weiblein, seine Augenbrauen sind orange geschminkt und der Mund mit Lippenstift seltsam vergrößert, eine eigenartige Kreatur.

Wo steckt Tobias nur? Ah, da ist er ja. Er ist auch am Ende. Dann los.

III

Die Wohnung ist in Prenzlauer Berg, in der Schönhauser Allee. Ein ordentlicher Fußmarsch vom Berghain, das da am Ostbahnhof ist. Aber sie gehen zu Fuß. Herbst in einer fremden Stadt, das ist Armands Sicht der Dinge. Er spürt die Weite des Raums. Ja, er hat das Gefühl von Weite und dass die Dinge einfach sind. Er geht einfach mit einem Typen mit, den er überhaupt nicht kennt, der ihm eine Wohnung zeigen will, wo Armand einziehen kann. Er schleppt seine Tasche mit sich. Er geht seinem neuen Leben entgegen Der Eindruck des Fremdseins macht ihn ganz benommen. Dazu weht ein laues Lüftchen.

Tobias redet ununterbrochen [...]. Armand hört ihm zu. Er empfindet es irgendwie als beruhigend, dass Tobias Französisch spricht. Sonst wäre er vielleicht gar nicht mitgekommen. Das Französische ist so etwas wie eine Ankerstelle.

[...]

Vorerst hält er fest, dass die Straßen ganz schön breit sind, die Reklameschilder merkwürdig und die Wegweiser unmöglich zu entziffern. Es verleiht einer Sprache einen besonderen Reiz, wenn man kein Wort von ihr versteht, und die Schreibweisen im Deutschen wirken irgendwie so industriell. Diese dichtgedrängte Aneinanderreihung von Konsonanten. Das hat etwas Dunkles, erinnert irgendwie an gotische Schriftzüge. Es umweht einen mit süßer Kälte und reißt einen mit sich fort. Ja, Armand ist gewillt, sich auf diese Leben einzulassen, er will sich neue Gefühlswelten erschließen.

Die Wohnung ist groß. In Berlin sind alle Wohnungen groß, das ist eine Konstante wie das Linoleum in den Treppenhäusern. Die Fenster gehen bis zum Boden. Der ehemalige Mitbewohner ist vor einer Woche ausgezogen. Ein Amerikaner, er war ein halbes Jahr in Berlin. Das Zimmer steht leer. In den beiden anderen wohnen Otto und Claudia. Tobias schläft auf dem Sofa. Das ist nur provisorisch, er wohnt seit drei Wochen hier. Claudia ist vor zwei Wochen nach Spanien geflogen, um ihre Familie zu besuchen.

Früher hat Otto hier mit seiner Frau gewohnt. Aber sie hat ihn verlassen. Seitdem vermietet er die Zimmer an Fremde, die sich nur vorübergehend in der Stadt aufhalten. Otto ist 35, ein großer, blonder Norddeutscher. Er studiert immer noch, Geschichte und Biologie.

Otto kocht. Er wusste nicht, ob Tobias heimkommen würde, aber er hat vorsichtshalber mal etwas mehr gemacht, für alle Fälle. Tobias stellt ihm Armand vor, als wäre Armand ein guter Freund.

Otto meint, Armand könne was mitessen. Er könne auch hier schlafen, wenn er wolle, er sehe ja ganz schön geschafft aus. Morgen würden sie dann über das Zimmer quatschen.

Es ist ein nettes Beisammensein. Am Tisch wird Englisch gesprochen. Armand bemerkt zu seiner großen Freude, dass er irgendwie ein anderer ist, wenn er Englisch spricht. Das Englische verändert seinen Charakter. Er macht ganz andere Witze. Wie erholsam, dass das so geht, für eine Zeit eine andere Identität anzunehmen.

Er duscht und schläft schließlich in sauberem Bettzeug ein.

Marie NDiaye
Im Schatten der Sophie Charlotte (2013)

Sie nahm ihre Schulmappe und ging in den Mai hinaus, auf die laue, sonnenhelle Droysenstraße mit den gelben Hauswänden [...], sie rannte fast unter den Linden hindurch, deren herabtropfender Saft den Gehweg unter ihren Sandalen klebrig machte.

Der süßliche, fade Geruch der abgefallenen, zertretenen Lindenblüten stieg vom Pflaster auf, stärker als der Duft der noch hängenden Dolden – süßlich-fad, dachte sie, war auch der Geruch von Clarisse Rivières frisch vergossenem Blut, oder auch stark und herb in ihrem ordentlich geführten Haus, aber warum, dachte sie und spürte ihr eigenes Blut in den Schläfen pochen, warum nur erinnerten sie die über die Maßen süßen Ausdünstungen der leichten, duftigen, gelblich-weißen Lindenblüten an das, was sie nicht gesehen, aber sich tausendmal vorgestellt hatte, das gewaltsam und in Strömen vergossene Blut ihrer Mutter im Wohnzimmer ihres Hauses in Langon, das nie zuvor etwas Gewalttätiges oder Anstößiges gesehen hatte?

Sie stöhnte auf, während sie unter der Eisenbahnbrücke hindurchging. [...]

Doch der Geruch, dieser Geruch nach Blut und nach Lindenblüten, war verflogen, verdrängt von den ranzigen Fettdünsten, die der leichte Schönwetterwind von der Frittenbude an der Kaiser-Friedrich-Straße bis zum Stuttgarter Platz trug.

Sie wischte sich mit dem nackten Arm über die Augen und ging um den Spielplatz herum, auf den sie nun nicht mehr mit Daniel und Annika ging.

Wie viel eintönige, ja stumpfsinnige Stunden hatte sie dort auf der einen oder anderen Bank verbracht [...].

Und jetzt, da die Kinder zu groß waren, um mit ihnen auf den Spielplatz zu gehen, kam es ihr vor, als sei es eben Clarisse Rivières Tod gewesen, der sie aus dem Zauberwald verbannt hatte, es kam ihr vor, als habe der schreckliche Blutstrom sie daraus vertrieben, sie und die Kinder, um sie, für alle Zeiten schuldig und beschmutzt, auf die Straße zu spülen, die nach Blumen und Blut roch.

Sie blieb am Eingang des Spielplatzes stehen, legte ihre Hand auf das Törchen.

Ihre Hand erkannte die abblätternde Farbe, die Wärme des etwas klebrigen Metalls wieder, denn sie hatte es so oft aufgestoßen, dieses Törchen, wobei sie sich manchmal träge über die zu heiße Sonne oder die Langeweile solcher Nachmittage beklagt hatte.

Sie zog das Riemchen ihrer Sandale fest. [...] Und wieder stiegen ihr Tränen in die Augen. [...]

Sie ließ den Spielplatz hinter sich und folgte dem Gehweg unterhalb der S-Bahn-Linie.

Die Animierbars am Stuttgarter Platz waren um diese leere, träge Nachmittagsstunde noch geschlossen, nur ins Panky ging gerade eine Frau, die Ladivine seit Jahren vom Sehen kannte und mit erhobener Hand grüßte, und diese Frau war ungefähr so alt wie Clarisse Rivière zur Zeit ihres Todes und hatte einen ähnlich schmalen, straffen, wenig gerundeten Körper [...].

Die Frau ließ sich genau in dem Moment die schwere Metalltür des Panky öffnen, als Ladivine daran vorbeiging.

Die vom Gestank nach kaltem Rauch, schalem Bier und dreckigem Teppichboden erfüllte Dunkelheit schien die Frau zu erfassen und der sonnigen Welt der Straße zu entreißen, wo der Pommes-frites-Geruch sich verstärkt hatte und jetzt als die Essenz einer unschuldigen Freiheit erschien.

Ladivine beschleunigte ihren Schritt, ohne es gleich zu merken, ungeduldig, sich von der schmuddeligen Front des Panky und, etwas weiter, des Blue Hot zu entfernen, wo mit eisiger Gleichgültigkeit Frauen arbeiteten, die sie selbst hätte sein können [...].

Sie überquerte die Kaiser-Friedrich-Straße und spürte, wie der Teer an den Sohlen ihrer Sandalen klebte.

Eine Welle der Sympathie beklemmte ihre Brust.

Wie sehr sie das Leben, das sie sich in Berlin geschaffen hatte, trotz allem liebte, wie sehr sie manchmal fürchtete, es zu verlieren, einfach aus Nachlässigkeit, weil sie vergaß, was hätte sein können! [...]

Sie wusste genau, dass Deutschland sie vor Langon gerettet hatte und dass Marko, Annika, Daniel [...] sie aus der trüben, stumpfen Trägheit herausgeholt hatten, in der Richard und Clarisse Rivière sie hatten versinken lassen.

Deshalb konnte sie die schwärzlichen, noch mit Einschusslöchern übersäten Fassaden von manchen Häusern in der Kantstraße betrachten, im Winter das wochenlange graue und kalte Wetter ertragen, deshalb konnte sie sogar, etwas wehmütig, das Gefühl von Exil und Einsamkeit genießen, wenn sie zufällig im Fernsehen auf ein Bild der ewigen strahlenden französischen Landschaft stieß [...], deshalb konnte sie die hoffnungslose Hässlichkeit der vor fünfzig Jahren mit wenig Geld wiederaufgebauten Stadtteile betrachten und trotzdem dankbar und glücklich sein, hier zu leben, unter diesem schweren Himmel, in diesem architektonischen Chaos, ohne jede Sanftheit und Harmonie, obwohl sie doch aus einer Gegend kam, in der alles in Milde getaucht war.

[...]

Sie bog in die Wilmersdorfer Straße ein und ging bis zu Karstadt.

Die Fußgängerzone war noch leer, sie würde sich erst in zwei oder drei Stunden mit Menschen jeden Alters füllen, mit einem Familienpublikum, das, wie Ladivine mit ihren Erinnerungen an die einzige Einkaufsstraße von Langon immer dachte, seltsam provinziell wirkte in seiner Ruhe, seiner Gemächlichkeit – aber da fing ein Mann ihren Blick auf und hielt ihn fest, und es machte ihr auf einmal Spaß, die Augen an seine zu heften und ein Lächeln anzudeuten, und dass dieser Mann typisch deutsch aussah, dachte sie heiter, verlieh diesem kleinen Verführungsversuch einen um so höheren Wert.

Denn explizite Annäherungsversuche waren in den Straßen von Berlin selten, seltener noch als in Langon, wo sich jeden Tag mehr oder weniger die gleichen Menschen begegneten.

[...]

Sie ging jetzt die Wilmersdorfer Straße in Richtung Otto-Suhr-Allee hinauf und warf nur flüchtige Blicke auf die Ramschläden, die ihren Schund munter bis weit hinaus auf den Gehweg spien.

Ach, Jenny's Eis hat geschlossen.

Heimwerker macht Ausverkauf.

Das Wasser, das über die dicken, glatten, marmorartigen Steinkugeln rann, die neuerdings die Fußgängerzone schmückten, lief, mit Zigarettenkippen und Dosenverschlüssen verschmutzt, auf ihre Füße zu.

Sie kannte jeden Laden, jede Reklame, und fast alles hier war mit einer bestimmten Periode ihres Lebens in diesem Viertel verbunden – angefangen bei der Zeit, als sie Marko kennengelernt hatte und sie herkamen, um einen Döner oder eine Asia-Nudelbox zu kaufen, die sie dann auf einer Bank in der Pestalozzistraße aßen, bis zu der Zeit, als sie in der Apotheke dort an der Ecke einen Schwangerschaftstest gekauft hatte, dann, als sie im Dezember mit den Kindern herkam, um beim Aufbau des Weihnachtsmarktes zuzuschauen, einen mittelmäßigen Glühwein oder Sahnepunsch zu trinken und dazu Bratwürste zu essen –, und diese reizlose, provinzlerische Wilmersdorfer Straße erinnerte sie an Langon und war ihrem Herzen so lieb, dass sie sich immer geweigert hatte, Charlottenburg zu verlassen, auch wenn Marko oft günstigere Wohnungen in belebteren Gegenden von Berlin ausfindig gemacht hatte.

Ihr liebes altes Charlottenburg – an ihrer Anhänglichkeit waren auch der reizende Vorname und das nicht weniger liebenswerte, betörende Gesicht von Sophie Charlotte in ihrem Schloss nicht unbeteiligt, denn sie erinnerte sie mit ihrem ovalen Gesicht, dem blassen Teint und dem üppigen Haar an Clarisse Rivière.

Aber erinnerte sie nicht jede vor der Zeit gestorbene Frau an Clarisse Rivière?

Jede auf tragische Weise ums Leben gekommene Frau, die untröstliche und für immer schuldige Menschen hinter sich ließ – und war Clarisse Rivière nicht auf ihre Art eine einsame Königin in ihrem zu großen Haus gewesen?

Ihr liebes altes, altmodisches, beschauliches Charlottenburg – wie sie es liebte!

Sogar das scheußliche, morbide Rathaus, vor dem sie jetzt ankam und in dem sie viermal in der Woche ihre Französischkurse abhielt, sogar dieser unheimliche Kasten mit den schwarz gewordenen Mauern, den übertriebenen, ungeschickten Proportionen und der schwülstigen, lächerlichen und doch einschüchternden Würde, sogar dieses hässliche Rathaus, in dem sie immer daran denken musste, dass seine dunkelgrünen Flure mit den zu hohen Decken sicher schreckerfüllte Menschen hatte hindurchgehen sehen, die noch nicht um ihr tödliches Los wussten – sogar dieses Rathaus hatte sie gelernt zu lieben und als ihr Zuhause zu betrachten.

Sie ging bis ins letzte Stockwerk hinauf und erreichte den Kursraum, braune Tür, graugrüne Wände.

Berlin Alexanderplatz: der Fernsehturm und sein Spiegelbild
Foto: mini malist

Panorama-Blick auf Berlin (u.a. Neue Nationalgalerie, Staatsbibliothek)
Foto: Sascha Kohlmann

Zu den Autoren und Autorinnen dieser Anthologie

HÉLÈNE BEZENÇON (*1960)
Ihr *Berlin, mémoire pendant les travaux – Berlin, Denkschrift während der Bau-arbeiten* – entsteht im Sommer 2003. Mit einem Stadtplan von 1905 wandert die Erzählerin durch den Kiez in Prenzlauer Berg und Mitte und durch angrenzende Gegenden, um ein Buch über einen realen Ort zu schreiben. Aber von welcher Realität soll die Rede sein? Das zu entscheiden ist angesichts einer sich wandeln-den Sandburg Berlin, die sich an allen Ecken verändert und unterschiedlichste Geschichtsschichten freilegt, nicht einfach. In Bezençons schmalem Berlin-Buch geht es um die Wahrnehmungen der durch die Straßen flanierenden Erzählerin und nicht um Wertung, höchstens um Verwunderung, zum Beispiel angesichts der Straßenumbenennungs- und damit auch Erinnerungspolitik im Spannungsfeld Preußen, DDR und BRD. Die personifizierte Stadt führt ein bizarres und zugleich dynamisches Eigenleben: Sandhügel von Baustellen bewegen sich wie Wander-dünen, plötzlich tun sich Gebäudelücken auf, Gehwege erscheinen wie Ozeane aus Stein, und die unstete Stadt wird verdächtigt, sie könnte unangekündigt den Anker lichten, um sich einfach auf und davon machen.

FRANÇOIS BON (*1953)
Arbeitet bis 1980 als Ingenieur, gibt seinen Beruf nach einem Arbeitsunfall auf und studiert in Paris Philosophie. 1982 erscheint sein erster Roman, *Sortie d'Usine*, über das Leben und die Arbeit im Schatten einer Fabrik. 1987 kommt er über ein DAAD-Stipendium nach Berlin und beginnt mit der Arbeit an seinem teilweise in dieser Stadt spielenden Roman *Calvaire des chiens* (*Leidensweg der Hunde*). Berlin wird ein Fixpunkt in François Bons Leben, und er kehrt auch nach 1987 mehrmals in diese Stadt zurück. In dem hier übersetzten, nur leicht gekürzten Essay *Berlin, île sans mur* von 1991 erscheint Berlin als eine Stadt, zusammengesetzt aus vielen Momentaufnahmen, und als Stadt des gelben Sands und des Winds. Technik und städtische Infrastruktur spielen für ihre Wahrnehmung eine wichtige Rolle. Berlin zeichnet sich durch eine ›leer‹ wirkende Stadtlandschaft aus, es funktioniert wie eine »Schleuse«, die auf eine geheimnisvolle Art und Weise Inneres und Äußeres verbindet und ihren Besuchern die Abgeschiedenheit einer Insel bietet. Es ist aber auch die Stadt der allgegenwärtigen Schatten von Kleist, Kafka und Benjamin, von Dostojewki, Strindberg und Munch.

PHILIPPE BRAZ (*1959)
Der Dramatiker, Prosaautor und Dichter lebt bis 2004 in Paris. Nach seinem Studium der Geschichte und Literatur – unter anderem bei Jean-Michel Palmier,

dem Autor von *Retour à Berlin* (1988), eines Buchs über das Berlin von Gott-
fried Benn und Else Lasker-Schüler –, beginnt er, für das Theater zu schreiben.
Heute lebt Philippe Braz in Berlin. Sein Buch *Berlin-loin-de-la-mer* (*Berlin-
fernab-vom-Meer*, 2006), das Gedichte, Tagebuchnotizen und ein gleichnamiges
Theaterstück enthält, inspirierte den Komponisten Markus Lang und Brigitte
Athéa (Regie) zu einem musikalisch-poetischen Schauspiel.

JEAN-YVES CENDREY (*1957)

Cendrey zieht 1993 mit seiner Frau Marie NDiaye für ein Jahr nach Berlin,
bricht jedoch diesen Berlin-Aufenthalt wegen rassistischer Umtriebe in der
unmittelbaren Nachwendezeit vorzeitig ab. In seinem Pamphlet *Oublier Berlin*
(1994) verarbeitet er die Erfahrungen mit einer als fremdenfeindlich erlebten
Stadt. 2007 kehrt Cendrey mit seiner Familie nach Berlin zurück und stellt fest,
wie sehr sich die Stadt verändert hat. So entsteht 2009 sein von subversivem
Humor durchzogener Berlin-Roman *Honecker 21*. Er handelt in 21 Kapiteln
von den tragikomischen Abenteuern des Angestellten Matthias Honecker, eines
Antihelden des 21. Jahrhunderts. Honecker spiegelt sich in Grimmelshausens
Simplicius Simplicissimus, stolpert wie dieser von einer Katastrophe in die
nächste und versinkt zunehmend in Depressionen angesichts der Zumutungen
der modernen Arbeitswelt.

OSCAR COOP-PHANE (*1988)

Sein Roman *Demain Berlin* (2013; dt. *Bonjour Berlin*) geht auf einen einjährigen Aufenthalt in dieser Stadt zurück. Er folgt auf seine Erstveröffentlichung
Zénith Hôtel, die Geschichte einer Prostituierten und ihrer Freier. Mittlerweile
hat Coop-Phane 2017 mit *Mâcher la poussière* (*Den Staub kauen*) ein drittes
Buch publiziert, erneut einen Hotel-Roman. In *Bonjour Berlin* geht es ebenfalls um Räume – um Berliner Altbauwohnungen, vor allem aber um einen
›besonderen‹ Raum, eine Heterotopie: den Techno-Club Berghain. Mit diesem
verbinden sich die Geschichten von drei jungen Männern Mitte 20, die früh
mit Drogen in Kontakt gekommen sind, in Berlin stranden und sich in den
Clubs zufällig begegnen. Berlin erscheint hier als ein Ort, der prädestiniert ist
für die Lebensweise junger Berlin-Touristen, die sich auf der Suche nach sich
selbst durch die Tage und Nächte treiben lassen.

ÉRIC FAYE (*1963)

»Ich reise gern, und jedes Mal, wenn ich in einen Zug steige, beginnt für mich
ein neues Leben«. Dieses Zitat des ungarischen Schriftstellers Dezsö Kosztolányi
steht als Motto am Anfang von Éric Fayes Buch über Nachtzüge, *Mes trains de
nuits* (2005), aus dem der hier übersetzte Text stammt. Das Thema der Reise
und der Überschreitung von Grenzen bestimmt – konkret wie metaphorisch –
das Schreiben dieses Autors, der seit den 90er Jahren rund zwanzig Essays,
Romane, Kurzgeschichten und Reiseberichte publiziert hat. In Frankreich wie
auch international wird Éric Faye einer größeren Leserschaft durch seinen
Roman *Nagasaki* (*Zimmer frei in Nagasaki*) bekannt, 2010 mit dem Grand
prix de l'Académie française ausgezeichnet. Um Japan geht es auch in *Éclipses*

japonaises (2016). Sein letztes Buch (gemeinsam mit Christian Garcin) ist der Reiseschriftstellerin, Abenteurerin, Tibet-Spezialistin und Feministin Alexandra David-Néel (1868–1969) gewidmet. *Mes trains de nuit* (2005) erzählt von Zugreisen durch Europa und Asien, insbesondere mit langsamen, zur Kontemplation anregenden Nachtzügen – wie in »Berlin, November 1989«, dem hier in Auszügen übersetzten Text aus diesem Reisebuch.

MICHAËL FŒSSEL (*1974)
Professor für Philosophie in Paris, Spezialist für deutsche Philosophie (Kant, Blumenberg) und für politische Philosophie. 2012 publiziert er sein viel beachtetes Buch *Après la fin du monde. Critique de la raison apocalyptique* (*Nach dem Ende der Welt. Kritik der apokalyptischen Vernunft*), es folgen Studien zur Philosophie der Tröstung (*Le temps de la consolation*, 2015) und zur Nacht (*La nuit, vivre sans témoin*, 2017). Fœssel arbeitete von 2011–2013 am Centre Marc Bloch in Berlin. Sein Essay »Berlin: Reise an die Ränder des gegenwärtigen Kapitalismus« erschien 2011 in der Zeitschrift *Esprit*.

KITS HILAIRE (*1962)
»Ich habe immer die Freiheit gewollt. Für alle. Freiheit, Gleichheit, Brüderlichkeit wollte ich immer. [...] Aber ich habe sie nur im Schatten der Mauer erlebt.« Die Abscheu vor der französischen Provinz führt die Ich-Erzählerin in *Berlin – letzte Vorstellung* nach Kreuzberg. Trotz der allgegenwärtigen Kälte und der heruntergekommenen Wohnhäuser verheißt für sie gerade dieser Stadtteil immense Freiräume. Dort lebte nach abgebrochenem Studium von 1984 bis 1990 auch die 1962 in Valence geborene Kits Hilaire und versuchte sich als Rocksängerin. Als sie Kreuzberg verlassen hat und ihren Roman schreibt, fühlt sich die Autorin staatenlos bzw. als Berlinerin. Nach Kreuzberg kehrt sie nie wieder zurück. Sie publiziert drei weitere Romane, schreibt Drehbücher, dreht Filme und lebt heute zwischen Paris und Barcelona. Ihr 1990 erschienener autobiographischer Debüt- und *Coming of Age*-Roman *Berlin, dernière* (dt. *Berlin – letzte Vorstellung. Abschied von Kreuzberg*, 1991) gibt in kurzen Kapiteln und stakkatohaften Sätzen die Eindrücke und Erlebnisse einer jungen französischen Punkerin wieder, der nach der Wende der Verlust ihrer Wahlheimat Kreuzberg droht. Sie empfindet deshalb die Veränderungen im Gefolge des allseits euphorisch begrüßten Mauerfalls als existenzielle Bedrohung. Denn die Scharen von Neugierigen, die der Mauer mit Hammer und Meißel zu Leibe rücken, zerstören auch das alternative Leben in deren Schatten. Die (vermeintlich) spießige Normalität dieser Besucher vermittelt den Wahl-Kreuzbergern erneut das Gefühl, ›nicht normal‹ und damit – wie zuvor in ihrer Heimat – in ihrer Andersheit unerwünscht zu sein. Der Mauerfall zwingt sie zur Flucht oder zum Erwachsenwerden.

CLAUDE LANZMANN (1925–2018)
Dokumentarfilmer, Journalist, Schriftsteller, Herausgeber der von Simone de Beauvoir und Jean-Paul Sartre gegründeten Zeitschrift *Les Temps Modernes*. Er studiert nach dem Zweiten Weltkrieg in Tübingen Philosophie, ist von 1948–49

der erste Lektor für französische Sprache an der Freien Universität Berlin und gibt 2003 das Berlin gewidmete Schwerpunktheft der *Temps Modernes* mit dem Titel *Berlin Mémoires* heraus. Claude Lanzmann geht in die Filmgeschichte ein mit seinem Dokumentarfilm *Shoah* (1985). Sein Lebenswerk wurde mit zahlreichen internationalen Preisen und Auszeichnungen bedacht.

Alban Lefranc (*1975)

Schriftsteller und Übersetzer, lebt in Paris und in Berlin. Verfasser von Romanen über Rainer Werner Fassbinder, Bernward Vesper und die Sängerin Nico sowie Begründer und Chefredakteur der deutsch-französischen Literaturzeitschrift *La mer gelée*.

Michèle Métail (*1950)

Die Wissenschaftlerin, Übersetzerin und Lyrikerin Michèle Métail hat eine Vorliebe für experimentelle Dichtung und für die chinesische Literatur und Kultur. Bei ihrem hier übersetzten Text geht es um die verwirrend zahlreichen »Berliner Straßen« innerhalb der Stadtgrenzen Berlins. Ihnen zu folgen bedeutet, mit Michèle Métail die verschiedensten Stadtteile zu entdecken. Sie selbst beschreibt ihr Vorhaben so: »Am Anfang stand die Einsicht in die Unmöglichkeit, Berlin als kohärente und fest umrissene Einheit zu erfassen. Wenn sich so viele Straße »Berliner ...« nannten – wo war dann Berlin? Ich habe mich also wie eine Forschungsreisende auf den Weg gemacht, die natürlich nie ans Ziel kommt. Berlin existiert nicht, außer in seiner Vielfalt. Ich arbeite viel über die Landschaft und die Frage der Repräsentation, der Kameraeinstellung, hier handelt es sich um eine Kameraeinstellung, ausgehend von der Toponymie und der Topologie (da diese Straßen früher ihren Anfang in Dörfern nahmen und tatsächlich nach Berlin führten, einer Stadt, die sie sich noch nicht einverleibt hatte). Und wenn der Text endet mit dem Aushängeschild eines chinesischen Restaurants, das zur Zufriedenheit aufruft, dann ist das die des Gehens (der Berliner Flaneur), zugleich mit einem Bezug auf die taoistische chinesische Philosophie, die postuliert, dass alles in ständiger Bewegung und nichts festgelegt ist.«

Patrick Modiano (*1945)

Der Autor, Sohn einer flämischen Schauspielerin und eines französisch-jüdischen Vaters, der sich in zwielichtigen Milieus der Besatzungszeit bewegte, ist in mehrfacher Hinsicht ein ›Kind‹ der Mai-Revolution: Am 7. Juni 1968 erscheint sein Erstlingsroman mit dem mehrdeutigen Titel *La Place de l'Étoile*, die Geschichte des »antisemitischen Juden« Raphaël Schlemilovitch, zugleich eine brillant-irrwitzige Parodie der faschistoiden und antisemitischen Tiraden von Autoren wie Céline, Drieu La Rochelle oder Lucien Rebatet. Mit diesem neuen Blick auf die Okkupationszeit macht der 23jährige Furore, und »während draußen in der rue Gay-Lussac die Molotov-Cocktails explodierten« (P. Modiano), sprengt er als Neuling mit höchst provokanten Themen die verkrusteten Strukturen des französischen Literaturbetriebs. In der Folgezeit etabliert er sich erfolgreich mit Romanen, die in das »Zwielicht der Pariser Stadttopographie« eintauchen, »wo verblichene Dramen und längst verhallte Schreie hängen geblieben zu sein scheinen« (J. Hanimann). Der extrem medienscheue Autor, für den in

Deutschland Peter Handke eintritt, erhält zahlreiche Literaturpreise, zuletzt 2014 den Nobelpreis. Sein Roman *L'Horizon* (2010; dt.: *Der Horizont*, 2013) spielt in der erinnerten Vergangenheit von 1960, während des Algerienkriegs, und in einer Erzählzeit um 2000. Es ist die Geschichte von Jean Bosmans und Margaret Le Coz, zwei irrlichternden Gestalten auf der Flucht vor ihrer Vergangenheit: Bei Bosmans in Gestalt eines ihn mit Geldforderungen verfolgenden bizarren Elternpaars – die Mutter, »eine Art alter deutscher Bergsteigerin mit ihrer flaschengrünen Uniform, ihrem Knappsack und ihrem Alpenstock«, der Vater, der »aussah wie ein aus der Kutte gesprungener Priester oder ein falscher Torero«. Margaret Le Coz wird von dem Stalker Boyaval bedrängt und gemeinhin wegen ihres Geburtsorts Berlin als »boche« beschimpft. Sie ist das Kind eines namenlosen deutschen Vaters, vermutlich eines Besatzungssoldaten, und der Bretonin Geneviève Le Coz. Jean Bosmans und Margaret Le Coz sind in den 1960ern ein Liebespaar, bis Margaret eines Tages im Nachtzug von der Gare du Nord nach Berlin entschwindet. Vierzig Jahre später wird für Bosmans diese erinnerte Vergangenheit immer lebendiger. Er macht sich deshalb auf die Suche nach Margaret, findet per Zufall ihre neue Kreuzberger Adresse im Internet und bricht nach Berlin auf. Das hier abgedruckte letzte Kapitel des Romans lässt die Hoffnung auf einen Neuanfang in dieser Stadt aufscheinen.

Edgar Morin (*1921)

»Edgar Morin ist ein Berliner«, so der Rezensent von Morins schmalem Buch *Mes Berlin. 1945–2013*, der darauf verweist, wie sehr dessen Berlinaufenthalte in den Jahren 1945, 1946, 1950, 1988, 1990, 2012 und 2013 seinen Werdegang begleitet haben. Edgar Morin, eigentlich Edgar Nahoum, geboren in Paris, stammt aus einer sephardisch-jüdischen Familie aus Thessaloniki und nimmt im Widerstand den Decknamen Morin an, den er von da an beibehält. Nach dem Krieg arbeitet er in Berlin und verfasst unmittelbar nach 1945 das Buch *L'an zéro en Allemagne* (*Das Jahr Null: Ein Franzose sieht Deutschland*). Zugleich veröffentlicht er 1946 in der *Weltbühne* einen Artikel mit dem provozierenden Titel »Unsere Kollaboration«. Den Beginn einer deutsch-französischen Kollaboration sieht er im Widerstand und in der gemeinsamen Arbeit deutscher und französischer Nazigegner – »diese Kollaboration wollen wir fortsetzen. Auf sie zählen wir, um die Zukunft zu begründen.« Seit seiner Jugend ist Morin von deutscher Kultur geprägt, und weder der Nationalsozialismus noch der Antisemitismus konnten seine Liebe zu ihr zerstören: »Ich betrachtete sie als ein Krebsgeschwür, das in einem geliebten Wesen wütet.« In *Mes Berlin. 1945–2013* blickt er als alter Flaneur, der sich erschöpft in Cafés niederlässt oder im Mauerpark zu »rasend wilder Balkanmusik« tanzt, auf Stationen seines Lebens in dieser Stadt zurück.

Serge Mouraret (*1957)

»Eine Gelegenheit, Berlin auf den Spuren von Wim Wenders, zweiundzwanzig Jahre nach dem Fall der Mauer erneut zu erkunden. Der Besucher wird hier zu einer ungewöhnlichen Reise im Grenzbereich von urbaner Archäologie und Poesie eingeladen«: So Serge Mouraret zu seiner fotografischen Installation *Berlin des anges*. Als Elfjähriger hält der in Lyon geborene Serge Mouraret erstmals eine Zeiss Ikon in den Händen und entscheidet sich 1975, nachdem er Antonionis Film *Blow Up* gesehen hat, für den Beruf des Fotografen. Bei seiner Arbeit als Fotojournalist für lokale und überregionale Zeitungen, für Magazine wie auch für Nachrichtenagenturen liegen seine Schwerpunkte zum einen auf aktuellen politischen, religiösen, wirtschaftlichen und sozialen Themen, zum andern auf Kriegs- und Reisereportagen. Mit Mourarets erster Reise nach Berlin beginnen seine *Carnets de vie*, großformatige schwarze Hefte, angefüllt mit Notizen sowie Bildern und Objekten von seinen Reisen. Entstanden sind daraus mehrere Fotoausstellungen, sowie der Band *Berlin. Carnets d'amour et de haine* (2002), in dem sich der Autor als »Fußgänger von Berlin« in der Nachfolge der Flaneure der 20er Jahre auf eine emotional ambivalente Erkundung dieser Stadt begibt. Ambivalent, weil Mouraret die Stadt zwar bewundert, zugleich aber immer wieder beklagt, dass die Relikte der DDR-Vergangenheit vorschnell aus dem Stadtbild beseitigt worden seien: Berlin erscheint ihm als die »Hauptstadt des Auslöschens«.

Marie NDiaye (*1967)

Marie NDiaye, ein »Wunderkind« der französischen Gegenwartsliteratur, publiziert bereits 1984 als Schulmädchen ihren ersten Roman. In schneller Abfolge folgen dann weitere Erzählwerke, Theaterstücke und Kinderbücher. In einer schnörkellosen Prosa verfasst sie düstere Feenmärchen, die auf einer kunstvollen Mischung von (trügerischem) Realismus und Phantastik beruhen. Immer wieder geht es um den Verfall von Familien, um verstörende Verwandlungen menschlicher Körper und instabile Identitäten. Sie lebt seit 2007 in Berlin-Charlottenburg und veröffentlicht 2011 ihren ersten Berlin-Text, den schmalen Band *Y penser sans cesse – Unablässig daran denken*, mit Photos von Denis Cointe. Es ist ein zweistimmiges Rezitativ zweier ›Fremder‹, einer Mutter und ihres kleinen Sohns. Der Auslöser für ihr Nachdenken über Berlin in Form insistierender Fragen sind drei Stolpersteine mit den Namen einer jüdischen Familie vor einem »gelben Haus« in Charlottenburg. Berlin wird von den beiden wahrgenommen als eine Stadt der allgegenwärtigen »Gespenster« der Vergangenheit und in der Gegenwart ihres Alltags als ein lebens- und liebenswerter Ort. In ihrem Roman *Ladivine* von 2013 kommt die Autorin erneut auf ihr »liebes, altes, altmodisches, ruhiges Charlottenburg« zurück, das sie mit anderen Handlungsräumen wie der Gegend um Bordeaux und einem namenlosen afrikanischen Land verbindet. Berlin, genauer gesagt Charlottenburg, wird zum Zufluchtsort für die junge Ladivine Rivière, auf der ein schweres Familienerbe lastet. Sie verlässt deshalb ihre südwestfranzösische Heimat, um als Französischlehrerin in Berlin mit ihrem deutschen Mann Marko Berger und ihren beiden Kindern ein neues Leben zu beginnen. In einer langen Erzählsequenz etwa in der Mitte des Romans wird Berlin zum Schauplatz einer existenziellen Krise, denn Ladivine erfährt, dass der Geliebte ihrer Mutter diese in ihrem Haus in der Gironde ermordet hat. Zerrissen von Emotionen wie Schmerz, Schuldgefühl und Zorn versucht die Tochter, sich von der quälenden Erinnerung an die tote Mutter zu befreien, indem sie zu einem langen Streifzug durch die Straßen von Charlottenburg aufbricht. Die Bewegung in diesen Stadträumen, bei der sich das Bild der toten Mutter mit dem der preußischen Königin Sophie-Charlotte überlagern, setzt bei der jungen Frau Glücksgefühle frei.

CHRISTIAN PRIGENT (*1945)

»Berlin verblüfft und fasziniert. Oder stößt einen radikal ab. Aber wenn Berlin einen fasziniert, dann macht es jegliche rein historische oder politische Vernunftüberlegung zunichte. Ich habe diese Stadt so sehr geliebt, ich liebe sie so sehr. Ich wünsche mir so sehr, sie weiterhin zu lieben.« Prigent, geboren im bretonischen Saint-Brieuc, kommt über eine FDJ-Ferienreise bereits in den sechziger Jahren nach Ostberlin. Von 1985 bis 1991 unterrichtet er am Französischen Gymnasium in Berlin-Tiergarten und gehört als Lehrer in dieser Zeit zu der Militärregierung. 1999, ein Jahrzehnt nach dem Mauerfall, kehrt er zurück. Seine Eindrücke verarbeitet er in dem poetischen und zugleich historisch ungemein dichten Essay *Berlin deux temps trois mouvements* (*Berlin im Handumdrehn*). 2015 erscheint eine erweiterte Neuauflage im Verlag *la ville brûle – die stadt brennt* – unter einem neuen Titel: *Berlin sera peut-être un jour* (*Berlin wird sein, vielleicht, eines Tages*), eine verhaltene Liebeserklärung auch an das neue Berlin, zugleich getragen von der Sorge um das nahende Ende jener Ausnahme-Stadt, der diese Zuneigung gilt. Ob in der ursprünglichen oder der neuen Fassung: Prigents Berlin-Essay zeichnet vor allem ein atemberaubendes Tempo aus – eben: Berlin im Handumdrehn.

RÉGINE ROBIN (*1939)

»Régine Maire, geborene Aizertin, genannt Robin. Absolventin der École Normale Supérieure. Promotion an der Universität. Habilitation […]. Dozentin (beurlaubt) in Kanada. Ausgezeichnet mit den Palmes académiques. Schriftstellerin«: So lakonisch präsentiert sich die Autorin auf ihrer Homepage. Ihre Identität resultiert aus vielfachen Zugehörigkeiten, vor allem zur französischen, nordamerikanischen und jüdischen Kultur. In ihren Romanen, Essays und Tagebüchern geht es um Fragen der Identität, des Gedächtnisses, der Verbindung von Gegenwart und Zukunft, um Kultur, Sprache(n) und Judentum. Wichtigste Inspirationsquellen sind Reisen und ihr Leben zwischen Montreal und Paris. In *Berlin. Gedächtnis einer Stadt* klärt Régine Robin ihre Leser über die besonderen Umstände auf, die sie nach Berlin geführt haben. In ihrem letzten Buch *Un roman d'Allemagne* von 2016 setzt sie dieses Nachdenken über ihre Beziehungen zu Deutschland fort.

JULIEN SANTONI (*1979)

»Man ist hingerissen von dieser hämmernd-stakkatohaften Schreibweise. Der hier verwendete Argot erfindet zu unserem Vergnügen die Sprache neu. Jede Seite ist im berühmten Célineschen Dreipunkte-Stil verfasst.« Abgesehen von dieser Rezension des Schriftstellers Alain Mabanckou in *Le Figaro* wurde Julien Santonis Roman *Berlin trafic* (2008) in Frankreich kaum beachtet. Die Informationen über diesen Autor, der einige Zeit in Berlin lebte, sind dementsprechend spärlich: Studium der Klassischen Philologie und der Kunstgeschichte, Absolvent der Elitehochschule ENS, zur Zeit Gymnasiallehrer in der Nähe von Paris. Santonis Berlin-Roman dokumentiert die Sicht einer neuen Generation auf das Berlin nach 1989. Der Protagonist von *Berlin trafic*, Jérôme Salviati, ein postmoderner androgyner Dandy, wechselt nach dem Suizid seines aidskranken Freundes von Paris nach Berlin über, um dort als Schauspieler an der Volksbühne mit Franck Biberpelz (alias Frank Castorf) zu arbeiten. Nach unerquicklichen Anfängen im ›alten‹ Westberlin führt Salviati das Leben eines melancholischen Bohémiens zwischen Prenzlauer Berg und Dahlem in einem Milieu, bestimmt von Kunst, Drogen, Transvestiten und homosexueller Edelprostitution. *Berlin trafic* ist ein postmoderner Entwicklungsroman, verfasst in einer höchst lebendigen Sprache, die Salviatis Grenzgänge zwischen Traum und Wirklichkeit in einem fulminanten Stil aufzeichnet.

Emmanuel Terray (*1935)

ist ein renommierter Anthropologe und Beobachter sozialer Umbrüche, vor allem von Problemen der Immigration. Terrays Vertrautheit mit der deutschen Kultur zeigen seine Bücher über *Une passion allemande. Luther, Kant, Schiller, Hölderlin, Kleist* (1994) und über Clausewitz von 1999. Während seines Berlin-Aufenthalts von 1992 bis 1994 entsteht das Buch *Ombres berlinoises. Voyage à travers une autre Allemagne* (*Berliner Schatten. Reise durch ein anderes Deutschland*, 1996), dem unser Text entnommen ist.

Jean-Philippe Toussaint (*1957)

»Jean-Philippe Toussaint wurde [...] in Brüssel geboren. Er studierte Geschichte und Politikwissenschaften. Er war Scrabble-Juniorweltmeister (Cannes 1973). Ein Massaker. Er hat bei Minuit zwei Bücher veröffentlicht: *La Salle de bain* (1985) und *Monsieur* (1986).« So lakonisch stellt sich der Autor selbst seinen Lesern vor. Toussaint ist ein Reisender, wovon sein *Selbstporträt (in der Fremde)* (2001) Zeugnis ablegt. Der Roman *Fernsehen* ist nach seinen eigenen Worten eine »Hommage« an die Stadt Berlin, die er 1993 während eines einjährigen Aufenthaltes näher kennenlernt. In dieser Zeit entstehen auch die *Berliner Fußnoten*, in denen er Reiseimpressionen in kleinen Alltagsszenen festhält, ferner, mit Torsten C. Fischer, der Fernsehfilm *Berlin, 10:46* von 1994. In *Fernsehen* verbringt ein namenloser Kunsthistoriker dank eines Stipendiums ein Jahr in Deutschland. Nach der Abreise von Frau und Sohn bleibt er allein in Berlin zurück, um einen Essay zu schreiben. Der titelgebende Fernseher spielt insofern eine Rolle, als unser Held eines Tages beschließt, ihn nicht mehr einzuschalten, wodurch das Gerät plötzlich zu größter Bedeutung heranwächst. Der unter einer Schreibblockade leidende Erzähler verlässt seine Charlottenburger Altbauwohnung nur für gelegentliche Abstecher in die Wohnung seiner Nachbarn, die ihm die Urlaubspflege ihrer Zimmerpflanzen anvertraut haben, sowie für je einen Erkundungsgang durch das sommerliche Berlin in West und Ost, an den Halensee und nach Marzahn.

Anaëlle Vanel (*1991)

ist Photographin, lebt in Mende (Lozère) und in Berlin und arbeitet über die Beziehungen zwischen Photographie, Geschichte und Gedächtnis, am Beispiel von Auguste Blanqui und Rosa Luxemburg.

Cécile Wajsbrot (*1954)

»Von einer Stadt, in die ich auf keinen Fall reisen wollte, ist Berlin zu der Stadt geworden, die ich nur schwer verlassen kann«, so die in Paris geborene Cécile Wajsbrot, die heute abwechselnd in Paris und Berlin lebt. Ihr literarisches Werk umfasst Romane, Erzählungen, Essays, Briefe, Dialoge, Biographien und Hörspiele sowie Übersetzungen (aus dem Englischen und dem Deutschen). Für ihre Arbeit als Übersetzerin wird sie 2014 mit dem Eugen-Helmlé-Übersetzerpreis ausgezeichnet, für ihre Mittlertätigkeit zwischen Deutschland und Frankreich sowie für ihr Gesamtwerk 2016 mit dem *Prix de l'Académie de Berlin*. Seit 2017 ist sie Mitglied der Deutschen Akademie für Sprache und Dichtung in Darmstadt, seit 2019 der Berliner Akademie der Künste. In einer musikalischen, vielstimmigen Prosa und unter Rückgriff auf Bildwelten des Wassers, des Meeres, der Insel schreibt sie über menschliche Beziehungen, geprägt durch Fremdheit und Einsamkeit, über Reisende und Suchende, über Irrfahrten, Emigration und Exil. Jedes ihrer Bücher ist experimentell, insofern sie versucht, sich von anderen Medien und Künsten wie Rundfunk, Fotografie, Malerei, Bildhauerei und Musik inspirieren zu lassen. Immer wieder kehren in ihrem Erzählwerk die Topographien der modernen Stadt wieder. Cécile Wajsbrot ist eine Autorin, die »einen neuen Stadtdiskurs erfunden [hat], der in ganz eigener Form die Stadt als Palimpsest der Erinnerung und Ort der zufälligen Begegnung reflektiert« (Patricia Oster).

Zu den beiden Herausgeberinnen:

Dorothee Risse

Romanistin, Mitbegründerin und Koordinatorin des Masterstudiengangs Angewandte Literaturwissenschaft an der FU Berlin, mit dem sich Studierende für berufliche Tätigkeiten im Literaturbetrieb weiterqualifizieren können. Lebt seit 1987 in Berlin, dessen Besonderheiten und Vorzüge sie nach einem einjährigen Paris-Aufenthalt und durch die Sichtweise der frankophonen Autor*innen in unserer Anthologie noch mehr zu schätzen gelernt hat.

Margarete Zimmermann

Romanistin, Übersetzerin, von 2008–2014 Direktorin des Frankreich-Zentrums der FU Berlin. Seit 1988 in Berlin, lebt aber auch in Paris und liebt beide Städte. Herausgeberin der Anthologie »*Ach, wie gût schmeckt mir Berlin*«. *Passanten im Berlin der 20er und frühen 30er Jahre*, Berlin 2010, des Sammelbands *Après le Mur. Berlin dans la littérature francophone*, Tübingen 2014, sowie Autorin zahlreicher Aufsätze zu diesem Thema.

Lichtinstallation zum 25. Jahrestag des Mauerfalls
Foto: Chris

Zum Weiterlesen und -hören

Beguivin, Yvon: *L'Allemagne de l'Est. Roman*, Maurice Nadeau: Mayenne 1998.

»Berlin, capitale malgré elle«, in: *Esprit*, November 2011, S. 99–126

Calle, Sophie: *Souvenirs de Berlin-Est*, Actes Sud: Arles 2000.

Cathrine, Arnaud: *Exercices de deuil*, Verticales: Paris 2004.

Cendrey, Jean-Yves: *Oublier Berlin*, P.O.L.: Paris 1994.

Cendrey, Jean-Yves: *Mélancolie vandale. Roman rose*, Actes Sud: Arles 2012.

Cossais, Clarisse: *La Sehnsucht. Franzosen in Berlin*. Feature. SWR 2, 2. November 2008.

Cossais, Clarisse: *Berlin, un rêve de ville. Berlin, Traum einer Stadt. Französische Schriftsteller in Berlin*. Feature. Deutschlandradio Kultur, 28. April 2013.

Deshors, Sylvie: *Anges de Berlin*, Rouergue: Rodez 2007.

Gratias, Claire: *Breaking the Wall*, Syros: Paris 2009.

Haenel, Yannick: *Cercle*, Gallimard: Paris 2007.

Hugues, Pascale: *Ruhige Straße in guter Wohnlage. Die Geschichte meiner Nachbarn*. Übersetzt von Lis Künzli, Rowohlt: Reinbek 2013.

Lanzmann, Claude (Hg.): *Berlin mémoires*, in: *Les Temps Modernes*, N° 625, August-November 2003.

Lefebvre, Noémi: *L'autoportrait bleu*, Verticales: Paris 2009.

Le Pollotec, Kristel (Hg.): *Le Goût de Berlin*, Mercure de France: Paris 2008.

N'Sondé, Wilfried, *Berlinoise*, Actes Sud: Arles 2015.

Robitaille, Louis-Bernard: *Le Zoo de Berlin*, Boréal: Montréal 1999.

Robin, Régine: *Berlin chantiers: Essai sur les passés fragiles*, Stock: Paris 2000.

Rue des Lignes, La ville brûle: Montreuil 2013.

Sanson, David (Hg.): *Berlin. Histoire, promenades, anthologie & dictionnaire*, Robert Laffont: Paris 2014.

Thomasson, Bernard: *Ma petite Française*, Seuil: Paris 2011.

Toussaint, Jean-Philippe: *Mélancolie de Zidane*, Minuit: Paris 2006.

Trautmann, Mathieu: *Six mois, dix ans et un jour*, Denoël: Paris 2012.

Wajsbrot, Cécile: *Caspar Friedrich Strasse*, Zulma: Paris 2002.

Wajsbrot, Cécile: *L'Ile aux musées*, Denoël: Paris 2008.

Zur Vertiefung

Böhm, Roswitha / Zimmermann, Margarete (Hg.): *Du silence à la voix. Studien zum Werk von Cécile Wajsbrot*, Narr: Tübingen 2010.

Bürkle, Stefanie: *Szenografie einer Großstadt. Berlin als städtebauliche Bühne*, Parthas: Berlin 2013.

Elkin, Lauren: *Flâneuse. Frauen erobern die Stadt – in Paris, New York, Tokyo, Venedig und London*. Aus dem Englischen von Cornelia Röser, btb: München 2019.

Erler, Katja: *Deutschlandbilder in der französischen Literatur nach dem Fall der Berliner Mauer*, Erich Schmidt: Berlin 2004.

Ette, Ottmar: *Zwischen WeltenSchreiben. Literaturen ohne festen Wohnsitz*, Kultur-verlag Kadmos: Berlin 2005.

Dündar, Özlem Özgül / Göhring, Mia / Othmann, Ronya / Sauer, Lea (Hg.), *Flexen. Flâneusen* schreiben Städte.* Verbrecher Verlag: Berlin 2019.

Grésillon, Boris: *Kulturmetropole Berlin*, BMV Berliner Wissenschaft: Berlin 2004.

Huesmann, Herbert: *Das Erzählwerk Cécile Wajsbrots. Eine literarische Such-bewegung*, Narr: Tübingen 2017.

Ledanff, Susanne: *Hauptstadt-Phantasien, Berliner Stadtlektüren in der Gegenwarts-literatur 1989–2008*, Aisthesis: Bielefeld 2008.

Lindner, Rolf: *Berlin, absolute Stadt. Eine kleine Anthropologie*, Kulturverlag Kadmos: Berlin 2016.

Masci, Francesco: *Die Ordnung herrscht in Berlin.* Aus dem Französischen von Daniel Fastner, Matthes & Seitz: Berlin 2014.

Oster, Patricia: »›Transfuges‹ entre Paris et Berlin. Stadterfahrung und Stadtdiskurs im Werk Cécile Wajsbrots«, in: Roswitha Böhm / Stephanie Bung / Andrea Grewe (Hg.): *Observatoire de l'extrême contemporain. Studien zur französischen Gegenwartsliteratur*, Narr: Tübingen 2009, S. 237–257.

Richter, Fred: *Die Weltstadt im Licht. Berliner Nachtfotografien von Martin Höhlig aus den Jahren 1925 bis 1932*, Bussert und Stadeler: o.O. 2019.

Schlögel, Karl: *Im Raume lesen wir die Zeit. Über Zivilisationsgeschichte und Geopolitik*, Fischer: Frankfurt a.M. ⁵2016.

Wicky, Olivier / Michelet Jacquod, Valérie (Hg.): *Regards littéraires sur Berlin*, Anti-podes: Lausanne 2015.

Zimmermann, Margarete (Hg.): «Ach, wie gût schmeckt mir Berlin». Französische Passanten im Berlin der zwanziger und frühen dreißiger Jahre, Das Arsenal: Berlin 2010.

Zimmermann, Margarete (Hg.): *Après le Mur: Berlin dans la littérature francophone*, Narr: Tübingen 2014.

Quellennachweise

Bezençon, Hélène: »Straßenpflaster, Wege, Orte«, in: dies.: *Berlin, mémoire pendant les travaux*. © Éditions de l'Éclat: Paris 2008, S. 7–11; 82–86; 88–90; 104–105. Übersetzt von Franziska Wissemann.

Bon, François: »Die Insel ohne Mauer«, in: ders.: »Berlin, l'île sans mur« (1991), in: *desordre.net* [URL: http://www.desordre.net/photographie/berlin/ile_sans_mur. htm], zuletzt abgerufen: 19.02.2020. Übersetzt von Stephanie Bung.

Braz, Philippe: »Berlin-weitab-vom-Meer«, in: ders.: *Berlin-loin-de-la-mer*. © Bruit des autres: Limoges 2007, S. 59; 61–71. Übersetzt von Matthias Kern.

Cendrey, Jean-Yves: »Flaniermeile Kantstraße«, in: ders., *Honecker 21*, © Actes Sud: Arles 2009, S. 25–30. Übersetzt von Matthias Kern.

Cendrey, Jean-Yves: »In Le Corbusiers Wohnmaschine«, in: ders.: *Schproum: Roman avorté et récit de mon Mal*, Actes Sud: Arles 2013, S. 72–75. Übersetzt von Miriam Koruschowitz.

Coop-Phane, Oscar: »Berlin Techno«, in: ders.: *Bonjour Berlin*, © Metrolit Verlag: Berlin 2014, S. 94–105. Übersetzt von Christian Kolb. (Original: *Demain Berlin*, © Finitude: Le Bouscat 2013.)

Faye, Éric: »Nachtzug nach Berlin«, in: ders.: *Mes trains de nuit*, © Stock: Paris 2005, S. 113–119. Übersetzt von Cara Liebig.

Fœssel, Michaël: »In Berlin flaniert man nicht«, in: ders.: »Berlin: voyage aux marges du capitalisme contemporain.«, in: *Esprit* 11 (2011), S. 114–126. Übersetzt von Margarete Zimmermann.

Hilaire, Kits: »Kreuzberg war das Zentrum der Welt«, in: dies.: *Berlin – letzte Vorstellung. Abschied von Kreuzberg*, Edition Hans Erpf: Bern, München, S. 11–13, 82f., 85–87, 97–101, 140f., 147. Übersetzt von Barbara Traber. (Original: *Berlin, dernière*, Flammarion: Paris 1990.)

Lanzmann, Claude: »Zerbrechliche Erinnerungswunder«, in: ders.: *Der patagonische Hase: Erinnerungen*, © Rowohlt: Reinbek 2010, S. 264–266. Übersetzt von Barbara Heber-Schärer, Erich Wolfgang Skwara und Claudia Steinitz. (Original: *Le lièvre de Patagonie. Mémoires*, © Gallimard: Paris 2009).

Lefranc, Alban/Vanel, Anaëlle: »Hier passiert nie wieder etwas«, in: *Métamorphoses. Les Cahiers de l'École de Blois*, numéro 16, 2018, o.S. Übersetzt von Margarete Zimmermann.

Métail, Michèle: »Von einer Berliner Straße zur anderen: eine innerstädtische Expedition«, in: *Erfahrungsräume – Configurations de l'expérience*, hg. von Kerstin Hausbel/Franck Hofmann/Nicolas Hubé/Jens E. Sennewald, W. Fink: München 2006, S. 204–208. Übersetzt von Gilda Rodeck.

Modiano, Patrick: »Diese Stadt ist so alt wie ich«, in: ders.: *Der Horizont*, © Carl Hanser: München 2013, S. 171–176. Übersetzt von Elisabeth Edl. (Original: *L'Horizon*, © Gallimard: Paris 2010.)

Morin, Edgar: »Schichten des Todes unter einer springlebendigen Stadt«, in: ders., *Mes Berlin 1945–2013*. © Le Cherche-Midi: Paris 2013, S. 70–72; 76–77; 80–81; 83–85. Übersetzt von Gilda Rodeck.

Mouraret, Serge: »Stadt der Emotionen«, in: ders.: *Carnets d'amour et de haine*, © L'Harmattan: Paris 2002, S. 9–13,17–27. Übersetzt von Sophia Zedler.

NDiaye, Marie: »Stolpersteine, Stolpersteine«, in: dies.: *Y penser sans cesse. Unablässig daran denken*, © L'Arbre Vengeur: Talence 2011, S. 71–75. Übersetzt von Claudia Kalscheuer.

NDiaye, Marie: »Im Schatten der Sophie Charlotte«, in: dies: *Ladivine*, © Suhrkamp: Berlin 2014, S. 190–195; 201–203; 216–217. Übersetzt von Claudia Kalscheuer. (Original: *Ladivine*, © Gallimard: Paris 2013.)

Prigent, Christian: »Berlin im Handumdrehen« (1999), in: ders., *Berlin sera peut-être un jour*, © La ville brûle: Montreuil 2015, S. 34–40; 45–55. Übersetzt von Eva Stöhr.

Prigent, Christian: »Die Süße Berlins« (1999), in: *Berlin sera peut-être un jour*, © La ville brûle: Montreuil 2015, S. 58–74. Übersetzt von Daniel Zimmermann.

Robin, Régine: »Die Schattensucherin«, in: Serge Clément (photos) / Régine Robin (texte): *Sutures (Berlin 2000–2003)*. © Éditions des 400 coups: Montréal 2003, o.S. Übersetzt von Margarete Zimmermann.

Santoni, Julien: »Ankunft in Charlottenburg«, in: ders., *Berlin trafic*, © Grasset: Paris 2008, S. 78–88. Übersetzt von Mona Büren.

Santoni, Julien: »Biberpelz, die Volksbühne und die Currywurst-Bourgeoisie von F-Hain«, in: ders.: *Berlin trafic*, © Grasset: Paris 2008, S. 89–96. Übersetzt von Mona Büren.

Terray, Emmanuel: »Berliner Graffitti«, in: ders.: *Ombres berlinoises. Voyages dans une autre Allemagne*. © Odile Jacob: Paris 1996. S. 73–76. Übersetzt von Linda Gennies.

Toussaint, Jean-Philippe: »Bei Schweinfurths in Marzahn – Ursula, die Sportfliegerin«, in: ders.: *Fernsehen*, © Frankfurter Verlagsanstalt: Frankfurt (Main) 2008, S. 174–186. Übersetzt von Bernd Schwibs. (Original: *La Télévision*, Minuit: Paris 1997.)

Toussaint, Jean-Philippe: »Allein unter Nudisten: Badefreuden am Halensee«, in: ders.: *Fernsehen*, © Frankfurter Verlagsanstalt: Frankfurt (Main) 2008, S. 56–67. Übersetzt von Bernd Schwibs. (Original: *La Télévision*, Minuit: Paris 1997.)

Wajsbrot, Cécile: »Ein Herbst folgt auf den anderen«, in: dies.: *Berliner Ensemble*, © La ville brûle: Montreuil 2015, S. 69–72. Übersetzt von Dorothee Risse.

Wajsbrot, Cécile: »Bleibtreustraße 10/11«, in: dies.: *Berliner Ensemble*, © La ville brûle: Montreuil 2015, S. 73–76. Übersetzt von Lea Ebner.

Wajsbrot, Cécile: »Im Kant Café«, in: dies.: *Berliner Ensemble*, © La ville brûle: Montreuil 2015, S. 41–45. Übersetzt von Lea Ebner.

Wajsbrot, Cécile: »Beruhigendes Chaos«, in: dies.: *Fugue*, Photos de Brigitte Bauer, Estuaire, Blandain 2005, S. 26, 29, 33f., 67, 72f. Übersetzt von Dorothee Risse und Katharina Meier.

Bildnachweise

Danksagung

Unser Dank gilt allen, die zum Entstehen dieser Anthologie beigetragen haben:

Zuallerst der Stadt Berlin dafür, dass sie so ist, wie sie ist: in ständiger Bewegung, überraschend und im Grunde unfassbar.

Dann den Übersetzer*innen der bislang noch nicht auf Deutsch vorliegenden Texte: Dies sind Mona Büren, Stephanie Bung, Lea Ebner, Linda Gennies, Matthias Kern, Cara Liebig, Miriam Koruschowitz, Katharina Meier, Gilda Rodeck, Eva Stöhr, Franziska Wissemann, Sophia Zedler und Daniel Zimmermann.

Ferner den Übersetzerinnen Claudia Kalscheuer und Barbara Traber, den Autor*innen Hélène Bezençon, François Bon, Philippe Braz, Jean-Yves Cendrey, Michaël Foessel, Alban Lefranc, Michèle Métail, Régine Robin, Cécile Wajsbrot und Anaëlle Vanel für die Überlassung ihrer Texte, Übersetzungen und Photos sowie Roswitha Böhm für ihren kritischen Blick auf die bio-bibliographischen Steckbriefe.

Für großzügige Druckkostenzuschüsse danken wir der Stiftung Rosenbaum wie auch der Ernst-Reuter-Gesellschaft der Freunde, Förderer und Ehemaligen der Freien Universität Berlin.

Und schließlich: *un grand merci* an Wolfram Burckhardt, Charlotte Böttjer und Claudia Oestmann vom Kulturverlag Kadmos für die Aufnahme unserer Anthologie in das Verlagsprogramm und für die gute Zusammenarbeit.

Gedruckt mit freundlicher Unterstützung der Stiftung Rosenbaum und der
Ernst-Reuter-Gesellschaft der Freunde, Förderer und Ehemaligen
der Freien Universität Berlin e.V.

Bibliografische Information der Deutschen Nationalbibliothek

Die Deutsche Nationalbibliothek verzeichnet diese Publikation in
der Deutschen Nationalbibliografie; detaillierte bibliografische Daten sind im
Internet über <http://dnb.d-nb.de> abrufbar

Copyright © 2020, Kulturverlag Kadmos Berlin.
Wolfram Burckhardt
Alle Rechte vorbehalten
Internet: www.kulturverlag-kadmos.de
Umschlaggestaltung: Wolfram Burckhardt
Umschlagabbildung: Georgie Pauwels | Quelle: https://flic.kr/p/h6TM1K (CC BY 2.0)
Gestaltung und Satz: Readymade, Berlin
Druck: Art Druk
Printed in EU
ISBN 978-3-86599-452-3